JN057408

実例で学ぶ

How to Write Effective Business Letter and Mail in English

英文ビジネスレター・Eメールの教科書

真鍋英吾

ベレ出版

はじめに

このたびは、数多くある本の中から本書を手に取っていただき、誠にありがとうございます。皆さんの期待を裏切ることなく、きっとお役に立てることを固く信じております。

2019年のラグビーワールドカップに続いて、1年遅れとなりましたが、2021年の東京オリンピック、そして2025年の大阪万博と、国際的なイベントが日本において目白押しで開催されます。このように、グローバル化が急激に進む中で、自らが望んで海を越えて生活する、あるいは海外との取引を仕事とすることを選択されている方はもちろんですが、そうでない方も、海外と関わりを持つ可能性がますます高まってきています。好むと好まざるとにかかわらず、多くの日本人が商品の売買、サービスの提供、公的な交渉などにおいて、海外とのやり取りに従事せざるを得ない状況になっているのではないでしょうか。この海外とのコミュニケーションを円滑に進めるためには、現在国際ビジネスを進める上での共通言語として最も使われている英語を使うことが必須となっています。「私は英語が苦手だから」と言って逃げたり、"I can't speak English!" と海外のビジネスパーソンとの会話が始まる前に、その可能性を遮断してしまうのはあまりにも"もったいない"と言えるでしょう。

一方、日本人が海外との取引を行う上で必要な英語コミュニケーション能力は備わってきているのでしょうか。少なくとも、以前に比べて目覚ましく改善されてきたのでしょうか。過去約50年間、企業の海外進出に合わせて多くの日本人が海外に渡り、海外で暮らすようになりました。この影響もあって海外からの帰国子女も増え、英語を話せる人の数は増えているようです。しかし、英語力を客観的な数値で示すと言われている TOEIC について言えば、受験者数が大きく伸びているのに対して、日本人の平均点は際立って良くなっているわけではありません。また、海外からの帰国子女や TOEIC 満点の人が国際的に満足な仕事ができるのかと言えば、そうではありません。これには言語の問題だけでなく、変わりつつある社会における人間関係の要素があると思います。

社会生活におけるコミュニケーションの問題は後述することとして、まず英語力を向上させるためには、毎日、毎日、地道な努力を続けていくことが求められます。しかし、多忙を極めるビジネスパーソンが自分の仕事をこなしながら、英語の勉強をするための時間を毎日確保することは至難の業です。そこで、仕事を抱えるビジネスパーソンが自身の仕事もこなしながら、効率よくビジネスにおいて使われる英語のライティング技術を身につけていけるようにという趣旨で本書は作成されました。

社会における人間関係の要素については、世代によって変わるものであり、考え方や価値観を強制することはできません。また、本書はビジネスを進める上での心構えや考え方を述べるものではありません。本書では、発信するビジネス英語の中で人間関係をうまく築くために有効な表現を極力例文として掲げ、推奨することにしました。読み進めながら、ビジネスを成功させるためには良好な人間関係が重要であること、そしてそのためには、日常のコミュニケーションの中でどのように表現を磨いていけばよいのかを感じ取っていただければ幸いです。

日本人ビジネスパーソンが海外のビジネスパーソンと英語で仕事をしなければならないという状況の中で、どうすれば「商売」を意識した上で、正確で、相手の心証を害しない、人間関係もうまくいく英語でのコミュニケーションができるようになるのでしょうか。

プロゴルファーでさえ、自分のスイングに悩んだ際には、師匠となる先輩ゴルファーに相談したり、先輩のスイングを拠り所として自分のスイングを映像などを見ながら確認、修正していくそうです。英語のビジネスライターにとっても、プロゴルファーが求めるのと同じように、「拠り所」となる状況に合った最適な表現が必要なのです。

●本書は以下のような方にお使いいただけます

英文のメールや手紙を時々書いているけれど、いまひとつ自信が持てない方や、ビジネス英語を勉強し始めた方、過去に勉強していたけれど、しばらく使っていなかった方に有効です。このような方々は、次の「本書の使い方」の２と３の使い方で、「好奇心を掻き立てる読み物」と「ハウツー例文集」として活用して下さい。

ビジネス英語をある程度勉強され、英文ビジネス・ライティング基礎を習得された方で、自分の表現力や論理展開などでさらなるレベルアップを図りたいと考えておられる方は、１の使い方で「独学用」の問題集としてご利用下さい。課題ごとに難易度が設定されていますので、自分のレベルに合わせた問題から解いていき、模範解答と比べて足りない部分があれば、参考にして補っていきましょう。この使い方をされる場合は、どんなに苦しんでも、もがいても、とにかく「自分で書いてみる」ことが上達への早道となります。逆に言いますと、苦しんで英文を書いた分だけ表現力もついているとご理解下さい。

本書の使い方

大きく分けて３つの使い方を提案します。

1. ビジネス英語ライティングの問題集として活用していただく方法です。この使い方がこの本を最も有効に活用できると考えます。シチュエーションごとに問題を読み、自分で回答文を作成し、模範例と比較します。自分の作例と異なる部分や表現で、参考となる部分は自分の「引出し」に取り入れ、今後に活かしましょう。自分のレベルを知るためにも、まず「難易度：低（★☆☆）」問題から始め、出来具合に応じて、「中（★★☆）」「高（★★★）」へ進んでいきましょう。各設問には具体的な設定状況や条件が述べられていますが、ご自身の状況に合わせて変えていっていただいても結構です。

2. ビジネスを進めていく上で、様々なシチュエーションが発生します。どのような状況で、どのような表現で回答をするのかを「読み物」として読んでいきます。

3. 実際に英文の手紙やメールを書く必要に迫られた時に、辞書あるいは参考書として活用します。書きたい英文が本書のシチュエーションと全く同じであれば、丸ごと活用することができます。そのまま使えない場合でも、状況が似ていれば文例の一部を参考にできます。さらに、使える表現がある際は、単語や表現などを入れ替えることで部分的に使えます。

IT革命により、現代はスピードの時代です。このため、ビジネスにおいてもコミュニケーション手段はほとんどがメールにて行なわれています。したがって、本書も基本はメールの書き方に重きを置いていますが、仕事において英語を書けるようになるためには、やはりレター（文書）においても、しっかりとした英文を書けるようになっておくことが重要です。キッチリとした英文であれば、それをメールにしてもなんら問題はないわけですので。本書記載の例文は基本的に正式な手紙に書かれる前提で体裁や表現などが表記されています。メールで書く場合には、メールに適した単語、表現、省略形などへの「変換」を随時行なって下さい。例えば、手紙ではフルスペルするところを、メールでは次のように短縮形や口語で表現することも可能です。

I am → I'm
You are → You're
We have been → We've been
All right → OK
It is → It's
It is a great pleasure → A great pleasure

また、必ずしも使用を推奨するわけではありませんが、ビジネスメールでよく使われる略語を知っておくことは重要です。

FYI (For Your Information)	「ご参考までに」
ASAP (As Soon As Possible)	「できる限り早く」
FAQ (Frequently Asked Questions)	「よくある質問」
info (information)	「情報」
e.g. (for example)	「例」
i.e. (id est 〈ラテン語〉 = that is)	「すなわち」

目次

はじめに…… 003

本書の使い方…… 005

第 1 章 効果的なビジネス英語を書くための実践テクニック 10…… 013

第 2 章 ビジネスレターと E メールの形式…… 031

第 3 章 海外取引におけるステージ別のコミュニケーション実例 100…… 047

1. 取引先を紹介してもらう

実例 1 有力な輸入業者の紹介を依頼する（難易度：低）…… 050

実例 2 海外進出を望む取引先を紹介する（難易度：低）…… 054

実例 3 日本酒の輸入業者を紹介してもらう（難易度：中）…… 057

2. 取引を申し込む

実例 4 新型タブレットの買い付けを申し込む（難易度：中）…… 061

実例 5 缶詰の輸出業者に取引を申し込む（難易度：中）…… 064

実例 6 会社案内を作成する（難易度：中）…… 068

3. 取引先・代理店を設定する

実例 7 販売代理店申込みに回答する（難易度：低）…… 072

実例 8 代理店として指名する（難易度：低）…… 075

実例 9 独占的販売代理店の任命にあたって予備交渉をする（難易度：中）…… 079

実例 10 販売代理店として指定することを検討する（難易度：中）…… 082

実例 11 代理店申込みに即答できない旨を伝える（難易度：中）…… 085

実例 12 代理店契約を結んでいるので、申し出には応えられないと伝える（難易度：高）…… 088

実例 13 BMX 代理店の引き受けを辞退する（難易度：中）…… 092

4. 取引先を変更する

実例 14 取引銀行の変更に合意する（難易度：低） ……095
実例 15 取引先の変更について問い合わせる（難易度：中） ……098

5. 信用照会を行なう

実例 16 繊維商社の信用照会に答える（難易度：低） ……101
実例 17 日本製かばんの輸出業者に関する問合せに答える（難易度：低） ……104
実例 18 問合せの商社に関しては不明である旨を通知する（難易度：中） ……107
実例 19 支払に問題がある商社に関する信用照会に答える（難易度：中） ……110

6. 取引を開始する

実例 20 取引開始を希望する（難易度：低） ……113
実例 21 新商品の取扱いを申し込む（難易度：低） ……116
実例 22 ニュージーランド・ワインの輸入見込みを知らせる（難易度：中） ……119
実例 23 品薄商品の早急な発注を促す（難易度：中） ……121

7. 見積りを提出する、オファーする

実例 24 価格表とカタログを送付する（難易度：低） ……124
実例 25 警護用白バイの確定売り申込みをする（難易度：低） ……126
実例 26 自動車窓ガラス用フィルムの見積りを提出する（難易度：中） ……129
実例 27 新型スキャナーを発表する（難易度：中） ……133
実例 28 アメリカ製ジーンズの輸入を再開する（難易度：高） ……136

8. 引合へ回答する

実例 29 電子部品の引合に対する回答のフォームメールを作成する（難易度：低） …139
実例 30 引合に対する返事がない商社について調べたことを報告する（難易度：低） …141
実例 31 転送されてきた「電気自転車」の引合に回答する（難易度：中） ……145

9. アポを取り付ける、アポを受ける

実例 32 アポイントを取り付ける（難易度：低）……148

実例 33 提案のあった面談を受け入れる（難易度：中）……150

10. 売込み状を出す

実例 34 新型の電気炊飯器を売り込む（難易度：低）……153

実例 35 日本製高級ホーロー鍋を売り込む（難易度：低）……156

実例 36 初めての引合をフォローする（難易度：低）……159

実例 37 最新版カタログと価格表は準備中と伝える（難易度：中）……162

実例 38 新刊雑誌の購読を勧める（難易度：中）……165

実例 39 和式家具のダイレクト・メールを送る（難易度：高）……168

実例 40 雑誌サブスクリプションの継続を断る（難易度：中）……172

実例 41 当市場の不調を知らせる（難易度：高）……176

11. 発注する、受注する

実例 42 英国製クッキーの試注文を成約させる（難易度：低）……180

実例 43 ゴルフ用品の試注文を発する（難易度：低）……183

実例 44 イタリア製パスタの初回注文の成立を喜ぶ（難易度：中）……185

12. 契約締結を確認する

実例 45 販売契約締結を喜ぶ（難易度：低）……187

実例 46 訪問時のお礼を述べながら、新規契約を催促する（難易度：中）……190

実例 47 新製品の日本進出を支援する（難易度：高）……195

13. 信用状を開設する、修正する

実例 48 信用状の不備を訂正すべく、アメンドを依頼する（難易度：低）……198

実例 49 信用状の延長を要求する（難易度：中）……201

実例 50 L/C の船積期限延長を申込む（難易度：中）……204

実例 51 輸入信用状の延長手続き完了を通知する（難易度：高）……207

14. 船積予定・完了を案内する

実例 52 注文品の船積案内（難易度：低） ……210

実例 53 船積を案内する（難易度：低） ……213

実例 54 船名変更を通知し、買い手の了解を取る（難易度：中） ……216

実例 55 船積延期の不可を詫びる（難易度：中） ……219

実例 56 注文品の早期出荷を催促する（難易度：中） ……224

実例 57 注文品は契約通りに出荷すると伝える（難易度：中） ……227

15. 代金を支払う、受け取る

実例 58 代金として小切手を送付する（難易度：低） ……230

実例 59 送金受領を伝える（難易度：中） ……233

実例 60 遅れている支払を促す（難易度：中） ……236

実例 61 資金繰りの改善を要望する（難易度：高） ……240

16. 価格を交渉する

実例 62 引合に対して価格表を送る（難易度：低） ……244

実例 63 価格改訂をリマインドする（難易度：低） ……246

実例 64 見積書に誤り？！　大至急、訂正版を送付する（難易度：低） ……249

実例 65 拡販のため 10% の値引きを要請する（難易度：中）……251

実例 66 値引き要求を断る（難易度：中） ……253

実例 67 小型発電機の値下げ要求をかわす（難易度：中） ……256

実例 68 突然の値上げ通告に抗議する（難易度：高） ……259

実例 69 値上げへの抗議に対して理由を説明する（難易度：高） ……263

17. クレームする、クレームを処理する

実例 70 破損品をクレームする（難易度：低） ……266

実例 71 出荷遅延に対する苦情に回答する（難易度：中） ……268

実例 72 品違いをクレームする（難易度：中） ……270

実例 73 誤送された商品の代替品を送る（難易度：中） ……272

実例 74 クレームを拒否する（難易度：高） ……275

18. 保証・サービス体制を案内する

実例 75 ユーザーからの苦情処理の体制整備を要望する（難易度：低） ……278

実例 76 自動車会社のサービス体制を説明する（難易度：中） ……282

実例 77 自動車メーカーの製品保証について述べる（難易度：高） ……285

19. 海外出張へ出かける、出迎える

実例 78 相手先への訪問を申し込む（難易度：低） ……289

実例 79 海外出張の日程を調整する（難易度：低） ……291

実例 80 海外代理店責任者を本社へ招聘する（難易度：低） ……295

実例 81 海外出張時のホテルを予約する（難易度：低） ……298

実例 82 空港での出迎えを伝える（難易度：低） ……301

実例 83 ホテルの予約が取れないため出張日程の変更を勧める（難易度：中） ……304

実例 84 予定していた海外出張の延期を通知する（難易度：中） ……307

20. 海外出張・滞在時に受けた厚意に対して感謝する

実例 85 出張時の昼食会に対するお礼を述べる（難易度：低） ……310

実例 86 ニューヨーク駐在時の懇意にお礼を述べる（難易度：中） ……313

21. 就職・採用を申し込む

実例 87 求人募集に応募する（難易度：中） ……317

実例 88 新設航空会社に採用を申込む（難易度：中） ……321

実例 89 就職先へ提出する推薦状を書く（難易度：高） ……325

実例 90 採用申込みを断る（難易度：中） ……328

22. 社内通達を出す

実例 91 定例会議の開催をメールで案内する（難易度：低） ……330

実例 92 送別会をメールで案内する（難易度：低） ……333

実例 93 ゴルフ・コンペの開催を案内する（難易度：中） ……335

実例 94 業務内容調査への協力を依頼する（難易度：高） ……337

23. 挨拶状、案内状、通知状を出す

実例 95 懇意にしている取引相手の昇進を祝う（難易度：低）……340
実例 96 夕食会への招待メールを打つ（難易度：低）……342
実例 97 100 年史を送付する際に挨拶文を添える（難易度：中）……344
実例 98 事務所の移転と住所変更を通知する（難易度：中）……347
実例 99 1 年間のお互いの苦労をねぎらい、クリスマスカードを送る（難易度：高）……351
実例 100 弔意を表明する（難易度：中）……354

あとがき……356
参考文献……359
目的別「使える表現パターンとフレーズ」索引……361
「ビジネス用語」索引……372
「重要単語・語句」索引……377

第 1 章

効果的なビジネス英語を書くための実践テクニック 10

効果的なビジネス英語を書くための実践テクニック10

ビジネスにおいて正確で、分かりやすく、説得力ある英語を書くにはどのようにすればよいのでしょうか。この課題に対しては、これまでも数多くの本が出版され、様々な参考になる考え方が説かれてきました。本書では、多くのシチュエーションにおいて諸先輩が書いてきた「良文」に接して、それらを参考にしながら、自分で考え、書いてみることを推奨します。我々は小説家ではありません。名文を書く必要はないのです。取引を行う相手に正確で失礼のない表現で相手を動かすことができればよいのです。自分の限られた語彙の中から、自分しか分からない難解な表現を新たに作り出すのではなく、模範文例にできる限り多く触れ、それらを使ってみて、自分の表現にしていくことに効果があります。そこでは海外との取引における数多くのシチュエーションが設定され、それぞれの状況に応じた提案なり解決策が「相手」に向けて発せられています。状況に応じた例文から、ロジック、段落の構成、具体的な表現までを参考にしながら、最初は「真似る」ことから始め、それを何度も使っていくことで、自分の表現にしていって下さい。

はじめに、英文ビジネス・ライティングの基本として、10の実践的なテクニックを提案します。

1 書き始める前に手紙あるいはメールの構想を練る Planning

当たり前のことですが、とても重要なことは、我々日本人にとって英語は「外国語」であるということです。外国語で伝えたいことを表現することは至難の業です。何を伝えるのか、そして伝えたい内容を、どのような順序で伝えるかを、書く前にしっかりプランニングしましょう！ 家を建てる前に「設計図」を描くのと同じです。ペンを持つ前に、最低でも5分間は考える習慣をつけましょう！ Well thought, half done! です。第3章ではこの段落構成のことを「スケルトン（骨格）」と呼んでいます。したがって、構想を練る段階では、「スケルトン・プランを練るんだ！」と白紙に書く、あるいは口に出しながら、その作業を進めましょう。

まず、論理的な展開として、次の２つの順序があることを頭に入れておくことが有効です。これから書こうとする手紙やメールの文章を書き始める前に、どちらでいくかを決めます。

① 演繹的順序（Deductive order）
② 帰納的順序（Inductive order）

「帰納的」に述べるべきか、「演繹的」に述べるべきか、その場面に応じて最も適切な方法を選びます。分かりやすく言うと、帰納法が様々な事例、背景、理由などを述べて、最後に結論を持ってくる論法であるのに対して、演繹法は結論を最初にドーンと述べ、それを裏付けるいくつかの事例、背景、理由などを後に続ける方法です。英語が媒体であること、そして伝えたい相手が主に欧米人であることを考えると、基本的に演繹法でのアプローチがお薦めです。さらに詳しく具体的な内容を本文（実例28「アメリカ製ジーンズの輸入を再開する」）で説明します。

また、相手を動かすための全体の段落構成には次のような論法があります。

① 日本式「起承転結」
③ アメリカ式「AIDA の法則」

ビジネス英語の最大の特徴は特別に厳しい目的を持っていることです。それは話しかける相手を充分に説得するだけの効果を発揮しなければならないということです。つまり、「相手に行動させること」が最終的な目標なのです。日本流の「起承転結」も、構成案をしっかり練り上げればそれなりの効果が期待できます。しかし、本書では、「AIDA の法則」という 1990 年代前半からアメリカを中心にマーケティング業界で活用されてきた理論があり、これをビジネス英語を書く場合に応用することを提案します。

AIDAとは次の4つの単語の頭文字を取ったものです。

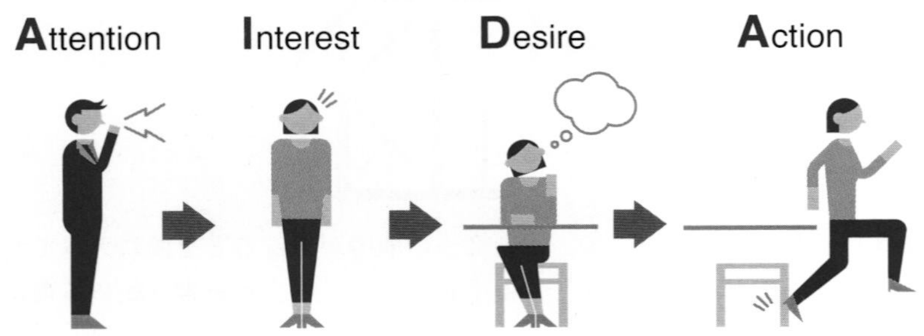

AIDAの法則はアメリカのセント・エルモ・ルイスにより提唱されました。人間が行動を起こすまでに、このAttention、Interest、Desire、Actionの4つの過程を経るといわれています。英文ライティングにこのAIDA principleを活用するために、英文ビジネス文書を書く場合の組立てとして4つのパラグラフを考えます。すなわち、最初に「注意」を引き起こすパラグラフ、その次に「興味」を起こさせるパラグラフ、さらに「欲望」を刺激するパラグラフ、そして最後に「行動」を起こさせるパラグラフをもってくるのです。具体例については、本文事例（実例88「新設航空会社に採用を申込む」）の中で詳しく説明します。

2「単文化」と「短文化」を心がける　Single & Short Sentences

日本語の文章では、どうしても1つの文の中に多くのことを語ろうとする傾向があります。それを英語にするとさらに伝わりにくくなります。できる限り、「単文」でまとめるように心がけ、さらにその単文についても、短く、1文あたりの語数も少なくしましょう！ 仕事の中で長い日本文を英訳する業務を依頼されることもあるかもしれません。この場合も、日本語の1つの文をいくつかの単文にすることで伝えたい内容が明確になります。

例えば、次のような1文を書いたとします。

We have received your e-mail of September 10 in which you stated that you would like to sell our products in your market.

これは、以下の２つの単文（短文）にすることで、簡潔で読みやすくなります。

We have received your e-mail of September 10. (In your letter) You stated that you would like to sell our products in your market.

3 分かりやすい単語を用いる　Simple & Easy-to-understand Words

ビジネス英語の目的は書く側の意志を相手に間違いなく伝え、相手にこちらの希望する行動を取らせることにあります。したがって、相手に苦労させないで読ませる英語でなければなりません。長くて難解な単語を使うより、短くてやさしい単語の方が意志は伝わりやすいのです。アメリカのトランプ前大統領のスピーチが人を動かすのは、とてもダイレクトで、「誰にでも分かりやすい」単語を使っているからだと言われています。

- □ およそ　approximately ⇒ about
- □ 充分な　sufficient ⇒ enough
- □ 最初の　initial ⇒ first
- □ 見やすい　apparent ⇒ clear
- □ あいまいな　ambiguous ⇒ unclear
- □ 別便で　under a separate cover ⇒ separately
- □ 前に　previously ⇒ before
- □ 示す　demonstrate ⇒ show
- □ 期待する　anticipate ⇒ expect
- □ 購入する　purchase ⇒ buy
- □ 始める　commence ⇒ begin / start
- □ 努力する　endeavor / attempt ⇒ try
- □ 入手する　obtain ⇒ get
- □ もし…ならば　provided ⇒ if

短い語であれば何でもよいというのではなく、短くて、しかもよく知れわたっている語を選ぶことが大切です。例えば、ビジネス英語の練習で、「『買う』に相当する英単語として何を使いますか。」と質問すると、ほとんどの方は purchase

と答えますが、buyで十分なのです。単語だけでなく、文（章）やパラグラフについても、できるだけ平易に短く書いた方が相手には伝わりやすいものです。

ただし、ビジネス文書をやり取りする場合、こちらからは分かりやすく書く努力をしていても、相手が時には難解な語や専門的な語を使ってくることはあります。そうした相手からの英文を明確に読み取るためには、自分の語彙（vocabulary）を増やしておくことは重要です。

4 正確に書く　To Be Correct

ビジネスの場では「正確に」書くことが絶対必要です。10万円の商品を間違えて1万円で売ったら、大損しますよね。この点を軽視すると、相手と自分との間のコミュニケーションが相互理解のために役立たないどころか、相互間に誤解が生じ、その結果は相互の利害得失まで大きく響くことになります。現代は特にビジネスのスピードが速く、瞬時に決済されてしまいますので、「アッ、間違えた！」と叫んでも、間違えた金額で交渉が成立してしまいます。メールで価格を伝える場合には、送信ボタンを押す前に確認しましょう！ とにかくビジネスは正確でないと成立しません。最近では、お役所や一流企業における「文書の改ざん」が問題となっていますが、本当にあってはならないことです。

ビジネスでは、先方から受け取った手紙や書類の中の数字は、どんな場合であっても変更することは絶対に許されません。また、文字の綴りや音節は正しく、英文を書き終わったら必ず一、二度は読み直し、誤りがないか確認することが絶対に必要です。忙しく仕事をしていると、どうしても自分が作成する文書の間違いを見落としがちですが、「確認作業」をすることで何としてもミスが外部に出ることを防ぎたいものです。この正確性を期すための確認作業こそが、英語を仕事に使う人の「プロ意識」と言えます。「仕事ができる人」とそうでない人との「差」は、この「確認」をしているかどうかなのです。

ビジネス文書では、数字の表現を間違えると取引に大きな支障をきたし、係争に発展する原因ともなります。数量、金額などを示す数に伴って用いられる「以上」や「以下」、「以前」「以後」のような語句は日本語でも誤解を生じやすいので注意しましょう。「100ドル以上」は$100 or over、「100ドル以下」は$100 or less、「6月10日以前」はon or before June 10、「6月10日以降」はon or after June 10となります。特に契約書などでは、その日が含まれるかどうかを明確にしておく必要があり、例えばThe contract is valid until March 31 inclusive.として、3月31日が含まれることを明記します。

5 ハッキリ分かりやすく書く　To Be Clear

受信者である相手により読みやすくすることができるなら、わざわざ語数を多く使う必要はありません。「現在に至るまで」とこれまでのいきさつを強調したいがために、up to the present time of writing（7 語）や at the time of writing（5 語）などと書きたい気持ちは分かりますが、now の 1 語で十分に表すことができますし、その方が良いのです。

ビジネスの世界では全てが speedy に動いています。スピードが勝負です。言葉を短くして意味をハッキリさせましょう。以下、よく使われる数語を使った言い回しと、それに対する 1 語の例を見て下さい。

- □ at all time（いつも）⇒ always
- □ due to the fact that ～（～という事実により）⇒ because / since
- □ be aware of the fact that ～（～という事実に気づいている）⇒ know that ～
- □ in the event that ～（万が一～の場合には）⇒ if
- □ in spite of the fact that ～（～という事実にもかかわらず）⇒ although
- □ make a payment（支払う）⇒ pay
- □ reach an agreement（合意する）⇒ agree
- □ at a later date（後日）⇒ later

また、「近い将来」を表す表現は以下のようにいくつかありますが、ほとんどが soon の 1 語で表すことができます。

- □ as soon as possible（4 語）
- □ at an earliest date（4 語）
- □ in the near future（4 語）
- □ in the not distant future（5 語）
- □ by return mail（3 語）

お気づきのように、soon は英語を簡潔に書くためのマジックワードの 1 つなのです。ビジネス英語を勉強していく過程の中で、凝った表現を覚えると、当然のように使いたくなる衝動にかられます。が、この「欲」を制して、ビジネスの成功に徹しましょう。同様に、複数の単語から構成されている単語は 1 語で済ますようにすると文が簡潔になります。

- □ in order to ～（～するために）⇒ to

□ in the amount of ～（～という金額で）⇒ for
□ be in a position to ～（～できる）⇒ can
□ be able to ～（～できる）
⇒ can（ただし、過去形や未来形で文法上使わざるを得ない場合は除きます。）

言わなくてもよい余計な言葉はカットします。また、古典的な参考書で使われていた冗長、余分な表現も簡潔な表現に変えていくことが現代流のスマートなビジネス英語です。

× Please be informed on this occasion（6語）：
古めかしく冗長に聞こえる
× Please let us inform you ～（5語）：
丁寧すぎてぎこちない
× We are informing you that ～（5語）：
未来を表す進行形であるが、適当ではない
△ We wish to inform you ～（5語）：
丁寧に伝えたい場合には使えるが、語数が多い
○ We inform you ～（3語）：
一般的にはこれが最も簡潔で相手にも失礼に当らない

We would like to take this opportunity to inform you（10語）は単純に We inform you（3語）で済みます。

同じように、「～を同封する」と言う英文を書く際に、年配の方ほど、古い表現や冗長な表現を使う傾向にあります（彼らは60年前にそれが正しいと教えられたのです）。これらを現代では「死語」と呼びます。皆さんのような、現代を生きる方々は使わないようにしましょう！

× We enclose herewith ～：
古典的な表現で現代では使わない
× Enclosed herewith please find ～：
形にはまっていて古臭い（過去の亡霊？）
× We take much pleasure in enclosing ～：
単語は現代的だが、仰々しい
○ We are enclosing ～：
進行形で、まさに送りつつあると表現したい場合
◎ We enclose ～：
平易で簡潔な現在形で十分

We enclose も magic words です。スンナリと実際に使えるように慣れていきましょう。

さらに、「白い白紙に書く」「馬から落馬する」という表現のように、意味が同じ言葉を繰り返して「冗長」に聞こえてしまうことを避けるために、こうした「繰り返し語」を理解しておいて使わないようにすることが簡潔に書くためには有効です。

□ ask the question ⇒ ask
□ repeat again ⇒ repeat
□ return back ⇒ return
□ endorse on the back of the check ⇒ endorse the check
□ conclude at the end ⇒ conclude
□ cooperate together ⇒ cooperate
□ longer in length ⇒ longer
□ many in number ⇒ many
□ polite and courteous
⇒ polite あるいは courteous のどちらか1つ
□ strictly accurate ⇒ accurate
□ advance planning ⇒ planning
□ past experience ⇒ experience

同じような事例で、日本人は現在完了進行形と副詞 continuously を一緒に使う傾向にあります。

× The population in this country has been increasing continuously.
（同国の人口は継続的に増加してきている。）

これは典型的なジャパニーズ・イングリッシュの1つで、ネイテイブにはとても奇妙に聞こえるようです。つまり、現在完了進行形自体に「継続」の意味が含まれているため、continuously が全くの「余分」になっているのです。さらに、語数が多く古めかしい表現で、冗長に聞こえる以下の表現を使っていたら、排除していきましょう。

× As in the above（上記のように）
× Contents duly noted（内容、拝誦しました）
× We wish to clearly state（述べたいと考えます）

6 具体的に書く　To Be Specific

ビジネス英語として使われる限り、相手が必要とする事項は具体的に、しかも鋭く表現すべきで、抽象的であってはなりません。例えば、12月末になって、以下のようなメールが来信したとします。

① **The market research team will arrive in Los Angeles early January.**
年明け早々に調査チームが来ることを案内していますが、到着日によっては受け入れの準備が全く変わってきます。「1月初め頃」と書くより、はっきり「on January 8」などと書くべきです。

② **You will receive the goods late in March.**
late in March「3月の終わり頃」と書くより、by March 25などとした方が具体的となります。お客様は荷物がいつ到着するのか気になっているので、ビジネス上とても重要な情報となります。

日にちや時間を示す副詞（句）については、できるだけ具体的な日時を記載しましょう。yesterdayはoctober 15、two weeks agoはon October 1などとします。「今月」「来月」等も分かりにくいので、何月何日と書くようにしましょう。後からトレースするためにも、手紙やメールには「事実」としての日付を記しておくのが肝要です。

また、数量を表すmanyやa lot ofなども、ビジネス文書では1,000 casesや30,000 setsなどと表現すべきです。severalとsomeは日本語に訳すとどちらも「いくつかの」となりますが、severalの方がsomeに比べるとより具体的です。しかし、どちらにしてもビジネス文書においては抽象的で、取引の際には不向きです。several copiesはfive copies、some visitorsはfifteen visitorsなどとしましょう。

7 積極的に書く　To Be Positive

ビジネス英語と普通英語の差は、ビジネス英語が「商売」において使われるということです。商売で使われる以上、こちらから送る手紙やメールで相手を気持ちよく感じてもらうことが重要です。商売は必ずしも利害が一致しないため、Noと答えざるを得ない状況も多くあります。例えば、次のような内容で相手に連絡したとします。

We can not give you satisfactory information because we do not have business transaction with this firm and we do not know their financial standing.

このようにnot、not、notと書いたものを読まされると、相手は心理的に不快な気持ちに拍車がかかることになります。取引先からこんな消極的で否定的な手紙がきたら、この取引先と商売を続ける気持ちになるでしょうか。Noという趣旨のメッセージを送る場合、否定的な事実は事実として相手に伝えざるを得ませんが、書き方には相当配慮が払われてしかるべきです。notを連発せずに前向きな表現を使うことで、否定的な印象を少しでも和らげましょう！

ビジネス文書でよく遭遇する否定的な用件を伝えなければならない場合の応酬話法とその表現をいくつか挙げてみましょう。

× We regret that we cannot accept your complaint on the latest shipment.
（直近の出荷分についてのお客様の苦情については受け付けられません。）

⇒ We will report to you again as soon as we complete a thorough investigation on this matter.
（本件に関しては徹底した調査が終わり次第、改めて報告させていただきます。）

× We are sorry we are not able to ship your order in May as we are running out of stock.
（申し訳ありませんが、在庫切れのため、貴社注文を５月に出荷することはできません。）

⇒ We can ship your order early June as soon as necessary materials are procured.
（必要な材料が調達され次第、貴社注文を６月上旬に出荷可能です。）

× We can not book your order in January production as it was too late for you to place an order.
（貴社からの発注が遅かったため、1 月生産に手配することはできません。）

⇒ Your order has been booked in our early February production after hard and lengthy negotiations with our factory, even after the order closing date.
（弊社工場部門と激しく長時間にわたる交渉の結果、注文受付締切日後でしたが、貴社注文を何とか 2 月初旬の生産に入れることができました。）

× We can not accept the price increae you proposed.
(通知いただいた値上げは受け入れることはできません。)

⇒ We can take another look at the situation with a view to meeting your expectations for the proposed price increase.
(通知いただいた値上げ案につきまして、ご期待に沿えるべく、状況を異なる視点で分析してみます。)

このように、同じことを伝えるにしても、言い方によっては、相手の印象がかなり違ってくることが分かりますよね。商売でやり取りをしていると、どうしてもWe、We、あるいはI、Iと自分本位に考え、文章もIとかweが主語となりがちですが、相手である「You」を主語にすると相手の立場になって考えることができるので、表現も前向きになります。自分が書いた文章をもう一度読み直してみて、全てのパラグラフがWeで始まっていないかチェックしてみましょう。

また、文章は受動態ではなく能動態で表すことで積極的になります。日本人はともすると「謙虚」を「徳」として教えられているため、何事も「出しゃばらない」受け身で表現する傾向にあります。このため日本語は、商売においても受身形が多く使われる傾向にありますが、英語では「謙虚さ」や「丁寧さ」としては受け取られません。例を示してみましょう。

The counter-measures were taken by the manufacturer immediately to solve the problem.

⇒ The manufacturer immediately took the counter-measures to solve the problem.

語数が13語から11語に減って簡潔になっていることに加え、主語が明確になって積極的になっています。メーカーが積極的に対策を打っていると訴えた方が前向きですよね。一方で、ビジネス文書では、相手を「説得する」ことが重要となってきますが、you are requestedやto be informedのような受身形を用いた間接的表現は説得や依頼をする際には柔らかい印象になることを覚えておきましょう。

あなたの英文が相手の興味をそそり、期待が膨らんで、提案通りに相手が行動を取ってくれたら、その英文は積極的に書かれていると考えてよいでしょう。

8 文法ミスを排除する　No Grammar Mistakes

アメリカのトランプ前大統領のツイッターでの文法ミスが批判の対象になっていたことは有名です。アメリカやイギリスでも、文法を間違えると、その人の知性そのものが低く見られるのです。文法的に正しくないという理由で、時に感情的な反応を引き起こす規則を「規範文法」と言うそうです。逆に、リンカーン大統領は英語の文法が拙いと社会では認められないと弁護士から言われ、英文法を猛勉強して教育のハンディを乗り越え、大統領まで昇りつめたと言われています。

このように、英語でも「文法的に正しくない表現」に対しては、日本語の崩れた表現が批判の対象となるように、厳しい視線が注がれます。グローバルに活躍しようとする日本のビジネスエリートにとっても、「文法的に正しい英語」に関する知識は不可欠と言えます。

したがって、手紙でもメールでもビジネス文書においては、文法上のミスをゼロにするために最大限の努力をしなければなりません。しかし、外国語として勉強してきた日本人が英文法を完璧にマスターすることもほとんど不可能です。英文法を勉強する努力は怠りなく続ける一方で、まず、最も犯しやすく目立ってしまう文法的なミスについて知識を持っておくことで着実な対策の一歩としましょう！ 例えば、数と時制の一致はケアレスミスを犯しやすいので、細心の注意を払うことを奨めます。名詞には単数と複数があり、単数と複数で意味が異なる単語には注意が必要です。例えば、custom（習慣）と customs（税関）や condition（状態）と conditions（条件）のように文脈に沿って使い分けが必要なものがあります。貿易用語として出てくる「船積指示」shipping instructions の instructions は常に複数形で用いられ、「指示」という意味ですが、単数の instruction は「教育」「訓練」の意味となります。また、名詞には「数えられる名詞」と「数えられない名詞」があり英文を書く際にはこれらを明確に使い分けなければなりません。

英文を書く際についうっかり犯してしまうミスが、主語の「数」に動詞を一致させることを忘れてしまうことです。以下の例をチェックしてみて下さい。

The shipment was made ～
The goods were shipped ～

A set of shipping documents was airmailed ～
Copies of shipping documents were airmailed ～

Some of our reviews also lead ～
Our review also leads ～

特に、主語となる名詞に修飾語を加えるような場合、それに紛らわされて名詞と動詞の「数」が一致しないことが起こりやすいので注意しましょう。

次に時制ですが、「時」「条件」などを表す副詞節では、たとえそれが未来のことであっても、現在形で表現することになっています。これは基本文法です。もう一度確認しておきましょう。

We will inform you as soon as we are able to supply the goods again.
Please deliver the papers when he comes tomorrow.

頻繁に使う割に間違いやすいのが、look forward toの次に来る品詞の使い方です。

× We look forward to receive your reply soon.
○ We look forward to your reply soon.
○ We look forward to receiving your reply soon.

このように、look forward toの後には名詞か動名詞が来ます。

名詞にaかtheか、どちらを付けるべきか悩むことはありませんか。文法ミスを防ぐために、yourやourなど代名詞の所有格で「逃げる」テクニックも身につけておきましょう。また、主語である名詞が単数なのか、複数扱いなのか自信がない時、それに続くbe動詞をisにするかareにするか悩んだら、will beにできないか考えましょう。

Microsoft Wordで英文を書くと、文法的におかしいと波線で指摘してくれますので、文章を書いた後で波線がついていないか確認することは文法ミスを外部に流失させてしまうことを防げます。また、基礎文法を強化するために効果ある勉強法としてTOEIC受検があります。特にPart 5は文法問題なので、文法の基礎を成果を実感しながら学び直すことができます。

9 ミス・スペルや数字の間違いを決してしない　No Mistakes

ビジネス文書では、ミス・スペルがあると、それが単純なタイプミスであっても、書いた人の商売に対する真剣度が疑われます。特に、ビジネスで相手の名前を間違えて打ったり、数字を間違えては致命的でしょう。ミス・スペルを防ぐためには、もう一度読み直すことです。どの仕事でも同じかと思いますが、この「確認」ダブルチェック工程を入れるか入れないかで大きな差が出てきます。いわゆる「仕事ができる人」はこの確認作業を必ず行います。逆に仕事ができない人はどの仕事もやりっ放し、文章も書きっ放しなのです。

なお、長い単語が行の最後にきてどうしても2つに切って後半を次の行に持っていかねばならない時に、無造作にどこででもその単語を分断してよいというものではありません。必ずアクセントのしるしがついている箇所か、音節のしるしがあるところで切るべきです。

10 相手の気持ちに配慮する　To Be Thoughtful

ビジネスでは、世代、性別、人種、文化等の違いによって生まれる異なる考え方を超えてコミュニケーションを図っていかなくてはなりません。相手が若くても、年をとっていても、男性でも、女性でも、国籍が異なっていても、ビジネス英語が商売の道具として使われる以上、取引先である相手を怒らせることがあってはなりません。状況によっては、相手の行為やメールに対して、怒りやいらだちを覚えることはあると思います。しかし、それに対して、決して感情的になったり、怒りやいらだちをそのまま英文中に表現することは何としても避けねばなりません。これはビジネス英語を勉強し使っていく上で最も重要なことです。2018年のテニス全米オープンでは、元世界チャンピオンが感情的になって自分を制することが出来ず、審判に暴言を吐いたり、テニスプレーヤーにとっては命より大切なはずのラケットを壊したりしました。失ったものは全米オープンのタイトルだけでは済まなかったはずです。

相手のビジネスパーソンとの対話はいつも快適で好感度が高いものでなければなりません。そのために、書く表現には丁重さ（礼儀）と相手を思いやる気持ちが表れていることが大切です。過去何十年間に渡って使われてきた古めかしい表現とか形式をワンパターンで機械的に使うと、「相手の立場に立つ」の視点からは大きく遠のくことになります。型にはまった旧式な表現を使いすぎることによって、せっかくの手紙が持つべき“パーソナル感”が薄くなるのです。ビジネスレターではこの“パーソナル感”はとても重要です。

さて、ここで、Mr. Smithは不動産会社2社から次の手紙をそれぞれ受け取りました。Smith氏はどちらの不動産会社と今後について話し合いたいと思うでしょうか。

不動産会社からのメール①

Dear Mr. Smith:

Your mail of the 10th has been duly received and we beg to state that we are always interested in securing lists of multiple unit buildings such as yours. Enclosed please find our Form 123 which when completed by you will give us information needed. One of our firm's representatives will call on you as per your request in the not distant future.

We remain,

不動産会社からのメール②

Dear Mr. Smith:

Thank you very much for your mail of June 10. We at Greenforest Realty are happy to receive your request for information on placing your 20 units building on the market.

We shall be more than happy to work with you as we are 100% sure you will find our service satisfactory and all our efforts designed to secure the highest return for you.

Our 40 years of experience in the community assure you of working with a firm well known in the local real estate and financial community.

To serve your best interests, Mr. Smith, I would like to discuss with you personally the several options you have and the advantages of each. If it is convenient for you, I can stop by on either June 19 or 20 at about 6 p.m. Please call me at 796-9826 to let me know your preference. I look forward to receiving your call soon.

Cordially yours,

この「相手の気持ちに配慮する」という考え方は、全てのビジネス英語の書き手が備えているわけではありません。その習得にはそれなりの時間と努力を要します。しかし一旦、この技術を身につけると、他の書き手よりも、1つ、いえ2つ以上、抜きん出ることができます。具体的には、前述の7「積極的に書く」の項目で説明しましたように、自分を主語にして書くと「私は自分がすべきことはちゃんとしている」「弊社は～だと困る」とどうしても自己中心的な主張と表現になりがちです。これを、中学校や高校の授業で習った「書き換え」問題と同じように、１人称主語を２人称に変換してみましょう。例えば、

We will ship the goods by the end of February.
⇒ You will receive the goods within February before your sale season starts.

注文を受けた商品を「出荷する」という極めて単純なことですが、相手の立場に立って書くことによって、「販売シーズンが始まる前に手に入る」という相手にとって重要な情報を与えられることが分かりますよね。

第2章

ビジネスレターとEメールの形式

ビジネスレター、ビジネスEメールの形式を知る

海外とビジネスを行なう上で、コミュニケーションを図る手段は色々とあります。手紙、メール、電話、ファックス、会議など、など。これまではFace-to-Faceで話し合うことが効果ありとされてきましたが、現在では新型コロナウイルスの影響もありオンライン会議が一般的になっています。本書では、コミュニケーション手段の中でもライティングに焦点を絞って、効果的なコミュニケーションをするにはどうすればよいかを考えます。日常のコミュニケーションの主流はメールですが、相手、時、伝えたい内容、そしてそれぞれの状況により、レターとメールをうまく選択して、あるいは組み合わせていきましょう。

1 レター（文書）

会社名がレターヘッドとして上部に印刷された紙を用い、下部には署名を行ないます。対外的に、最初に取引を申し込む際や正式な意思表明をする際などに使われます。例えば、現地政府への許認可やライセンス生産の申請、あるいは就職の申込みなどのカバーリング・レターとして使います。こうした公的文書はさすがにメールで済ませるというわけにはいきません。最近では世界的な「省紙化」に伴い、レター形式で作成しておいてPDF化し、メールと共に送るという方法もあります。

2 メール

メールは簡便性、即時性、そして一度に複数の相手にメッセージを送れるという多くの便利さがあります。レターに対して最も劣ることは、正式な文書としての権威が望めないこと、相手に対する説得力が弱まるという点です。分かりやすい例ですと、営業マンがある製品を顧客に売り込もうとするとします。そのためには、きれいな紙に美しく書かれ、直筆で署名された1枚の手紙の方が数行の電子メールより効果があることに疑いの余地はありませんよね。一方で、メールで書かれた内容が裁判などでは有力な「証拠」となることを肝に銘じておく必要があります。アメリカでは多くの日系企業が、開示されたメールにより裁判で敗訴となっています。

3 ビジネスレターの形式

最近のビジネスコミュニケーションはほとんどメールで行なわれているため、レターを書く機会は過去に比べますと、極端に少なくなっています。しかし、輸出入の申告書類や採用申込書などは正式文書としてレター形式での提出が今でも求められています。また、感謝状などは、紙に印刷された手紙だからこそ「気持ち」を伝えられます。使用頻度が少ないレターですが、その書式（フォーマット）を頭に入れておくことはとても重要です。もちろん、ビジネスの実務ベースでは、レター形式で作成した文書もPDF（Portable Document Format）による添付ファイルに代わってきています。

英文でビジネスレターを出す場合には、「レターヘッド」と呼ばれる出状する側の社名、住所、電話番号、メールアドレス等の公式な情報が書式の上部に印刷された用紙を使います。日本や英国系の国々（イギリス、オーストラリア、ニュージーランド、シンガポールなど）そしてヨーロッパのドイツなどでは、JIS規格のA4サイズ（210mm × 297mm）の用紙が使われています。しかし、アメリカで一般的に使われているレターサイズ（215.9mm × 279.4mm）は、A4サイズに対して横に広く、縦に短くなっていますので、注意が必要です。特に、A 4サイズで作成した文書をアメリカへファックス送信する場合、下の方の部分が読み取られないので、気をつけましょう！

英文ビジネスレターの形式には、そのスタイルの組合せにより、細かく分けますと、パターンがいくつかあります。その全てを覚えておく必要はありませんが、以下に掲げる両極端の2つのスタイルがあることを理解しておくことは役に立つはずです。

① ブロックスタイル　**Block Style**
② インデントスタイル　**Indented Style**

スタイルとは、相手の社名、住所、敬辞、本文、結辞、自社の社名、署名者名などをどこから書き始めるか（左端か右端に揃えるか）の違いです。2つのスタイルの長所を生かしつつ変更を加えた、「折衷型」スタイルもあります。本書では、現在最もよく使われているものとしてモディファイド・ブロックスタイルをご紹介します。

過去においては、これにコンマ、ピリオド、コロンなどの句読点（Punctuation）を付けるかどうかについても、形式の要素として厳格に指導されていました。ただ、現在ではグローバル化に伴い、厳格な使用を過去に比べると求められませんので、仕事の効率とレターの「見栄え」の良さで作成しましょう。もちろん、スタイルは発信者だけではなく、部門、会社で統一しておくことをお勧めします。

ブロックスタイルは従来、主にアメリカで一般的に使われてきたのに対して、インデントスタイルはイギリス及びイギリス連邦所属国（オーストラリア、ニュージーランド、インド、南アフリカ、シンガポールなど）で一般的に使われてきたと言われています。レターを出す相手の国がどこであるかで、米国式か英国式かを選択します。ただし、これは絶対的なルールではなく、そうした「垣根」もなくなりつつありますので、「自由度」はかなり高くなっています。とは言え、スタイルを選択する理由は相手に「合わせる」という発想からですので、実際にビジネスを行なう相手からのレターを受取った際にそのスタイルを確認しましょう。

対極となる2つの基本フォーマットを紹介します。

① ブロックスタイル Block Style

全ての構成要素を左寄せで書きます。アメリカを中心に使われてきたと言われ、単純さと能率重視のスタイルです。

② インデントスタイル Indented Style

日付、結辞、署名、発信者住所を右寄せ、宛て先を左寄せ、件名を中央寄せ、本文を左寄せ、ただし、各パラグラフの書き始めを半角5字分インデントにします。形式を重要視するため、イギリスを中心に使われてきたと言われていますが、イギリスでもその「人気」は落ちています。

英文ビジネスレターをブロックスタイルで作成すると次のようになります。

New Japan Corporation
1-2-3 Nihonbashi, Chuo-ku, Tokyo 103-0027 JAPAN
Tel: +81-3-1234-5678 / Fax: +81-3-1234-5679

July 1, 2021

New World Company
160th St. & River Ave.
New York NY10452
USA

Gentlemen:

Thank you very much for your keen interest in the “style” or layout of the business letter. The style in which this letter is typed is known as the block style.

You will easily notice that each line begins at the left margin.

Because of its simplicity, you will enjoy the speed and efficiency with which this letter can be created.

Very truly yours,

(Signature)
Manager
New Japan Corporation
EM/mm

次に、同じ内容をイギリス式のインデントスタイルで作成します。

New Japan Corporation
1-2-3 Nihonbashi, Chuo-ku, Tokyo 103-0027 JAPAN
Tel: +81-3-1234-5678 / Fax: +81-3-1234-5679

July 1, 2021

The Tradition Enterprises
123 Baker St,
Marylebone
London, NW1 6XE
UK

Dear Sirs,

We should like to thank you for your keen interest in the "style" or layout of the business letter. You will note that this letter is created in the indented style.

You will notice that the first line begins at the left margin, but each line after the first is indented five spaces from the beginnings of the preceding line.

As you can see, the indented style is less popular in business because of its extreme formality and less efficiency.

Yours faithfully,

New Japan Corporation
(Signature)
Manager

EM/mm

本書では、ビジネスレターの形式として、より多くの国と企業で受け入れられている、体裁が良く効率的なモデイファイド・ブロックスタイルをご紹介します。

New Japan Corporation
1-2-4 Nihonbashi, Chuo-ku, Tokyo 103-0027 JAPAN
Tel: +81-3-1234-5678 / Fax: +81-3-1234-5679

Ref.No. NWC-2173
July 1, 2021

New World Company
160th St. & River Ave.
New York NY10452
USA

Gentlemen:

Recommendable Letter Style

Thank you very much for your keen interest in the "style" or layout of the business letter.

We would like to recommend the style in which this letter is created, known as the modified block style.

You will notice that the closing lines are blocked at the horizontal center of the letterhead. All other lines begin at the left margin.

You can agree that this style is widely used because it is well balanced on the letterhead.

Very truly yours,
New Japan Corporation
(Signature)
Manager

EM/mm

4 ビジネスメールの形式

メールの場合、その形式と構成要素はPC上のソフトによって決まってきますので、送り手はその形式を自由に選ぶことはできないわけですが、概ね以下のように構成されているはずです。

1. 基本フォーマット

電子メールでの一般的な形式を紹介します。まず、フォーマットを「基本形式」として全体構成を使いこなし、慣れてきたら自分のスタイルへと変更していけばよいでしょう。同一社内で統一しておくことも重要です。

Date: 29 Jan. 2021 9:35	送信時間
To: Mr. John Haines <johnhaines@haines.com>	受信者（相手）
From: E. Manabe <emanabe@outlook.jp>	送信者（あなた）
Subject: Meeting in Tokyo	主題（件名）

メール本文は相手の名前を最初に書いて、自分の名前を最後に書くことは手紙と変わりありませんが、一番異なるのはメールの上部（ヘッダー）に送り主、送る相手、それに主題（Subject）が記載されることです。

一番上の送信時間と送り主は自動的にコンピューターが挿入します。送る側は、相手のアドレスとSubjectを書き入れます。Subjectの長さは基本5語以内とします。

2. メール英語の特徴

英文を書き始める前に、メールで使われる英語の特徴を理解しておきましょう！

① WeよりIを主語として書く場合が多い

紙に書いて出状するレターでは会社を代表して出しますので、主語はWe（会社）が圧倒的に多いはずですが、メールでは受発信の自由度が高いため、I（個人）で書き始めることが多くなります。

② カジュアルさ

ビジネスのメールと言うと、少なからずそのフォーマル度にこだわりがちかと思いますが、インフォーマルであることがある程度許されるようですので、自由に書いてみましょう。

③ 短さ

言いたいことをダイレクトに伝えるという目的達成のために、メールの文章は比較的短いという特徴があるようです。簡潔に伝えるという意味からも短くまとめましょう。

④ ダイレクトさ

メールでの英語は直接的、要点の明確さが重要になっています。ダイレクトになる分、相手にとって喜ばしい内容はそのまま表現しても構いませんが、そうではないニュースの場合はそれなりの工夫が必要になってきます。

⑤ 頻繁さ

メールは一瞬で相手に送ることができ、返事も早く返ってくるので、その分、やり取りの頻度は上がります。メールを書くことばかりに時間を費やすことはできないので、用件の重要度と緊急性などを考えて、「返事」を書くタイミングを決めましょう！ 海外とコミュニケーションする場合には「時差」がありますので、すぐ回答しなければならない場合と、数時間後でも全く問題ない場合があります。時には相手からのメールに感情的になることがありますが、受信したメールをすぐに返信するのではなく、頭を冷やしてから書くこともビジネスでは重要です。

⑥ 情報量の少なさ

前述のように、メールはその「短さ」と「頻繁さ」ゆえに、1件のメールで伝えられる情報量がレターに比べると少なくなる傾向があります。その分、不足していた情報の「補足」も短期に、簡単にできます。

⑦ 攻撃性

顔を突き合わせてのコミュニケーションとは異なり、相手の気持ちを推し量りながら伝えることができないため、どうしても直接的で、攻撃性が強くなります。インフォーマルさが特徴とはいえ、相手の気持ちを傷つけないように配慮しましょう。

3. 書き出し

少し「堅い」ビジネス英語の文例に入る前に、カジュアルなメール文章を親しい人との間で交換して、「メール慣れ」していきましょう。

手紙では「拝啓」に相当する Dear Sirs,（英国式）、または Gentlemen:（米国式）で始めるのが原則ですが、電子メールでは省略するか、以下のような表現で始めます。

□ **Dear Mr. Haines,**（拝啓、Haines 様）← お薦め（礼儀正しい）
□ **Kimura-san,**（木村さん）
□ **Dear Tom-san,**（トムさん）← お薦め（親しき仲にも礼儀あり）
□ **Dear List Members,**（このリストに掲載されている皆さん）
□ **Dear Team Members,**（同じチームの仲間に）
□ **Good Morning,**（おはよう）
□ **Good day to you.**（こんにちは）← 時差がある国とやり取りをする際に有効

中東での対立が激しくなり、アメリカとトルコの大統領が交信する中で、互いが相手に対して Dear Mr. President, とメールを打っていたことが報道されていました。

また、しばらく前に、マット・デイモン主演で火星に1人取り残された宇宙飛行士を描いた『オデッセイ』という映画がありました。ストーリーでは、この飛行士が途絶えていた通信設備を工夫により復活させ、メール交換ができるようになるのですが、最初のメールでの書き出しは同僚の飛行士へ問いかける Dear Martinez, でした。

なお、書き出しの表現において辞書や参考書によっては、句読点をコンマ comma (,) にする場合と、コロン colon (:) を使う場合があります。これはレターの書き出しにおける、「拝啓」に相当する Gentlemen:（米国式：コロン）と Dear Sirs,（英国式：コンマ）の名残りと思われますが、こだわる必要はないと思われます。日常的には、コンマの事例の方がより見受けられます。厳格に対応する必要もないと思いますが、本書ではアメリカ（カナダを含む）の会社に向けて出すメールは Dear Mr. Williams: のようにコロンを使い、イギリス及びイギリス連邦系（オーストラリア、ニュージーランド、南アフリカ、香港、インドなど）の会社に向けて出すメールは Dear Mr. Smith, のようにコンマを使っています。

4. 締めくくり

日本語の「敬具」は、レターでは Very truly yours,（米国式）、Yours faithfully,（英

国式）などですが、メールで使うのにふさわしい最後の言葉には、次のようなものがあります。

□ Regards / Best Regards（敬具）
□ Wishes / Best Wishes（敬具）
□ Thanks and best regards（ありがとう）

一番頻度が高く使われているのがRegards、その次に多いのがWishesのようです。どちらも前にBestを付ければ丁寧になり、Kindを付ける表現もあります。

5. 本文の書き出し

メールの本文を書き出す時は、それなりの「きっかけ」があるはずですので、それを冒頭に持ってきます。

▶返事をする

□ ～さんのご要望にお応えして
In reply to (somebody)'s request,　あるいは　In response to ～,

> **In reply to your request, here is an idea for the new product launch.**
> （貴社からのご要望に対して、新商品の市場導入に関するアイデアを提出します。）

□ ～にお答えします
I would like to respond to ～　あるいは　Just a quick reply to ～

> **I would like to respond to your question about the specialist training program.**
> （専門職研修プログラムに関するあなたの質問にお答えします。）

▶コメントする

□ ～についてコメントします
I'd like to comment on ～

> **I'd like to comment on what Mr. Suzuki suggested regarding the use of e-learning.**
> （eラーニングの使用に関する、鈴木さんの提案に対してコメントします。）

6. 本文の結び

□ ～を楽しみに待っています
We look forward to ～

We look forward to hearing from you about this matter soon. （本件に関してご返信をお待ちしております。）

□ 楽しい～を
Have a good / nice (something)

We hope you have a nice week-end in Okinawa after all the hard work. （苦労した分、沖縄で楽しい週末を過ごして下さいね。）

□ 返事を待っています
Your reply / response will be appreciated

Your earliest response on this matter will be appreciated. （本件に関する貴社からの早急なご回答をお待ちしております。）

□ ～さんによろしく
Send my best regards to (somebody)

Please send my best regards to Nakamura-san. （中村さんによろしくお伝えください。）

7. 挨拶する

少し堅いビジネスメール表現の前に、プライベートでも使えるカジュアルな表現を中心に例文を見ておきましょう。

▶季節の挨拶

□ 新年おめでとう：Happy New Year
□ メリークリスマス：Merry Christmas
□ 楽しい冬休みを。：Have a wonderful holiday season.

Have a wonderful holiday season and may the new year bring you all the best. （よいお休みを、そして新年が良い年でありますように。）

▶お祝いの挨拶

- □ 誕生日おめでとう。: Happy Birthday.
- □ 25 周年おめでとう。: Congratulations on your 25th anniversary.
- □ ご結婚おめでとう（女性に対して）: Happy wedding.
- □ ご結婚おめでとう（男性に対して）: Congratulations!

▶お元気ですか

- □ 元気？: How are you?
- □ お元気でしたか。: How have you been?
- □ ご家族ともどもお元気ですか。: Hope all is well with you and your family.

□ お久しぶりですね。
Long time, no see.

Long time, no see. It's very nice to read your message again after your long absence.
（お久しぶりです。久しぶりにあなたのメッセージを読んで喜んでいます。）

□ 前にメールしてからかなり時間が経ってしまいました。
It's been a long time since I last wrote to you.

It's been a long time since I last wrote to you. All seems to be going well but going too fast as usual.
（前にメールしてからかなり時間が経ってしまいました。全てうまくいっているようですが、いつものように時が経つのは早いものですね。）

□ ちょっとご挨拶です。
I just want to say hello to you.

I just want to say hello to you since I read your articles in the company magazine January issue.
（社内誌1月号に載っていたあなたの記事を読んだので、ちょっと挨拶をしようと思って書いています。）

□ ご無沙汰ですみません
Sorry I haven't written you more often.

Sorry I haven't written you more often, I have been buried under tons of work since I came back to Japan. （ご無沙汰ですみません。日本に帰ってきてから山ほどの仕事に埋もれています。）

8. 近況報告をする

□ もっと早く連絡せずにすみませんでした
I apologize for not having gotten into contact with you sooner.

I'm just sending this to say hi. I apologize for not having gotten into contact with you sooner. （一言、挨拶したくてこれを送っています。もっと早く連絡せずにすみませんでした。）

9. 感謝する

□ ありがとう：Thank you.
□ ～していただいたお礼を言いたくて
I just want to say thank you very much for ～

I just want to say thank you very much for the gift you gave me the other day. I like that. （先日いただいた贈り物のお礼をしたくて。とても気に入っています。）

□ さっそく返事をありがとう
Thank you for your quick response.
□ 貴社の～に感謝します
We appreciate your ～

We appreciate your way of doing business in such a speedy manner. （このように迅速にご対応いただける貴社の仕事の進め方に感謝しております。）

※この表現はビジネス英語での「必殺」の殺し文句です。他の人には教えないで自分だけでこっそり使ってみて下さい。

10. 依頼する

□ ～していただけるとありがたいです
We would appreciate ～

> We would appreciate any input on these questions including reference to research, and any experiences that you have had.
> （研究の言及、あるいは経験などでも構わないので、この質問に対する情報をいただけますとありがたいです。）

※これは「仮定法」表現ですので、「～していただけたら」と現在の事実とは異なることを要望することになります。

□ ～していただけるとありがたいです
It would be great if you could / would ～

> If you can do it, it would be great if you could translate this manual into English by next Monday.
> （できれば、このマニュアルを来週の月曜日までに英語に訳してくれると助かるんですが。）

□ ～して下さい
Please

> Please send us a catalog for the new product you offered.
> （オファーしてくれた新しい製品のカタログを送って下さい。）

11. ユーモアで明るくする

ビジネスメールでも文章にユーモアを入れることはある程度許されるようです。いくつかのテクニックを覚えておいて、たまにはビジネスの相手をクスッと和ませてみましょう。

▶わざと無理なことを言う

> I am planning to visit your New York office in November. Could you save some of that mild autumn weather for me?
> （11 月にニューヨーク事務所へ行く予定なのですが、その暖かい秋の気候を取っておいてくれませんか。）

▶当たり前のことを流行の言葉を使って言う

This e-mail is made of 100% recyclable, reusable and reducible words. （このメールは 100%再生、再使用、削減可能な単語から出来ています。）

12. 書類を添付する

□ ～を添付します

We attach (something)

We attach several photos which we took at your factory. （工場を訪問した際に撮った写真を添付します。）

□（添付したこちらは）～です

Here is (document)

Here is the technical document you requested last time. （この前頼まれた技術資料です。）

□ 添付の～を見てください

Please find (documents) attached

Please find the receipt attached from the bar where we went after the monthly sales meeting. （月次営業会議の後で行ったバーの領収書を送るので見て下さい。）

【メールを書く上でのエチケットと注意事項】

インフォーマルさがある程度許されるメールですが、それでも守りたいエチケットやマナーはあります。書く際に頭に入れて、トラブルを避ける最大限の防御をしておきましょう。

1. 基本的に１つのメールで要件は１つとする。
2. メール本文は標準のテキスト形式で送る。
3. ビジネスメールは簡潔に、正確に書く。
4. 礼儀正しさ、丁寧さ、分かりやすさを意識する。
5. メールの内容が一目で分かるような具体的で簡潔な件名をつける。
6. 伝える要点が多い場合には、箇条書きなどの工夫をする。
7. 相手を思いやる気持ちを忘れない。
8. 非難中傷をしたり、差別用語や性的蔑視ととられかねない語句は使わない。
9. 海外では文化の違いから理解されないメッセージもあるので注意する。
10. 「記録」や「証拠」として残ることを常に意識する。

第3章

海外取引における
ステージ別の
コミュニケーション実例100

海外とのビジネス取引全体の流れ

本章では、いよいよビジネスの色々な局面におけるレターやメールの書き方について学んでいきますが、その前に海外とのビジネス全体がどのように流れていくのかを図で見ておきましょう。

「考える」ことの重要性

これから展開される演習問題のやり方として、例題に対する文例をいきなり読んでいくのも１つの方法ですが、それぞれの［状況］を熟読し、自分で［作成要領］に従ってレターなりメールを作成してみることを強く奨めます。私自身の経験からも、これまで同じ体験をしている仲間たちの習得実績からも、「自分で考え、苦しみ、自分の手で書いてみること」が英文ビジネスライティング上達の早道です。そして、中でも一番大切なことは、まず自分で状況を整理して、じっくり「考える」ことです。自分が書いた文章が実際に相手に対して「出状」できる状態になった段階で、それを［模範文例］と比べて、使える表現を自分のものとして下さい。

１回目を書き終え、自分の文章と模範文例を比較してみて大きな差がある場合には「これからの自分には大きな伸びしろがあるな！」と前向きにとらえて下さい。自作と文例に大きな差が見られない場合は「よーし、結構書けてるじゃん！これからさらに自分の表現に磨きをかけてやるゾ！」と自信を持って、さらなる精進を重ねて下さい。模範文例が必ずしも「正解」ではなく、答えは１つではありません。ご自身の想像力と独創性も伸ばしていきましょう。

同じ状況において発信される回答もアプローチの違いにより、具体的な表現だけでなく、論理展開も異なります。本章の演習問題の模範文例も、場合によっては２通りの事例を紹介しています。論理構成と表現の違いをよく観察して下さい。

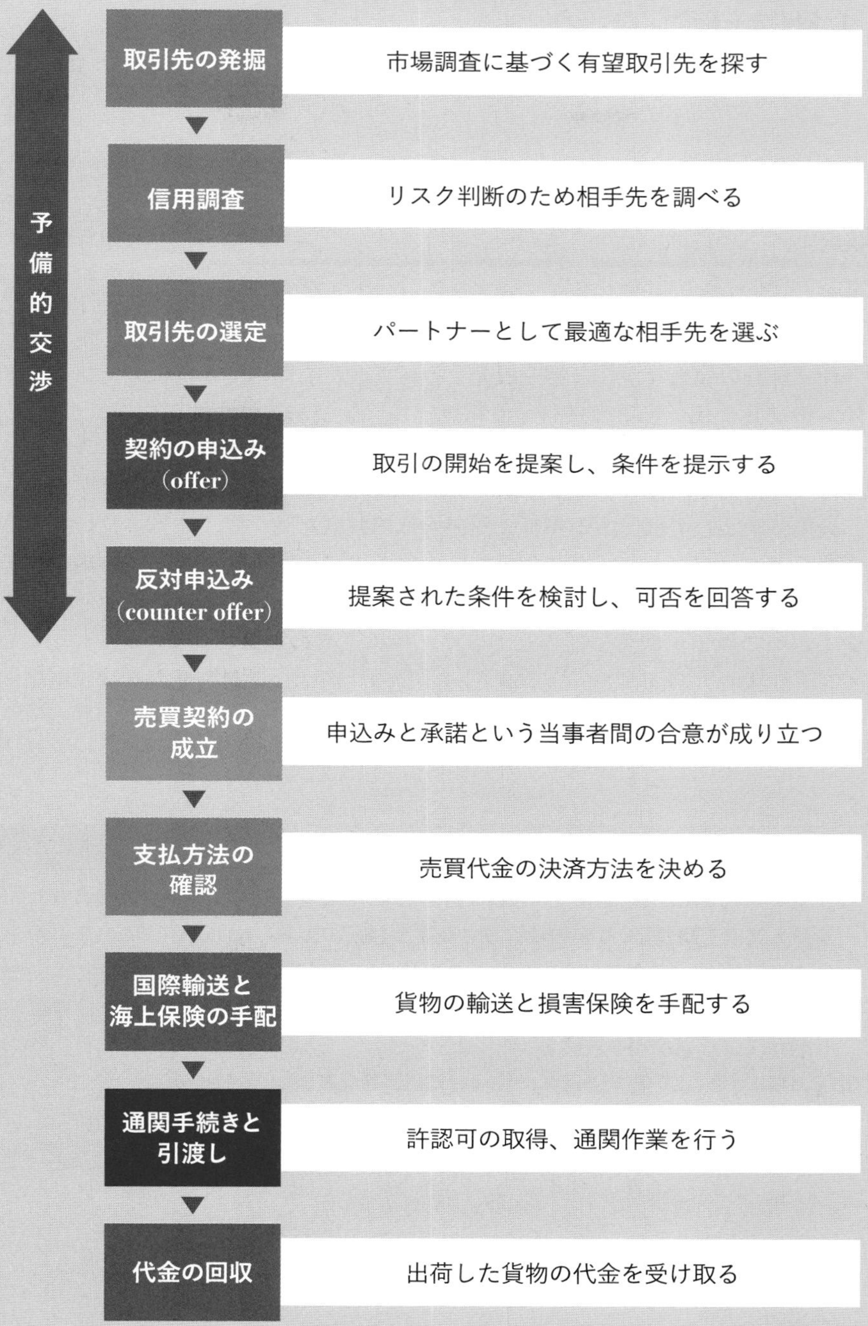

予備的交渉

手順	内容
取引先の発掘	市場調査に基づく有望取引先を探す
信用調査	リスク判断のため相手先を調べる
取引先の選定	パートナーとして最適な相手先を選ぶ
契約の申込み（offer）	取引の開始を提案し、条件を提示する
反対申込み（counter offer）	提案された条件を検討し、可否を回答する
売買契約の成立	申込みと承諾という当事者間の合意が成り立つ
支払方法の確認	売買代金の決済方法を決める
国際輸送と海上保険の手配	貨物の輸送と損害保険を手配する
通関手続きと引渡し	許認可の取得、通関作業を行う
代金の回収	出荷した貨物の代金を受け取る

1. 取引先を紹介してもらう

実例 1 有力な輸入業者の紹介を依頼する

難易度
★☆☆

状況

東京・日本橋にあるピノキオ文具株式会社は、主として日本国内向けに女性や子供に人気のあるボールペン、マーカー、ペンケース、ハサミ、定規、便箋などの各種文房具の製造ならびに卸売販売を行ってきた。国内では特にカラフルなデザインの文具や使い勝手の良い「便利グッズ」などが若い女性層に人気がある。しかし、国内市場では新規参入者と類似商品が増え、飽和状態になってきたため、社長自らの発案で同社の「原点」に戻って、筆記用具の輸出を強化することになった。社内体制としては、本年４月より海外部門組織を強化し、海外事業の拡大に取り組むことになった。まず強化する輸出先として、東南アジア諸国を戦略市場として選び、集中して既存ビジネスの見直しを図ることになった。中でもタイでの売上がここ数年、低調に推移しており、輸入業者の見直し作業を進める中で、タイ商業会議所（Thai Chamber of Commerce）宛てに業者照会のメールを発信することにした。

なお、ピノキオ文具株式会社の取引銀行は大東京銀行丸の内支店である。

☑ 作成要領

1. 上記の状況を踏まえ、補足すべき点は適宜補足しながら、日本製各種文房具の有力な輸入業者を紹介してもらえるか、タイ商業会議所の会報（bulletin）でこの取引希望の申し出を会員各社に知らせてほしい旨のメールを書くこと。
2. 依頼のポイントを明確にし、自社の立場を説明するとともに受信者の立場も十分考慮したうえで、簡潔明瞭な依頼文とすること。
3. その場にふさわしい表現を選び、受信者に説得性を感知してもらうために、ライティングの背景となっている情報を正確に把握し、文章全体のスケルトンを構成してみること。

模範文例

Dear Sirs,

You will please help us locate some leading firms in your country who are dealing in various kinds of Stationery.

We are a manufacturer and wholesaler of "PINOCCHIO" brand writing materials. We have been making business mainly for our domestic market. Thanks to our recent business expansion, we reorganized our sales department, and reinforced our International Trade Division on April 1 to better serve overseas customers.

On the occasion of this auspicious start, we would like to extend our operation to your market through your kind assistance. Although our present activity is limited to the export business, we will surely start import business as well, most possibly from next year.

We shall be much obliged, therefore, if you would kindly introduce us to some of the most reliable importers and also circulate our inquiry among the member firms through your trade bulletin.

You may refer to our bankers, The Dai-Tokyo Bank, Ltd., Marunouchi Office, Tokyo for our credit standing and reputation.

We look forward to your favorable reply soon.

Yours faithfully,

貴地において各種文房具を取り扱われている有力な企業をご紹介いただけますようお願い申し上げます。

弊社は「ピノキオ」ブランドの筆記用具の製造、販売を行なっており、ビジネスは主に日本市場向けに行なってきました。しかし、事業の拡大に伴い、営業部門を再編し、より海外のお客様からのご要望にも応えるべく、海外事業部門を４月１日付にて強化しました。

この記念すべき出発を機に、貴所のお力をお借りして、貴市場への事業を拡大していきたいと考えております。現時点では輸出業務に限定されていますが、早ければ来年にも輸入についても始めていくことになろうかと思います。

つきましては、最も信頼のおける輸入会社をご紹介くださり、貴会報を通して会員企業様に弊社の照会をしていただけたら誠にありがたく存じます。

弊社の信用照会先は大東京銀行の丸の内支店となっております。

お返事をお待ちしております。

解説

このメールのポイントは、第1パラグラフでズバリと輸入業者を紹介してくれと切り出し、第2パラグラフで自社の紹介と今回の引合に至った理由、第3パラグラフで再び相手市場への売り込みを述べ、第4パラグラフで要望を繰り返すことで念を押していることにあります。個々の英語表現も大事ですが、伝えたい内容の「構成」を考えるのが大切であることをまず理解しましょう！

このメールは英国系のタイに出されるので、英国式レターの敬辞である Dear Sirs, で書き始め、Yours faithfully, で締めています。

重要単語・語句

□ **見つける、所在位置を発見する：**locate 動 ⇒ **場所、位置：**location 名

□ **製造する：**manufacture 動 ⇒ **製造者、メーカー：**manufacturer 名

□ **再編する：**reorganize 動

□ **強化する：**reinforce 動

組織や部門の再編や強化には reorganize や reinforce などの動詞を使います。

ex) reorganize our sales department / reinforce our division

□ **海外の顧客：**overseas customer 名詞句

□ **縁起の良い、好都合の：**auspicious 形

使える表現パターンとフレーズ

□ **～していただきたい。：**You will please ～ .

相手に何らかの依頼をする際に、文頭に主語 you を置く表現です。本文ではこのあとに let us locate と続け、有力な企業を紹介してほしいと依頼しています。

□ **～の要望により応えていくために：**to better serve ～

「顧客の要望に応える」（つまり販売を伸ばしていく）ことをうまく表現した典型的なフレーズです。是非とも身につけておきましょう!

□ **この記念すべき出発を機に：**on the occasion of this auspicious start

「今が絶好の機会」ということを伝える、自分のものにしておきたい表現です。書く文章だけでなく、スピーチなどでも使えますよね。

□ **弊社の信用状況については弊社の取引銀行である～にお問合せ下さい。：**
You may refer to our bankers, ～ for our credit standing.

ビジネス用語

□ **卸販売する：**wholesale 動 ⇒ **卸販売業者：**wholesaler 名

なお、「販売する」にも、「卸販売」を表す wholesale と「末端販売」を表す retail があり、ビジネスでは使い分けが必要なシーンもありますので、ぜひ覚えておきましょう！

□ **信用状態と評判：**credit standing and reputation 名詞句

「会社の信用状態」を表す決まった慣用表現です。通常は credit standing だけでも十分ですが、相手が「評判はどうなんだろう?」と疑問を持つことを見越して、reputation（評判）も加えています。

実例 2 海外進出を望む取引先を紹介する

難易度
★☆☆

状況

当社はアメリカのジョージア州アトランタ郊外に工場進出をしてほぼ20年が経過した。立ち上げ当時は何かと問題も多かったが、従業員が一致団結して努力を積み重ねた結果、最近は現地での部品供給と完成品生産も軌道に乗り、安定してきている。今般、これまで日本から部品を供給してくれているサプライヤーWGS社から、同社もアメリカ進出を果たすべく、当社の主要取引先を紹介してくれないかとの要望を受けた。当社と先方との関係はうまくいっており、WGS社も長年の付き合いで信頼のおける会社である。したがって、会社としてオハイオ州の取引先に対して、WGS社を紹介するメールを書くことにした。同社の鈴木副社長がアメリカ入りするので、面談の機会を検討していただきたいことを述べたい。

☑ 作成要領

1. 自社の取引先をもう１つの取引先へ紹介するメールを書くこと。
2. 会社としての立場で紹介することになるので、使う語句には礼儀正しさに配慮すること。
3. 先方へ押し付けることなく、丁重に協力を依頼すること。一方、当方として一切責任を負うものではないことを付け加えておくこと。

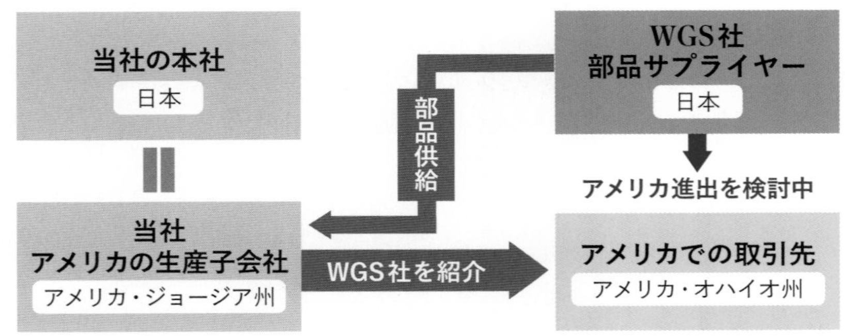

模範文例

Dear Mr. Hoffman:

We are writing today about our component parts supplier, WGS Co., Ltd. WGS is an electrical part manufacturer and has been one of our main suppliers since we started our operations here. Until now they have been supplying us with the parts from their factories in Japan, but they are now in the process of establishing their local factory in the United States. We have suggested that they should approach you for your possible assistance.

Mr. J. Suzuki, Vice President of WGS, will be in Ohio in mid-March and he would very much appreciate a chance to talk to you. He will contact you directly in due course.

Anything you can extend to support this firm would be very much appreciated.

Sincerely yours,

ホフマン様

本日は、弊社の部品サプライヤーであるWGS 社に関してご連絡させていただきます。WGS 社は電装部品メーカーで、弊社がアメリカで操業を開始して以来の主要供給業者の1社です。これまでは日本の工場から部品を供給していただいていましたが、いよいよ同社もアメリカに自前の工場を設立すべく準備しつつあります。貴社のご支援を得るべく連絡をとってはと、弊社より提案した次第です。

WGS 社の鈴木副社長が3月中旬にオハイオに出張する予定ですので、その際にお話しをさせていただく機会があればと申しております。近々、彼が直接ご連絡差し上げるとのことです。

同社に対して貴社のご支援をいただければ幸いです。

解説

自社のことではないものの、取引のある仕入先を他企業に紹介するメールです。あくまでも第3者に関することなので、簡潔にビジネスライクに表現するのがポイントです。

重要単語・語句

□ **供給業者、サプライヤー：supplier** 名 **⇒ 供給する：supply** 動

□ **～以来：since** 接

since we started our operations here「ここで操業を開始して以来」の「以来」を表す接続詞は since を使います。

□ **設立する：establish** 動

「（工場を）設立する」は、set up、build up など、いくつかの動詞句で表現できますが、政府、会社、学校など「体制」として設立する場合は establish を用います。

使える表現パターンとフレーズ

□ **本日は～についてご連絡させていただきます。: We are writing today about ～.**

□ **操業開始以来の主要サプライヤーの 1 社である：**
have been one of our main suppliers since we started our operation

□ **～の段階（プロセス）で：in the process of ～**

当文脈では、当該社が「アメリカに工場建設を準備している」ことを表すのに、動詞の prepare を用いるのではなく、in the proess of と表現することで、ビジネス的に「そのプロセスに入った」ことを示唆しています。

1. 取引先を紹介してもらう

実例 3 日本酒の輸入業者を紹介してもらう

難易度
★★☆

状況

寿司が海外においても一般的な食文化として定着しているのと同様に、日本酒も海外でアルコール飲料として浸透しつつあり、日本酒の輸出はビールを超えるほどになってきている。特に、新潟は良質な水と米に恵まれ、愛好家にも人気の日本酒の生産地として有名である。この新潟に工場を置く村上商会は、これまで50年間に渡って新潟特産の日本酒の販売に従事している老舗である。これまでは、日本国内での販売が主体であったが、海外における日本酒人気にも後押しされて輸出にも力を入れ始め、その成果は確実に表れている。特に最大市場である米国での販売が増加しており、東海岸のニューヨーク、西海岸のサンフランシスコやロサンゼルス向けにかなりの出荷実績を残している。このたび、さらなる販路拡大をめざして、大きな需要が期待できる中西部のシカゴへ日本酒を輸出したいので、シカゴ商業会議所に日本酒の輸入に興味を持っていると思われる業者を紹介してもらいたいと依頼することになった。

なお、村上商会の照会先は北陸銀行新潟支店である。

☑ 作成要領

1. 村上商会の輸出責任者として、シカゴ商業会議所へこの趣旨の手紙を書くこと。初めて出す相手なので、ここはレターを書いてみよう!
2. 上記以外に必要と思われる事項は各自で想像力を発揮して追加すること。
3. このように輸入業者を紹介してもらう際には、自己の「信用照会先」を述べておくこと。

模範文例 - 1

Gentlemen:

We have been engaged in the sale of Japanese Sake in Niigata, Japan for fifty years. In recent years we have been exporting a large quantity of them to New York, San Francisco and Los Angeles.

The Japanese Sake, which is made from rice, is well accepted in overseas markets too, and Niigata is one of the most famous Sake production sites in Japan.

Now we would like to expand our market for Japanese Sake to your area. We shall appreciate it if you would kindly introduce to us reliable firms who will be interested in importing Japanese Sake. As to our credit standing, will you please refer to the following:

The Bank of Hokuriku, Niigata Branch
3-5 Ohte-machi, Niigata
Japan

Today we have separately sent you five copies of our brochure introducing Japanese Sake by air mail. We look forward to hearing from you soon.

Yours very truly,

弊社は日本の新潟市において50年間にわたり日本酒の販売に携わってきました。近年では、ニューヨーク、サンフランシスコ、ロサンゼルスに日本酒を多く輸出しております。

米から作られる日本酒は海外市場でも受け入れられており、新潟は日本でも日本酒の生産地として最も有名な場所の１つです。

現在、貴地における日本酒の市場開拓に取り組みたいと考えております。そこで、日本酒の輸入にご関心があって、信頼できる会社をご紹介いただければ幸甚です。弊社の信用状況については、以下にお問い合わせ下さい。

北陸銀行　新潟支店
新潟市大手町３丁目５番地

本日、貴所宛てに航空便にて日本酒を紹介するカタログを５部送付申し上げました。
お返事をお待ちしております。

模範文例 - 2

Gentlemen:

It is a great pleasure for us to introduce ourselves to you as one of the most trustworthy sellers of Japanese Sake.

Japanese Sake is alcohol beverage made from rice, and one of the traditional delicate Japanese specialities. Niigata, in particular, is one of the largest and most reputed Sake production regions in Japan. For your reference, we are enclosing an illustrated catalog of our products.

We have been engaged in this line of business for 50 years and have had exported the sakes in large quantities to the major cities in the U.S. in recent years. Now we wish to expand our market to your district. We shall, therefore, appreciate it if you will kindly introduce to us some of the excellent traders who may have interest in the import of the sakes.

We look forward to hearing from you soon.

Yours very truly,

弊社を最も信頼されている日本酒の販売業者の１つとして自己紹介させていただきます。

日本酒は、米から作られるアルコール飲料で、日本の伝統的な特産品です。新潟は特に日本国内でも有数の酒の産地として最大かつ有名な場所となっています。ご参考までに、図表などで分かりやすく説明した弊社製品カタログを同封いたします。

弊社はこの商売をすでに50年間に渡って行っており、最近数年間ではアメリカの主要都市に多くの日本酒を輸出して参りました。このたび、さらに貴地に販路を広げていきたいと考えております。つきましては、日本酒の輸入にご興味をお持ちの有望な貿易商をご紹介いただけますようお願い申し上げます。

お返事をお待ちしております。

解説

この手紙を出す相手はアメリカであることが分かっているため、両文例とも米国式の敬辞である Gentlemen: で始め、Yours very truly, で締めています。

このレターの目的は現地における有力な輸入業者を紹介してもらうことですが、自社と自社製品の優れた点も理解してもらわないと協力を得られないので、営業的な「売り込み」要素も求められます。ただし、こうした「紹介の依頼状」はある程度「定型化」していますので、そのパターンを覚えておけば応用ができます。模範文例 1、2 ともに趣旨に沿った順序で書かれていますが、表現方法はそれぞれ異なっています。

重要単語・語句

□ **携わる、従事する：engage** 動

□ **受け入れられている：accepted** 形 **⇒ 受け入れる：accept** 動
⇒ 受け入れられる：acceptable 形
「受け入れる」という意味の動詞 accept はビジネス英語でよく使われますが、この動詞から派生した形容詞 accepted は「受け入れられている」という意味で使われます。「受け取ることができる」という意味の形容詞 acceptable もよく使われます。

□ **紹介する：introduce** 動 **⇒ 紹介：introduction** 名

使える表現パターンとフレーズ

□ **～業に従事している：be engaged in ～**
「携わる」「従事する」を表す engage という動詞の使い方に慣れましょう。

□ **～から作られる：be made from ～**
酒のように、原料である米が「形」を変えて作られる場合は be made from ～でしたね。木から作られるテーブルのように材料が変わらずに作られる場合は、be made of ～となります。

□ **市場を拡大させたい：we would like [wish] to expand our market**

□ **～していただけるとありがたい：we shall appreciate it if you would kindly ～**
依頼する際の基本表現で、kindly に続く動詞で相手に取ってもらいたい行動を示します。

実例 4 新型タブレットの買い付けを申し込む

難易度
★★☆

状況

家電量販店であるY's デンキは、海外からの新製品の国内での販売に取り組んでいる。最近開催された東京国際見本市で展示されていた新型タブレットに興味を持ったので、早速、展示ブースに記載されていたメールアドレスに取引申し込みのため、以下の趣旨に沿ってメールを書くことになった。

① 東京国際見本市で展示されていた新型タブレット Model TB-1000 に興味を持った。
② まずは初回の買い付けとして500台購入した場合のCIF東京価格を見積もっていただきたい。また、納期、支払条件、そして定期的に購入した場合の値引きについてもお知らせいただきたい。
③ 同製品に対する当社の販売見込みはかなり大きいので、価格と納期については特にご配慮を願いたい。
④ 同製品のカタログと弊社が参考になりそうな情報があれば加えていただきたい。

☑ 作成要領

1. 上記の趣旨に沿って、取引の申込メールを書くこと。
2. 多くの情報がばらまかれているが、先方に対して問い合わせべき必要な情報が何かをよく選別すること。

模範文例

We are interested in your new tablet, Model TB-1000 which you have displayed at the recent Tokyo International Trade Fair 2022.

Would you please provide us with a quotation for the initial supply of 500 sets of the item indicating your best price CIF Tokyo. You will also please specify your earliest date of shipment, your terms of payment and any discount you may offer to us for regular purchases.

As our annual sales forecast for this product will be quite sizable, we shall appreciate it if you would consider most favorable terms, particularly prices and delivery time. We shall be grateful to you if you would also provide us with the catalogs and other information you think useful to us.

We look forward to hearing from you soon.

最近の2022東京国際見本市で展示されていた新型タブレットTB-1000に関心を寄せております。

同商品の初回供給500台口につきまして、東京までの運賃保険料込み価格を示す見積りをいただきたく存じます。また最短の船積時期、支払条件、及び定期購入した場合に貴社より乙波いただける値引きについてもお知らせ下さい。

同製品に対する弊社の年間売上見込額はとても大きいので、特に価格と納期につきましては、最も魅力ある条件をご検討いただければ幸いです。また、貴社のカタログ及び弊社にとって有用と思われる情報につきましても併せてご提供いただければありがたく存じます。

お返事をお待ちしております。

解説

可能性のある輸出業者あるいは輸入業者に取引を初めて申し込む場合の基本的な文例です。相手を見つける方法には色々とありますが、本事例では、国際見本市で展示されていた商品について先方に引合を出すパターンです。

重要単語・語句

□ **展示する：**display 動

□ **提供する：**provide 動

ビジネス英語を書くうえで気をつけるべき英文法の１つに動詞の語法があります。動詞 provide は〈provide 人 with 物〉の形でよく使われ、同じパターンの使い方をする動詞には supply, furnish などがあります。

□ **初回供給：**initial supply 名詞句

□ **示す、指摘する：**indicate 動

□ **指定する、明確に（具体的に）述べる：**specify 動

□ **定期買付：**regular purchases 名詞句

□ **年間販売予測：**annual sales forecast 名詞句

□ **相当な大きさの、かなり大きい：**sizable 形

□ **有利な、好意的な、利益を与える：**favorable 形

使える表現パターンとフレーズ

□ **貴社（製品）に興味がある：**we are interested in your (product)

ビジネス用語

□ **国際見本市：**International Trade Fair 名詞句

□ **見積り、引用：**quotation 名

□ **最適価格：**best price 名詞句

□ **東京までの運賃保険料込み価格：**CIF Tokyo 名詞句

製品本体価格に、輸出地から輸入地である東京までの運賃と保険料を加えた価格です。

□ **最短船積時期：**earliest date of shipment 名詞句

□ **支払条件：**terms of payment 名詞句

□ **値引、割引率：**discount 名

□ **納期：**delivery time 名詞句

実例 5 缶詰の輸出業者に取引を申込む

難易度
★★☆

状況

浜松市に本社を置く浜鉄商事株式会社は、静岡県西部から愛知県東部を中心に事業を展開している。同社は同じく浜松市にあり、有力百貨店である浜鉄百貨店の子会社で、同百貨店の国内における販売部門と輸出入部門を担当しており、社歴はすでに50年となっている。この度、ブームとなっている輸入食品の販売を伸ばしたいという親会社の事業戦略によって、フィリピンから「パイナップルの缶詰」を輸入することを計画している。

そこで、マニラ市のマニラ商業会議所に信頼できる輸出業者の紹介を依頼したところ、Doda Foods Co., Ltd. を推薦してきた。早速、浜鉄商事は同社に対して、パイナップル缶詰の輸入について次の要旨の引合レターを出すことにした。

① 貴社名と住所はマニラ商業会議所から紹介していただいた。
② 今回は "Canned Pineapple Rings" を 500 cartons（one carton は 6 缶入り）購入したい。
③ 建値については "CFR Shimizu" で知らせてほしい。
④ delivery は "as soon as shipment" を希望している。
⑤ pineapples は新規に収穫したものであること。
⑥ 見本として one carton を航空便で送付していただきたい。
⑦ その他希望条件を明確に示してほしい。
⑧ 先方の "General Terms and Conditions" を一部送付してもらいたい。
⑨ 当方の取引銀行は遠州銀行浜松支店である。
⑩ 弊社は「中部貿易協会」の会員でもある。

☑ 作成要領

1. 上記の要旨のレターを書くこと。
2. 上記の情報以外に必要と思われる事項があれば、補足すること。
3. 英文法として正しいかを自分なりに再確認すること。

模範文例

CANNED PINEAPPLE RINGS

Gentleman:

Your name and address have been given to us through the courtesy of Manila Chamber of Commerce.

We are a subsidiary of Hamatetsu Company, Ltd. of Hamamatsu City, a leading department store in central Japan, and have been doing wholesale and import-export business on behalf of our holding company for fifty years.

We are now in the market for canned pineapples, and we would like you to offer us with the following particulars in mind:

Description:	Canned Pineapple Rings (Sliced)
Quality:	New crop. One sample carton is to be sent to us by air.
Quantity:	500 cartons
Price:	CFR Shimizu
Delivery:	As soon as shipment
Payment:	Irrevocable Letter of Credit at sight
Packing:	Your standard export packing

Will you please send us a copy of your General Terms and Conditions. Please let us know any other conditions you wish to specify.

As to our credit standing, please refer to the following:

The Enshu Bank, Hamamatsu Branch, 1-2-3 Aoi-cho, Hamamatsu City.

Chubu Foreign Trade Association, 3-2 Gofuku-machi, Nagoya City of which we are a member.

With an earnest desire to enter into business relations with you, we are looking forward to hearing from you soon.

Yours very truly,

御社のお名前と住所はマニラ商業会議所のご厚意によりご紹介いただきました。

弊社は浜松市にある、日本の中部地域における主要デパートの１つである浜鉄百貨店の子会社であり、国内における販売部門と輸出入部門を担当して 50 年ほどになります。

最近では缶入りパイナップルの市場に参入しており、今般、貴社より以下の項目につき、オファーいただきたいと存じます。

品　　名：缶入りパイナップルリング（輪切り）
品　　質：新規に収穫したもの（サンプルとして１箱空送下さい）
数　　量：500 箱
価　　格：CFR 清水
出荷時期：即積み
支　　払：一覧払い取消不能信用状
梱　　包：貴社輸出用梱包

貴社の一般取引条件を１部送付いただけますでしょうか。一般条件以外に特に記載をご希望の条件がある場合にはお知らせ下さい。

弊社の信用照会は以下にお願いします。

遠州銀行　浜松支店
浜松市葵町１－２－３

なお、弊社は中部貿易協会（名古屋市呉服町 3-2）の会員でもあります。

早期に貴社との取引関係に入りたいと考えております。お返事をお待ちしております。

解説

取引の開始を求め、相手から価格を含めた条件の「オファー」を求める典型的な「取引申込状」です。多くの項目を１枚のレターの中で述べなければならないので、整理して簡潔に記載しましょう。

【補足説明】

As soon as shipment について：文法的には、as soon as possible shipment あるいは earliest possible shipment が正確であるが、実際の貿易取引において用いられている専門用語である。

重要単語・語句

- □ オファーする、申し出る、（依頼に基づいて）売りに出す：offer 動
- □ 詳細、個々の項目：particulars 名
- □ 指定する、具体的に述べる：specify 動
- □ 言及する、照会する、参考にする：refer 動
- □ 本気の、真剣な：earnest 形
- □ 欲望、要望、希望：desire 名

使える表現パターンとフレーズ

- □ ～のご厚意により：through the courtesy of ～
- □ 早い機会に返事を待っている：look forward to hearing from you soon

ビジネス用語

- □ 子会社：subsidiary 名　あるいは　subsidiary company 名詞句
- □ 卸売り：wholesale 名
- □ 輸出入業：import-export business 名詞句
- □ 持株会社、親会社：holding company 名詞句
- □ 価格：price 名
- □ 運賃込み条件：CFR 名
  価格（Cost）プラス運賃（Freight）というインコタームズ条件の 1 つです。文中で使うと、商品の FOB 価格に海上運賃と共に見積もってほしいという意味になります。
- □ 支払、支払条件：payment 名
- □ 一覧払い取消不能信用状：Irrevocable Letter of Credit at sight 名詞句
  現在では利用率はかなり減少していますが、「信用状」は貿易の伝統的な決済方法の 1 つです。
- □ 荷造り、梱包：packing 名
- □ 標準輸出用梱包：standard export packing 名詞句
- □ 一般取引条件：general terms and conditions 名詞句
  個別売買契約（契約書の裏面約款として記載されることが多い）を指します。
- □ 信用状態：credit standing 名詞句

2. 取引を申し込む

実例 6 会社案内を作成する

難易度
★★☆

状況

東京の下町にある Asahi Corporation 社は、小規模ながらも日本における先端素材産業の先駆者的な企業で、画期的な新製品を次々と世に送り出してきたユニークな会社である。同社の製品を愛用するユーザーは個人、法人にかかわらず、極めて多い。この度、輸出の新規顧客獲得を目的とする会社の案内書を作成することになり、その冒頭に次のような文章を掲げることになった。

① Asahi Corporation は先端素材産業の先駆者として、その長い歴史を通じ数百点にのぼる日本最初の製品 Product X、Product Y や世界初の Product Z のような新製品を創出してきた。

② 新機軸に満ちた販売方法、優れた製品に盛り込まれた新しいアイデアは当社が世界的に発展するための足掛かりとなってきた。

③ 日本国内では、全国的な販売網とサービス体制が、北は北海道から南は九州、沖縄まで日本の隅々にまで及んでいる。どの販売店にも、できるだけ多くの顧客に早急に能率よくサービスするために、訓練の行き届いた技術者を配置している。

④ 優れた製品は世界中の 100 か国以上に輸出され、海外支店や事務所もニューヨーク、シカゴ、ロサンゼルス、香港、ロンドン、ハンブルグ、パリ、シドニー、モントリオールなどに及んでいる。製品だけでなく、貴重な技術も、技術的な発展を援助するために、東南アジア、中東、中南米、アフリカなどの国々へ輸出されている。

☑ 作成要領

1. 平易で分かりやすい英語で、会社案内として印刷できる程度のものに仕上げる工夫をすること。
2. あまりに宣伝に終始して手前味噌な自慢を長々と繰り返し、読み手をウンザリさせないこと。
3. 当然ではあるが、これは会社案内文であり、通常の手紙とは異なるので、形式や表現については配慮すること。

模範文例 - 1

Asahi Corporation, throughout its long history as a pioneer in the advanced materials industry, has launched many products into the market, including Japan's first Product X and Y, the world's first Product Z.

New ideas with innovative sales methods and sensational products have helped the company grow globally.

Asahi's nationwide sales and service network extends to every corner of Japan from northernmost Hokkaido, down to Kyushu and Okinawa. Every dealership is staffed with thoroughly trained technicians to serve as many customers as possible quickly and efficiently.

Asahi's quality products are exported to over 100 countries. Our overseas branches and offices range from New York, Chicago, Los Angeles, Hong Kong, London, Hamburg, Paris, Sydney, to Montreal.

In addition to our products, we export valuable engineering technique to countries of Southeast Asia, Middle East, Central/South America and Africa in assisting their technical development.

Asahi 社は先端素材産業の先駆者として、その長い歴史を通じて日本最初の製品 X と Y、そして世界初となる製品 Z など多くの製品を市場に投入してきました。

新機軸に満ちた販売方法や優れた製品に盛り込まれた新しいアイデアは、当社が世界的に発展するための足掛かりとなっています。

弊社の全国的な販売網とサービス体制は北は北海道から南は九州、沖縄まで日本の隅々にまで及んでいます。どの販売店にも、できるだけ多くの顧客に早急に能率よくサービスを提供するため、訓練が行き届いた技術者を配置しています。

Asahi の品質に優れた製品は世界中の 100 か国以上に輸出されています。海外支店と事務所はニューヨーク、シカゴ、ロサンゼルス、香港、ロンドン、ハンブルグ、パリ、シドニー、モントリオールなどに及んでいます。

製品に加えて、現地における技術的な発展を支援すべく、東南アジア、中東、中南米、アフリカなどの国々へ貴重な技術を輸出しています。

模範文例 -2

As a pioneer in the advanced materials industry, Asahi Corporation has a long history of introducing new products to the market. These include Japan's first Product X and Y, and the world's first Product Z.

Innovative ideas incorporated into completely new sales methods and superior products have contributed greatly to the company's global success.

Our nation wide sales network and service system cover every corner of Japan, from Hokkaido in the north to Kyushu and Okinawa in the south. We have stationed well-trained engineers at every retail store to serve our customers quickly and efficiently.

Our products have been exported to more than 100 countries around the world. Our overseas branches and representative offices are located in New York, Chicago, Los Angeles, Hong Kong, London, Hamburg, Paris, Sydney, Montreal and so on.

In addition to our products, we also export valuable technologies to countries in Southeast Asia, Middle East, Latin America and Africa to support local technological development.

先端素材産業の先駆者であるAsahi社は、その長い歴史において新製品を市場に投入してきました。その中には、日本最初の製品XとY、そして世界初となる製品Zが含まれます。

全く新しい販売方法、そして優れた製品に盛り込まれた革新的なアイデアは、当社が世界的に成功するのに大きく貢献してきました。

全国的な弊社の販売網とサービス体制は、北は北海道から南は九州、沖縄まで日本の津々浦々まで網羅しております。どの販売店にも、個々の顧客に迅速に能率よくサービスを提供するために、訓練が行き届いた技術者を配置しています。

弊社製品は世界中の100か国以上に輸出されています。海外支店と駐在事務所はニューヨーク、シカゴ、ロサンゼルス、香港、ロンドン、ハンブルグ、パリ、シドニー、モントリオールなどに及んでいます。

製品に加えて、現地における技術的な発展を支援すべく、東南アジア、中東、中南米、アフリカなどの国々へ貴重な技術を輸出しています。

解説

企業内容を海外の取引先へ知らせるための英語表現です。模範文例1、2ともに与えられた趣旨の順序に沿って述べられていますが、文例1のように、冒頭に企業名をドーンと備えることは企業紹介の目的からインパクトがあります。

重要単語・語句

- □ 開拓者、先駆者、草分け：pioneer 名
- □ 先進の、上級の、進歩的な：advanced 形
- □ 送り出す、（船を）進水させる、（ミサイルを）発射する：launch 動
  覚えておきたいビジネス英語で、積極的に使える動詞の1つです。「市場に製品を投入する」というような場面で使えます。とてもカッコいい動詞なので、使いこなせるようになりたいですね。
- □ 組み込まれた：incorporated 形
  「編入する」「組み込む」という意味の動詞 incorporate の過去分詞からきています。
- □（顧客に）対応する、仕える：serve 動
- □ 迅速に：quickly 副 ⇒ 素早い：quick 形
- □ 効率的に：efficiently 副 ⇒ 効率的な：efficient 形
- □ 科学、技術：technology 名

使える表現パターンとフレーズ

- □（先駆者としての）長い歴史を通じて：
  throughout one's long history (as a pioneer)
- □ ～の隅々まで及ぶ：extend to every corner of ～
  「日本全国、北から南まで」というような状況で使えます。動詞 extend を使うのは、「痒いところに手が届く」の「届く」と同じ発想でしょう。
- □（よく訓練された技術者が）配備されている：
  be staffed (with thoroughly trained technicians)
- □ 世界的な成功に大いに貢献する：
  contribute greatly to one's global success

3. 取引先・代理店を設定する

実例 7 販売代理店申込みに回答する

難易度
★☆☆

状況

東京・飯田橋にある Censer International Inc. はセンサー製品に特化したメーカーである。本日、Arabia Trading Co., Ltd. という会社の Mr. Mustafa から、「センサー業界誌にて貴社を知った。当社はクウェートにてセンサー製品を扱う当地で有数の輸入卸商であり、ぜひ貴社の代理店として販売を請け負いたい。認めていただけるならば、諸条件、代理店としての価格、カタログを送っていただきたい。」というメール（8月10日付）が届いた。

これに対し、代理店として取引したいとの希望、趣旨は分かるが、当社製品をどのように、またどのぐらいの数量を販売してくれるのか、当該社についての情報及び、市場状況、販売見込みなどについて、まずは知りたいと思う。価格表とカタログを同封する。当社はまだクウェートに代理店を設定していないが、同社からの情報を入手後、当社の条件その他を送付し、細かな打合せを始めたい。

☑ 作成要領

1. 状況に沿った趣旨のメールを、相手の立場を尊重して簡潔かつ丁寧に書くこと。
2. 輸出のビジネスでは、今回のケースのように、海外からの引合いに答える時点から実際の営業活動が始まることが多い。多大な費用をかけた広告の使命は客が引合を出すことによって一応完了し、後は担当者などが書くレターなりメールがそのまま有能なセールスパーソンとなる。彼や彼女らは自身の人間性の新鮮さと独創性によって客先の興味をさらに喚起し、売り込もうとしている商品を「買ってみよう」という気持ちを起こさせる。正しい状況の判断が英文作成上では不可欠の要素である。

模範文例

Dear Mr. Mustafa:

Thank you very much for your e-mail of August 10, expressing your willingness to act as our distributor in Kuwait. We are airmailing catalogs and price lists of our Censer products as per your request.

We are much interested in your proposal because we have not yet appointed a distributor in your country. Before entering into detailed negotiations, however, we would like to know your specific sales plan for our products i.e., how and how many units you plan to sell them.

As soon as we hear from you, we will contact you with our general terms and conditions and all other information you may need.

Thanks and best regards,

ムスタファ様

弊社のクウェートにおける代理店として動かれたいとのご意向を表明する8月10日付の貴メールありがとうございました。ご要望にしたがって、弊社センサー製品のカタログと価格表を郵送致します。

貴地ではまだ代理店を指名していないため、今回のお申し入れには大変関心があります。しかしながら、詳細な交渉に入る前に、貴社の弊社製品に関する具体的な販売計画、つまり、どのくらいの販売個数をどのように販売していただけるかについて、お考えをお聞かせいただければと考えております。

貴社のご意見をお聞き次第、弊社の一般取引条件及び、その他貴社が必要とされる全ての情報をお伝えさせていただきます。

重要単語・語句

- □ **表明する：express** 動
- □ **意欲、快くすること：willingness** 名
- □ **行動する、ふるまう：act** 動
- □ **指名する、任命する：appoint** 動
- □ **交渉、話し合い、折衝：negotiation** 名
- □ **固有の、特定の：specific** 形

使える表現パターンとフレーズ

□ **（航空便で）～を郵送します：we are airmailing ～**

今回のように相手からの要望に対して、カタログや価格表などを郵送する定型パターンとして使います。

□ **貴社はどのくらいの数量をどのように販売するのか：how and how many units you plan to sell**

ビジネス用語

□ **卸販売代理店：distributor** 名 **⇒ 代理人：agent** 名

distributor と agent の差を明確に理解しておくことは重要です。distributor は卸販売（輸入も含め）を行なうのみであり、輸出者のいわゆる代理人としてふるまう権利はありません。一方、agent は日本人プロ野球選手が大リーグでプレーするために agent に全権を委任し、まさに「自分の代理として」球団と交渉を任せるように、「代理人」として意見を述べたり行動を取ることができます。会社によっては、契約書に distributor であって agent ではなく、agent という言葉を使うことも許さないと厳格に規定しているところもあります。

実例 8 代理店として指名する

難易度
★☆☆

状況

あなたはシンガポールの商社 Wong Trading Co., Ltd. に勤めている。この度、日本の The Toho Rubber Co., Ltd. 社の太田氏より 10 月 1 日付の書簡を受け取り、同社が日本国内における Wong Trading 社の正規代理店として営業したいとの希望を受けた。実は、これまでも同様の要望を受けてきたが、正式な指名に至っていなかった。日本市場での生ゴム取引は今までも相当量に達し、今後も年とともに増加する見込みである。一方、Wong Trading 社は今までのところ恰好の販売代理店を設置していなかった。したがって、今般の The Toho Rubber 社の申し出には大きな関心を寄せ、機も熟してきたものと判断、この機会に日本における一層の取引拡大を計るべく、同社を卸販売代理店として指名することを決めた。

代理店指名の手続きとして、代理店契約書を 2 通別途正式な文書とともに郵送するものとする。これは日本では一般的に用いられる様式のものである。内容に異存がなければ両社が 2 通に署名し、正本を Wong Trading 社が、副本を The Toho Rubber 社が保管することとしたい。

☑ 作成要領

1. 上記の状況にしたがって、Wong Trading 社から The Toho Rubber 社に対して、卸販売代理店として指名する旨のメールを書くこと。このメール発信後、正式な文書を契約書とともに発送するものとする。
2. メールは「双方にとって良き取引関係が実現することを期待している」と締めくくること。

模範文例 - 1

Subject: Distributorship Agreement

Dear Mr. Ohta,

We have received with thanks your letter of October 1 stating that you would like to act as our distributor for the Japanese market.

The trade of the raw rubber with your market has attained to the substantial volume and is expected to grow further every year. Despite this, the fact is that we have had no distributor so far.

For this reason, we are very much interested in your proposal this time, and have decided that the time was ripe, and we would like to nominate you as our distributor in expectation of expanding further business with you in the future.

In the meantime, we are airmailing a Distributorship Agreement in duplicate signed by us. The agreement form is the one which is being generally used in Japan. If you have no objection, please return to us the original one, after filling in your signature.

We look forward to hearing from you soon, and hope a mutually beneficial relationship can be built in the near future.

Yours faithfully,

件名：代理店契約書

太田様

日本市場において弊社の代理店として動きたいとご要望の 10 月 1 日付貴信を拝受致しました。

貴市場における生ゴムの取引は相当量に達し、今後も毎年成長が期待されています。にもかかわらず、弊社にはこれまで代理店が存在しなかったという事実があります。

このようなことから、今般の貴社からの申し入れに弊社は大変興味を持ち、時期は熟したと判断し、今後も貴市場での商売が拡大すると期待する中で、貴社を代理店として任命したく考えております。

まずは、弊社署名済みの代理店契約書を 2 通郵送致します。当契約書フォームは日本では標準的なものとなっております。ご異存がなければ、貴社のご署名後、原本を弊社宛てご返送下さい。

ご返事をお待ちしつつ、近い将来に双方にとって利益をもたらす良好な関係が築ければと考えております。

模範文例 - 2

Subject: Distributorship in Japan

Dear Ohta-san,

Thank you very much for your letter of October 1 requesting for a distributorship in Japan.

The volume of crude rubber traded in your market has increased to a considerable level and is expected to increase further year by year. In spite of this situation, we are not yet officially represented in your area and are therefore much interested in your kind proposal. We consider it right time to appoint a distributor in order to further expand our business in your market.

We will airmail a standard distributorship agreement in Japan that we have already signed. Please sign the form and return to us the original if the terms and conditions are acceptable to you.

We look forward to your early reply and hope this will lead to a profitable business for both you and us in the future.

Best regards,

件名：日本における代理権の件

太田さん

日本における代理権をご要望する 10 月 1 日付の貴レター、誠にありがとうございました。

貴市場における生ゴムの取引量は相当数に増大し、今後も一年ごとに増加していくことが期待されております。このような状況にもかかわらず、弊社は貴地での代理店がなく、今回の貴社からのご提案には大変興味を持ちました。貴市場においてさらに商売を拡大させていくには代理店を任命する時期に来たと判断しております。

弊社署名済みの日本では標準的な代理店契約書を郵送しますので、諸条件にご満足いただけるようであれば、ご署名のうえ、原本を返送いただきたくお願い申し上げます。

ご返事をお待ちしつつ、将来、今回の代理店任命が貴社と弊社双方にとって利益をもたらす商売につながることを期待しております。

解説

これから輸出しようとする市場における代理店の指名は、その市場での今後を左右するとても重要なステップとなります。模範文例1は5つの段落で、模範文例2は4つの段落で攻めています。書き始めも1はニュートラルにWe have received 〜と始め、2はThank you very much for 〜とお礼を述べることから始めています。

重要単語・語句

☐ **述べる、公表する：**state 動

☐ **達成する、到達する：**attain 動

目標・希望などを（努力の末）達成する場合や目的地や年齢などに（努力・年月の経過によって）到達する場合などに使います。

☐ **（時期が）熟した：**ripe 形

ripeは元々「（果物や穀物が）熟した」「（肉やチーズなどが）熟成した、食べ頃になった」という意味です。

☐ **任命する、指定する：**nominate 動

アメリカの大統領選挙では、選挙戦を戦うために候補者がnominateされる必要があります。

☐ **相互に、お互いにとって：**mutually 副 ⇒ **相互の、お互いにとっての：**mutual 形

☐ **利益をもたらす、有益な：**beneficial 形 ⇒ **利益、有利、手当：**benefit 名

使える表現パターンとフレーズ

☐ **〜の取引は相当量に達する：**the trade of 〜 attains to the substantial volume

あるいは、the volume of 〜traded increases to a considerable levelとも表現できます。

☐ **〜することが期待される：**be expected to 〜

☐ **事実は〜である：**the fact is that 〜

☐ **異論・不満がなければ：**if you have no objection

実例 9 独占販売代理店の任命にあたって予備交渉をする

難易度
★★☆

状況

K社は日本における建設機械メーカーの1つである。商品としてはミニショベル、ミニホイールローダ、小型ブルドーザーなど、コンパクトな建設機械を得意としている。事業戦略としても、全世界を全方位的に攻めるのではなく、主力市場をヨーロッパに絞り、同地域向け輸出を過去数年にわたり地道に展開してきた。その成果は着実に表れ、欧州向け輸出は販売台数、金額ともに拡大している。その中でもドイツ、フランスと並んで最大市場の1つであるイギリスへ輸出し始めてから数年になるが、同国の輸入商から業績も上がっていることから、独占販売代理店にしてほしいと再三要望されていた。取引開始当初、取扱台数が年間100台を超えたら代理店にすることも考えようと折りに触れてほのめかしてきたのだが、遂に最近2か年にこの目標台数を突破した。英国代理店のMr. Pattisonが8月25日付のメールであらためて正規代理店への任命を申し入れてきたので、これに対する回答をしたい。

☑ 作成要領

1. 次の要点を含むメールを書くこと。
   ① 弊社製品の販売努力に対して感謝している。
   ② 最近の販売成績を見ると、かねてからご希望を検討する時期が来たと判断する。
   ③ 条件としては、取扱商品や代理店マージンについては従来と大きな変更はないが、同社を連合王国全域の独占販売代理店に任ずることで同社の立場が大変有利になり安定するのではないかと考える。
   ④ 代理店契約書を草案する前に、先方より何か特別に希望があれば申し出ていただきたい。それを考慮して草案を作り、送付する。
2. 諸要点の英訳ではなく、商売に実際に使える英語の文章を書くように心がけること。

模範文例

Subject: Exclusive Distributorship for UK

Dear Mr. Pattison,

In response to your mail of August 25, we are pleased to agree to grant you the exclusive distributorship for the whole territory of the United Kingdom of Great Britain and Northern Ireland practically on the same terms and conditions with regard to the range of products and the rate of distributor margin. The excellent sales performance achieved by you in the last few years supported our decision.

We believe that such an arrangement will work to further strengthen and stabilize your position in the entire territory.

We are in the process of preparing an agreement, and you will please let us know as soon as possible if there are any points that you desire to include in it. We will try to accommodate you as much as possible. The draft agreement will be sent to you upon completion.

Yours faithfully,

件名：イギリスにおける独占代理権について

パッティソン様

8月25日付の貴メールに応える形にて、取扱商品と代理店マージンは従来と同条件にて、グレートブリテン及び北アイルランド連合王国全域の独占代理権を与えることに同意したいと考えております。直近数年間における貴社が達成された優秀な販売成績が弊社の判断を後押ししました。

このような取決めにより、販売地域全体における貴社の立場がさらに強化・安定するのではないかと考えております。

代理店契約書を作成中ですが、契約書に折り込みたいとお考えの項目などがありましたら、早急にお知らせ下さい。できる限り対応するように検討していきたいと考えます。草案は完成次第、貴社に送付申し上げます。

重要単語・語句

□ **与える、授ける、（要求、嘆願などに）応じる：**grant 動

ビジネス英語では重要な単語。この動詞が出てくるようになったら、ライバルより"一歩先に出た"と思いましょう。

□ **独占的な、排他的な：**exclusive 形

□ **成し遂げる、（仕事、目的、計画などを）達成する：**achieve 動

□ **強化する：**strengthen 動 ⇒ **強い：**strong 形

□ **安定させる：**stabilize 動 ⇒ **安定した：**stable 形

使える表現パターンとフレーズ

□ **喜んで〜する：**we are pleased to ~

ビジネス英語において、相手にとって（また自分にとっても）うれしいことを伝えるときの基本表現です。

□ **代理権を与えることに同意する：**

agree to grant 〈someone〉 the distributorship

□ **貴社が達成した優秀な販売成績が決定することを後押しした：**

the excellent sales performance achieved by you supported our decision

ビジネス用語

□ **代理店マージン：**distributor margin 名詞句

□ **責任地域、領土：**territory 名

□ **契約書、合意書：**agreement 名

【補足説明】

イギリスの正式名称は、英語ではThe United Kingdom of Great Britain and Northern Irelandであり、日本語では「グレートブリテン及び北アイルランド連合王国」となる。

3. 取引先・代理店を設定する

実例 10 販売代理店として指定することを検討する

難易度
★★☆

状況

あなたは東北にある家庭用器具メーカーである Showa Home Appliances Ltd. 社の海外事業担当取締役である。同社はキプロス市場に対して、販売代理店を1社に固定せず、現地からの複数の輸入商からの引合いにその都度応じる形で家庭用器具を輸出してきた。しかし、最近では、最大手の輸入商である Nicosia Home Tech Service 社から大口の注文を受けており、年間では約 50 万ドル相当の売上となっている。しかし、Showa としては Nicosia 以外の輸入商との関係についても、過去のしがらみなどもあり、捨て切れない状況にある。実際、同社製品だけでなく、多くの製品がキプロス市場においては複数の販路にて販売されるというこの市場の特殊性もある。

この度、Nicosia Home Tech Service 社は 3 月 12 付の手紙にて、Showa の全製品についてキプロスにおける独占代理店の指定を受けたいと申し入れてきた。

これまで Showa Home は、キプロス市場の規模が小さかったこともあり、同国での排他的販売方式は考えていなかったが、2021 年度において 100 万ドル以上の売上と先方の会社概要、注文計画などを確認できれば代理店として指定することを前向きに検討したいと考えている。

☑ 作成要領

1. Showa Home Appliances 社の海外事業担当取締役の立場から、Nicosia Home Tech Service 社に対して、できる限り具体的な内容のメールを作成すること。
2. 海外の企業を exclusive distributor に指定する場合には、これまでの注文状況、販売計画、販売網、競合品の取扱いなどにつき厳しい検討を必要とする。したがって、今回のケースについても十分慎重な構えを取ること。

模範文例

Subject: Exclusive Distributorship for "Showa" home appliances in Cyprus

Dear Sirs,

Thank you very much for your letter of March 12 expressing your desire of acting as our exclusive distributor in Cyprus. We have kept the Cyprus market open to any customer who is interested in our home appliances. We would like to consider appointing you as our sole distributor in Cyprus, however, if you agree to import more than $1 million on a FOB basis in 2021.

Would you please let us know how many additional orders you can place in 2021 and your annual sales projections for 2022, 2023 and 2024.

We would also like to know more about your company, such as brief history, paid-up capital, annual turnover, number of employees, sales network, major merchandise, etc. Would you please send us any brochures and literatures which you think will be useful for us to know your company better.

If everything is satisfactory for us, we will send you our draft of distributorship agreement. Your earliest reply will be appreciated.

Yours faithfully,

件名：キプロスにおける"Showa"製家庭用器具独占代理店権の件

キプロスにおける弊社の独占代理店として動きたいとご要望の3月12日付貴レター、誠にありがとうございました。これまで弊社の家庭用器具にご関心のあるお客様に対しては、どなたに対してもオープンな形を取って参りました。しかしながら、貴社が2021年においてFOBベースで100万ドル以上の輸入に合意していただけるのであれば、キプロスの独占代理店として貴社を任命することを検討したいと考えております。

2021年において追加注文をどれくらい出せるか、そして2022年、2023年、2024年の年間販売見込みをお知らせ下さい。

また、貴社に関して、簡単な社歴、資本金、年間売上高、従業員数、販売網、主要取扱商品などについてもっと詳しく知りたいと考えております。弊社が貴社をよりよく理解するために有用なパンフレット・資料などがございましたら、お送りいただけますと幸甚です。

弊社にとってすべてが満足いく内容であれば、代理店契約書の原案をお送り致します。お返事をお待ちしております。

解説

代理店候補の会社に対して、任命の意向を伝える一方で、先方の会社概況や販売計画を聞く典型的な表現です。代理店設定の際に相手に求める情報などもこの機会に覚えておきましょう！　これらの表現は代理店傘下の販売店の会社概要を問い合わせる場合にも使えます。

重要単語・語句

☐ **表明する、示す：**express 動

☐ **任命する：**appoint 動 ⇒ **任命：**appointment 名

☐ **年間見込み：**annual projection 名詞句

☐ **満足できる、納得のゆく：**satisfactory 形
⇒ **満足させる：**satisfy 動 ⇒ **満足：**satisfaction 名

使える表現パターンとフレーズ

☐ **〜していただきたい。：**Would you please 〜.

☐ **〜に市場を開放している：**keep the market open to 〜

☐ **貴社についてもっとよく知りたい：**
we would like to know more about your company

ビジネス用語

☐ **社歴：**brief history (of the company) 名詞句

☐ **資本金：**paid-up capital 名詞句

☐ **年間売上高：**annual turnover 名詞句

☐ **従業員数：**number of employees 名詞句

☐ **販売網：**sales network 名詞句

実例 11 代理店申込みに即答できない旨を伝える

難易度
★★☆

状況

福岡に本社を置く山本商会は日本の工作機械を取扱っている中堅の商社である。このたび、マレーシアの商社 Malaya Trading Co., ltd. の Mr. J. Yan から2月10日付のレターが届き、同市場における代理店を引き受けたいとの申し出があった。ところが、同国の某社から数週間前に同様の申し出があり、目下同社と交渉をしている最中である。そのため、今のところこの件に関しては Malaya Trading へは何とも返事をすることができない状況である。

☑ 作成要領

1. 上記の事情を説明して、当方から代理店に関する正式通知があるまで待ってほしいというメールを書くこと。
2. 文章そのものを書く前に、内容の要点をはっきりさせ、どのようなパラグラフの組み立てをすればよいかをよく考えること。
3. このメールのポイントは「正式回答を受け取るまで待ってくれ」ということなので、これを結論にすること。

模範文例

Subject: Distributorship in Malaysia

Dear Mr. J. Yan,

Thank you for your letter of February 10, expressing your interest in representing our company in Malaysia.

In fact, we have already received the similar request from a certain firm in Malaysia, and negotiations are now under way between the two companies.

For this reason, while appreciating your offer, we are not in a position to provide you with an immediate and clear response.

We shall appreciate your understanding of the situation and ask that you wait until we inform you formally of our decision on your kind proposal.

Thanks and best regards,

件名：マレーシア市場代理権の件

ヤン様

マレーシアにて弊社の代理店を引き受けたいとの2月10日の書状を拝受しました。

実は、マレーシアにおける某社よりすでに同様の要望を受け、目下両社間で交渉中です。

このため、貴社からのお申し入れには感謝する一方で、即座に明確な回答ができない状況にございます。

事情をご高察の上、ご要望に対する弊社の正式な回答をお伝えするまでお待ちいただきたくお願い申し上げます。

解説

明確な答えができないことから、どうしても表現やメール全体のトーンが否定的になりがちな中で、事実をしっかり伝え、先方にもチャンスが残されていることを簡潔に伝えている良文です。

重要単語・語句

□ **関心、興味：** interest 名

□ **感謝する、（正当に）評価する：** appreciate 動

ビジネス英語を使いこなすにあたって、絶対に自分のモノにしておきたい最重要単語です。元々は「正当に評価する」という意味ですが、一般的には「感謝する」という意味で使われています。よく話題となる「円高」はappreciation of Japanese yenと言います。円が他通貨に対して高く評価されていることを指します。

□ **知らせる、連絡する：** inform 動

ビジネス英語を書く上で欠かすことができない重要動詞です。この動詞の使い方には文法上の決まりがあって、〈inform 人 of ～〉の形で使われますので覚えておきましょう。

□ **正式に、改めて：** formally 副 ⇒ **正式な：** formal 形

使える表現パターンとフレーズ

□ **進行中である、（交渉などが）最中である：** be now under way

□ **～できません、～する立場にありません：** we are not in a position to ～

we cannot ～とストレートに言いたいところを少し婉曲的に伝える表現です。

□ **事情をご理解いただけるとありがたい：**

we shall appreciate your understanding of the situation

実例 12 代理店契約を結んでいるので、申し出には応えられないと伝える

難易度
★★★

状況

当社は日本における掘削機を始めとする建設機械のメーカーであり、全世界に製品を輸出している。品質の高さと市場におけるサービス体制により、各市場での評価も上々である。今般、バーレーンのBahrain Trading Companyという会社から、当社に対して次のような引合いの10月10日付の手紙が届いた。これまで同社との直接の取引はない。

Gentlemen:
We are a construction machinery store in Bahrain and one of our customers wishes to purchase your mini excavator MEX-100.
We would appreciate your informing us of the price with the discount you can give us. Since we may also be able to handle other items you manufacture, please send us your general catalogs together with any information you think useful to us.
We look forward to an early reply from you.

Very truly yours,
Ali Karman
General Manager

ありがたい申し出ではあるが、当社はバーレーンでは、Bahrain International Corporation, P.O.Box 396, Manamaと独占代理店契約を結んでおり、Bahrain Trading社と直接取引することはできない。

☑ 作成要領

1. 「Bahrain Internationalに連絡を取って下さい」という返信メールをBahrain Trading社宛てに書くこと。
2. 直接の取引はできないにしても、Bahrain Trading社は当社の製品の重要な見込み客であるから、それ相応の配慮をした返信とすること。

模範文例

Subject: Your Inquiry for Mini Excavator MEX-100

Dear Mr. Karman:

Thank you for your letter of October 10, requesting us the price and discount of our Mini Excavator MEX-100 and information on other products. We are very glad to learn that both you and your customers are keenly interested in our products.

In reply, we would like to introduce you to our business partner in Bahrain as follows;

Bahrain International Corporation
P.O.Box 396
Manama

Our distributorship agreement with them requires that all information requested by dealers and customers within the sales territory should be provided by them.

We trust that you will receive every consideration from them in view of the proper service that our distributor has provided there for many years. Please feel free to get in touch with us if you have any difficulty in contacting them.

Our products enjoy a high reputation all over the world, and our business is expanding year by year. We are sure that both you and your customers will be satisfied with our products.

Thank you again for your interest in our products and we would appreciate your cooperation in promoting the sales of our products in collaboration with Bahrain International.

Thanks and best regards,

件名：小型掘削機 MEX-100 お引合の件

カーマン様

弊社の小型掘削機 MEX-100 の価格及び値引き、他製品の情報をお問い合わせの 10 月 10 日付の貴信ありがとうございました。貴社と貴社顧客が弊社製品にご関心をお寄せいただき、誠に光栄に存じます。

バーレーンにおける弊社のビジネスパートナーを下記にご紹介させていただきます。

Bahrain International Corporation
P.O.Box 396
Manama

同社との代理店契約により、販売地域内における販売店及び顧客が要求する全情報は同社から提供を受けることになっております。

これまで多年にわたって同市場で代理店が行ってきた適切なサービス活動から、同社からしかるべき対応が図られるものと考えます。同社との連絡が困難な場合には、遠慮なく弊社までお知らせ下さい。

弊社製品は世界中で高い評価を受けており、取引は年々拡大しております。貴社と貴社のお客様にもきっとご満足いただけるものと確信しております。

あらためて弊社製品にご関心をお寄せいただいたことに感謝申し上げます。Bahrain Internationalとご協力いただいて弊社製品を拡販いただければ幸いです。

解説

今回与えられた状況は、1つの市場において一手代理店を設定しているものの、代理店以外の会社から引合を入手した場合に、どのように回答するかです。現時点では代理店に転送し、現地で対応を図ってもらうしかありませんが、引合を出してきた相手に対し、冷たくあしらってはいけません。将来的にビジネスパートナーになる可能性もありますし、顧客も抱えているようなので、販売に結び付けることも可能です。こういう場合のアプローチと表現を学んでおきましょう。

まず、こうした設問の場合、状況を正確に理解した上で、英文の作成に取り掛かるようにしましょう。

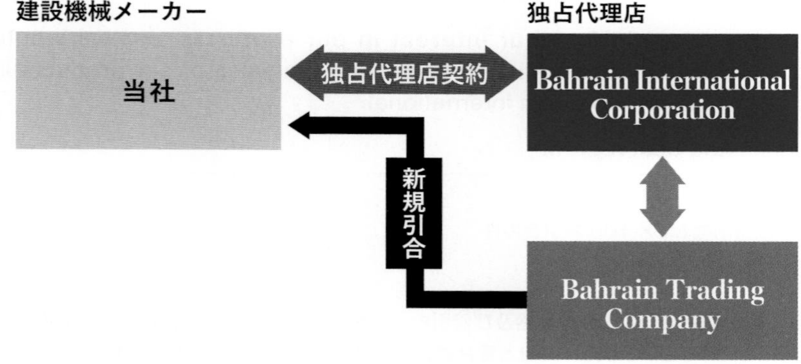

重要単語・語句

- □ 顧客、取引先、得意先：customer 名
- □（目的・状況に）適した：proper 形 ⇒ 適切に：properly 副
- □ 促進する、昇進させる：promote 動
- □ 共同、協力：collaboration 名

使える表現パターンとフレーズ

- □ 代理店契約により販売テリトリー内での販売店と顧客から求められる全ての情報は～によって提供されることが求められている：
  the distributorship agreement requires that all information requested by dealers and customers within the sales territory should be provided by ～
- □ しかるべき対応が取られるだろう：you will receive every consideration
- □ 遠慮なく～する：feel free to ～
- □ ～に接触する、連絡する：get in touch with ～
- □ 評判が良い：enjoy a high reputation
  ウチの製品は「評判が良い」ことを表す際に、動詞 enjoy を使うところがミソです。
- □ ～と協力して：in collaboration with ～

ビジネス用語

- □ 代理店契約：distributorship agreement 名詞句
  本事例のように、販売テリトリー内の全ての引合については代理店に連絡するという契約になっている代理店契約があります。

3. 取引先・代理店を設定する

実例 13 BMX 代理店の引き受けを辞退する

難易度
★★☆

状況

当社は日本市場においてイタリアのGiorno社製BMXの代理店をしており、全体市場が限られた中で販売台数を伸ばし、業績は安定している。しかし、商品の性格上、レースに参加するユーザーのケアなど、手間をかける必要があり、割ける人員にも限りがある。この度、同じくBMXを製造しているフランスのCross Cycle社の日本での代理店として、15年間務めてきた山田商会が資金繰りの悪化により倒産したようで、Cross Cycle社から8月23日付の手紙で同社の代理店になってくれないかという問合せがあった。当社としては、すでにGiorno社の代理店をしており、類似商品を2ブランド扱うことは負担も大きくなる上、どちらかが片手間になってしまうので、申し出はありがたいが引き受けはできないと断ることになった。

☑ 作成要領

1. 当社の輸入部門の責任者の立場で、丁重に、相手を傷つけぬよう、しかも簡潔に書くこと。
2. ビジネスは相互依存であり、たとえ一時は断らざるを得なくても、将来どんな依頼をするようになるかもしれない。したがって、相手の気持ちを害さないように注意すること。ただし、断るのか引き受けるのか、態度があいまいな表現も良くない。

模範文例

Dear Sirs,

Thank you very much for your letter of August 23, offering us an opportunity to represent you in Japan.

We understand that you are looking for an alternative distributor here in place of Yamada Trading Co., Ltd. with whom you have been working for 15 years in the BMX market.

We sincerely thank you for your proposal. We have to inform you, however, that we have been representing a certain Italian company quite successfully, and that we would not be able to meet your expectations even if we were to enter into a new arrangement. We regret, therefore, we have to decline your kind proposal for the time being unless the situation changes in the future.

Thank you again for your kind proposal and we hope you will fully understand our situation.

Yours faithfully,

日本市場における代理店となることを提案されている８月23日付の貴レターを拝受致しました。

BMX 市場で御社が15年間に渡り一緒に歩んでこられた山田商会に代わる代理店を探されていることを理解しました。

ご提案につきましては、真摯に受け止めさせていただきました。一方、弊社は某イタリア社の代理店としてそれなりの成果を出しており、新たな協定を結んだとしても御社の期待には沿えられないと考えます。つきましては、今回のご提案については当面の間、将来的に状況が変わらない限りお断りさせていただきたく存じます。

ご提案にあらためて感謝申し上げつつ、弊社の置かれた状況をご理解下さいますようお願い申し上げます。

解説

「将来的に状況が変わったら」という含みを残しつつ、現時点では「代理店となることはできない」とはっきり伝えることが重要です。unless を使って、「状況が変わらない限りはできない」と言っている点がこの文例のうまいところです。未練がましい表現をしてしまったがために、将来においておかしなトラブルに巻き込まれたりしないようにしましょう。

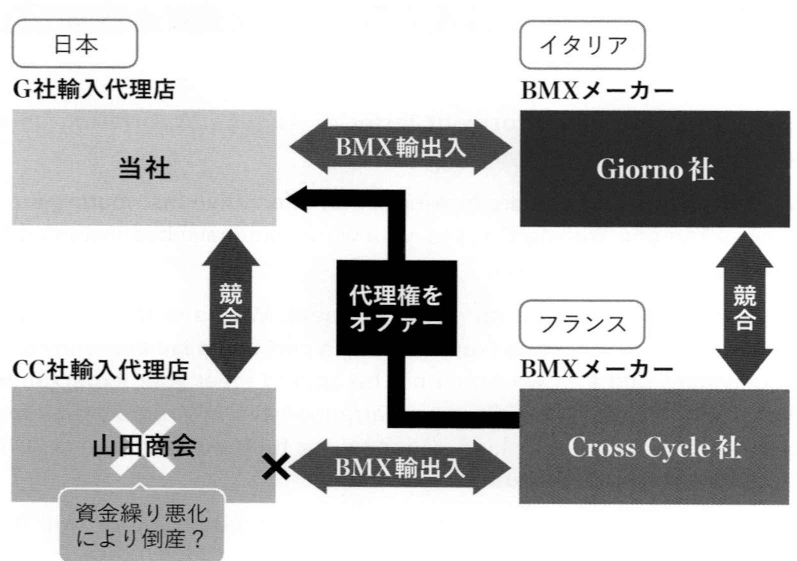

重要単語・語句

- □ **機会、好機、適切な時期、チャンス：**opportunity 名
- □ **～を期待する、～を求める、～を探す：**look for ～ 句動詞
- □ **期待に沿う：**meet one's expectation 動詞句

  動詞 meet は「人に会う」のが基本的な意味ですが、これ以外にも様々な使い方があります。ここは、その中の使い方の 1 つで、必要・義務・要求などに「応じる」という意味で使われています。

- □ **断る、辞退する：**decline 動

  先方からの提案や申入れを断る場合の重要な動詞です。ビジネス英語の表現力を高める上で間違いなく役に立つ語ですので、ぜひとも身につけて下さい。

使える表現パターンとフレーズ

- □ **新たな協定を結んだとしても：**
  even if we were to enter into a new arrangement
- □ **状況が変わらない限り：**unless the situation changes

4. 取引先を変更する

実例 14 取引銀行の変更に合意する

難易度
★☆☆

状況

新日本商事は長年の取引関係があるアメリカの Johnson Trading Co. から 3 月 20 日付で以下のような問合せのメールを受領した。

「当社の近くに新しく設立された First Union Bank が取引を希望してきた。同銀行と取引できれば何かと便利なので、従来の取引機関である The Bank of West との取引を変更しても差しつかえないか。」

これに対して合意する旨の回答を出したい。

☑ 作成要領

1. 「The Bank of West とは他にも多くの取引関係があるので、First Union Bank と Johnson Trading Co. が取引することは何ら差しつかえない。」という内容の回答メールを作成すること。
2. 要旨を伝えるために、パラグラフの組み立てを考えること。

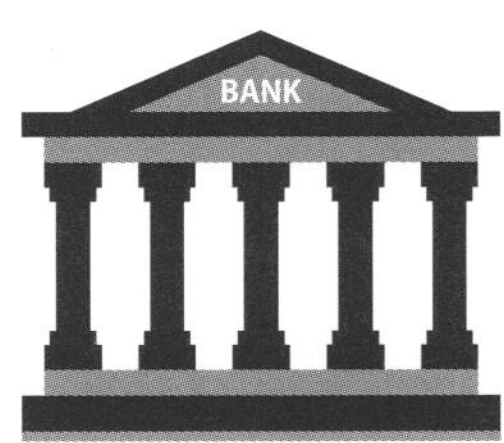

模範文例 - 1

We have received your mail of March 20 asking for our permission to start doing business with First Union Bank which has recently been established in your area.

We have no objection. Please feel free to negotiate business with them if it is of more advantage to you to make use of their services.

As for the Bank of West, we will keep an account with them as in the past for other business transactions.

貴地において新たに設立されたファーストユニオン銀行と取引を開始することについて弊社の了解をお尋ねの 3 月 20 日付メールを拝受致しました。

当社に異存はございません。先方のサービスを利用することでよりメリットがあるのであれば、ご自由にご協議下さい。

ウエスト銀行につきましては、これまでと同様に取引を継続し、他の取引等に活用します。

模範文例 - 2

Your mail of March 20 has been received. We have no objection to your proposal for using the facilities of First Union Bank instead of those of The Bank of West.

We have various kinds of transactions with The Bank of West and we feel nothing inconvenient in your doing business with First Union Bank,

We hope that your new bank will offer you sufficient services.

3月20日付貴メール拝受致しました。今後はウエスト銀行に代わりファーストユニオン銀行をお使いになるとのご提案に弊社としては異論ございません。

ウエスト銀行とは各種取引がありますので、貴社がファーストユニオン銀行と取引を開始することに何らの不都合は感じません。

新規取引の銀行が貴社にとって十分なサービスを提供することを期待しております。

解説

経理・財務を担当していると、取引先から取引銀行の変更を申し出てくることがあります。その際には、これらの文例のように、簡潔に回答してあげましょう。ここでも、伝えたいポイントをどのようなパラグラフ構成で述べるかを考えておくと一貫性のある、要点が伝わる文章になります。模範文例1と2の差は明らかだと思いますが、1では、一般的なアプローチで、先方の要望を受け取ったこととその内容を説明しているのに対して、2では「結論ファースト」で第1パラグラフにおいて「異論なし」と述べています。

重要単語・語句

- □ **許可、許諾**：permission 名 ⇒ **許す**：permit 動

使える表現パターンとフレーズ

- □ **～と取引を開始する**：start doing business with ～
- □ **異論はない**：we have no objection
- □ **彼らのサービスを利用することによりメリットがあるのであれば**：
  if it is of more advantage to make use of their services
- □ **～と取引を継続する**：keep an account with ～

4. 取引先を変更する

実例15 取引先の変更について問い合わせる

難易度
★★☆

状況

あなたは東京に本社を置く新日本商事株式会社の総務部長である。昨日、突然、あなたのところへ、ロサンゼルスに本社を持つ Trans-World Air Travel Service, Inc. という旅行代理店の東京支配人 Mr. Steve Williams が、新日本商事の取引先である New World Trading Inc. の General Manager、Mr. Watson の紹介状を持って来社し、取引の申し込みをしていった。現在、新日本商事は海外出張などをする際に、東京の関東関西交通社（Kanto-Kansai Travel Service Co. Ltd.）を利用しているが、同社のサービスに十分満足しており、今ここで旅行代理店を変える必要は感じていない。ただし、New World Trading 側に Trans-World Air Travel Service を使う大きなメリットがあるのであれば再考してもよいが、Mr. Williams の話ではその辺が明確ではなかった。このため、Mr. Watson 宛てに、詳しい事情を知らせてもらうよう明確で簡潔なメールを書くことにした。

☑ 作成要領

1. 情況を正確に分析し、ビジネスセンスを持って、効果的なビジネスメールを書くこと。
2. 冗長過ぎず、簡潔過ぎないように配慮すること。

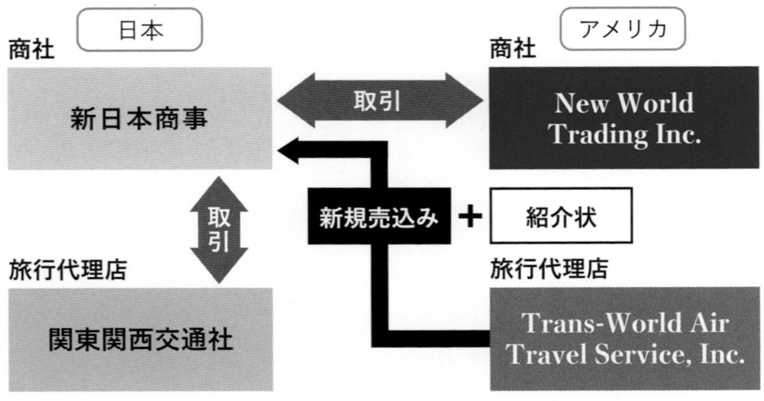

模範文例

Dear Mr. Watson:

Mr. Steve Williams, manager of the Tokyo office of Trans-World Air Travel Service, Inc., visited us yesterday bringing your letter of introduction. He expressed an earnest desire to open an account with us.

As we are satisfied with the service provided by Kanto-Kansai Travel Service Co., Ltd., our present agent, we do not think it necessary to change the agents. However, we will consider doing business with his firm if it should offer extra advantages to you.

Please therefore let us know the details so that we may further negotiate with Mr. Williams. Your earliest reply would be appreciated.

Thanks and best regards,

ワトソン様

トランス・ワールド・エア・トラベル・サービス社東京事務所支配人のスティーブ・ウィリアムス氏なる方が昨日、貴殿の紹介状を携えて弊社にお見えになりました。同社は弊社との取引開始をご希望の由でした。

弊社としては、現代理店である関東関西交通社のサービスに満足しており、代理店を変更する必要を認めておりません。しかし、もし貴社にとって同社を使う大きなメリットがあるのであれば、検討したいと考えます。

つきましては、ウィリアム氏とさらに話合いを進めるべきか詳しいところをお教いただければ幸いです。早急なお返事をお待ちしております。

解説

長年の付き合いがある取引先から、新たな取引先を紹介されることはよくあります。取引先との関係があるので、無下に断るわけにもいきません。そこで、このメールのように紹介してきた会社に、紹介の背景など詳しいことを尋ねます。ここで重要なポイントは、「現在の旅行代理店のサービスに満足しているが、もし新しい会社に変更することで貴社にとって都合のよいことがあるならば、変更してもよい」と相手の立場に配慮しているところにあります。例文では、if it should offer extra advantage to you と「貴社にとって」としているところがミソです。

重要単語・語句

□ 交渉する、商談する：negotiate 動 ⇒ 交渉、商談：negotiation 名

使える表現パターンとフレーズ

□ ～によるサービスに満足している：be satisfied with the service provided by ～

□ もしよりメリットがあるならば：if it should offer extra advantages

ビジネス用語

□ 紹介状：letter of introduction 名詞句

実例 16 繊維商社の信用照会に答える

難易度
★☆☆

状況

東京の新日本商事株式会社とアメリカの New World Trading Company, Inc. とは多くの商売を通じて、長年の間に築かれた親密な取引関係にある。この度、New World Trading 社の Mr. Watson から、繊維商である愛知商会の信用状態に関する9月6日付の問合せを受けとった。New World Trading 社は愛知商会との取引を考えているようであり、取引を開始する前に、新日本商事にこの会社について問い合わせてきたのである。

新日本商事は幸いなことに、これまでの取引から、愛知商会の内情に詳しく、経営状態もよく分かっている。同商会は信頼できるとの定評が繊維業界にあり、特に金銭の受払は確実である。最近の事業成績は好調で、そのため会社の規模を拡大する計画を立てている。したがって、この会社との取引は安全と判断される。

☑ 作成要領

1. 上記を考慮に入れて、New World Trading 社への回答メールを書くこと。
2. 新日本商事としては責任を負うものではないことを、念のために一言記することを忘れないようにすること。
3. 自分と対話する相手を常にハッキリと意識すること。
4. 余分なことは述べずに、ビジネスライクに必要なポイントのみを伝えること。

模範文例

Subject: Aichi & Co.

Dear Mr. Watson:

In reply to your inquiry of September 6, we take pleasure to inform you that the firm you inquired about enjoys the fullest respect and unquestionable confidence in the trade circle of textile.

They are prompt and punctual in their payment. And it is especially worthy of attention that because of their satisfactory business results obtained recently, they are planning to enlarge the scope of the business.

Accordingly, we are of the opinion that you may safely deal with them and will, no doubt, be satisfied with their manner of doing business.

You will please note, however, that this information is furnished without any responsibility on our part.

Best regards,

件名：愛知商会の件

ワトソン様

9月6日付のお問合せにつきまして、当該社は当地の繊維業界において絶大な信用と信頼を得ていることをお伝えします。

支払いに関しては迅速かつ期限通りに行なわれております。特筆すべきは、こうした最近における商売の満足すべき結果から、ビジネス規模を拡大する意向のようです。

したがいまして、弊社としましても、貴社が同社と取引することは安全であり、きっとご満足いただけるのではとの意見でございます。

ただし、本情報について弊社は一切責任を負うものではないことをご理解下さい。

解説

ビジネスをしていると、取引先についての問合せを受けることがよくあります。特に、海外との取引においては、国内に比べて“顔”が見えにくいこともあって、同業他社から問合せを受けます。他社のことだからといって、いい加減な返事はもちろんできませんが、事実を正確に伝える一方で、自社には責任がないことを明確にしておきましょう。

重要単語・語句

- □ **引合、問合せ：** inquiry 名 ⇒ **問合わせる：** inquire 動
- □ **即座の、迅速な：** prompt 形
- □ **期限を守る、遅れない：** punctual 形

使える表現パターンとフレーズ

- □ **喜んで～する：** take pleasure to ～
- □ **～は特に注目するに値する：** it is especially worthy of attention that ～
- □ **～することを予定している、考えている：** be planning to ～
- □ **～という意見である：** be of the opinion that ～
- □ **この情報の提供に当社の責任はない。：**
  This information is furnished without any responsibility on our part.

5. 信用照会を行なう

実例 17 日本製かばんの輸出業者に関する問合せに答える

難易度
★☆☆

状況

当社は日本において、ビジネス用かばんの製造販売を専門に行っているが、カナダにおける取引先の Mr. Howson から、当社も取引がある関東商事（Kanto Trading Co., Ltd.）の信用状態を問い合わせる 9 月 14 日のメールを受け取った。このメールによれば、関東商事は D/A 決済条件で 2 万ドルの初回注文を出し、当社を信用照会先に挙げたようである。関東商事はかばん業界で評判は良く、当社とも友好的な関係にあるので、次のような回答を出すこととした。

「関東商事は主に日本製かばんを扱って 30 年の実績を持つ商社であり、有能な経営陣の下、堅実な商売をしていると思われる。仕入先は当社など国内数社と、ヨーロッパ、アメリカなどである。当社は同社と、貴社の言われる以上の額の信用取引をしているが、支払は約束を違えたことはない。D/A 条件に応じてもなんら懸念はないと思う。しかし、初めての取引であり海外との取引であることも考慮し、若干の危惧を拭えないということであれば、とりあえず初回注文に関しては信用状決済を申し出られてはいかがか。信用状決済は現代においても、双方にとり公正な方法であると信ずる。」

☑ 作成要領

1. 上記の内容を含め、先方への回答メールを作成すること。
2. 論理・構成、文法・語法、スペルについて十分確認すること。

模範文例

Subject: Kanto Trading Co., Ltd.

Dear Mr. Howson:

The firm inquired in your mail of September 14 is a trading company dealing chiefly in bags for 30 years. They have been a sound business under the competent management.

They make regular purchases not only from us and other local suppliers but also from Europe and America. The credit we have granted to them is far in excess of the line you mentioned, and their liabilities have been met punctually.

In our opinion you would run no risk in accepting the D/A terms asked for. If you feel doubtful about their credit-worthiness, you might as well request a bankers' letter of credit at least against the initial order. Payment by L/C is equally advantageous to both the seller and the buyer in foreign trade.

This information is given without responsibility on our part and for your use only.

Best regards,

件名：関東商事の件

ホーソン様

9月14日付の貴メールでお問合せの会社は、30年間に渡って、主にかばんを取り扱っている商社です。有能な経営陣の下で健全なビジネスを展開されています。

弊社を含めた地元のサプライヤーからだけでなく、ヨーロッパやアメリカからも定期的に調達されています。弊社が同社に与えている与信枠は貴メールに記載されていたものをはるかに超えるものですが、債務はいつも期限通りに支払われております。

先方から要望されたD/A条件を受けることにリスクはないと弊社は考えます。信用にご不安なようでしたら、少なくとも初回注文については、銀行信用状を申し出られてはいかがでしょうか。信用状による決済は海外との取引において、売り手と買い手双方にとってメリットのある決済手段です。

なお、この情報は弊社が責任を負うものではなく、貴社の使用目的に限定されるものと致します。

解説

海外からの取引先に関する問合せに対して、前向きな回答をする事例です。対象となっている会社は業績も好調のようで、回答するのに大きな心配はなさそうですが、それでも情報の正確さと自社の責任回避については注意を払いましょう。

重要単語・語句

- □ **有能な、力量がある**：competent 形 ⇒ **競争する**：compete 動
- □ **経営、管理、経営者（陣）**：management 名
- □ **有利な、都合のよい**：advantageous 形 ⇒ **優位、利益**：advantage 名

使える表現パターンとフレーズ

- □ **線をはるかに超えている**：be far in excess of the line
- □ **～することにリスクはない**：run no risk in ～

ビジネス用語

- □ **商社**：trading company 名詞句
- □ **借金、負債、債務**：liability 名 ⇒ **法的義務がある**：liable 形
- □ **D/A 決済条件**：D/A terms 名詞句
  信用状を使わない決済条件の 1 つで、輸出者が振り出した期限付き手形の支払を輸入者が引き受けた時点で、輸入者が船積書類を受け取る決済方法です。
- □ **信用度、信用の度合い**：credit-worthiness 名
- □ **信用状**：letter of credit 名詞句
  信用状決済は貿易決済における伝統的な方法の 1 つです。売り手と買い手両社にとってリスク回避となる最善の方法ですが、信用状条件に従うことが絶対的な条件となるため、正確さを期すために、ビジネス英語の能力、特に「書く力」が求められます。
- □ **初回注文**：initial order 名詞句
  簡単に言ってしまえば first order ですが、実務では initial（動詞形は initiate）がよく使われます。
- □ **売り手**：seller 名
- □ **買い手**：buyer 名

5. 信用照会を行なう

実例 18 問合せの商社に関しては不明である旨を通知する

難易度
★★☆

状況

新日本商事株式会社は、取引先であるアメリカの大手小売チェーンより、11月10日付のメールで、日本の今治市にある鈴木商会から最近海外でも流行しつつある日本製タオルを購入したいとのことで、同社の信用状態や最近の業界における評判を教えてほしいとの依頼を受けた。

実は、新日本商事は、鈴木商会と過去3年間において1度だけ少額の取引をしたことがあるが、その際に、支払条件に関して行き違いがあり、先方から苦情を受けたため決済が遅れ、不快な印象を受けた経験がある。この経験を考えると、鈴木商会が新日本商事を信用照会先として通告してきたことは意外である。現在は鈴木商会とは取引もなく、同社の経営状況、財政状態などについてはよく分からない。残念ながら相手にとって、満足いただける回答はできそうもない。

☑ 作成要領

1. 上記の状況を踏まえて、回答メール（本文のみ）を作成すること。
2. 内容が否定的なので、どうしても否定的な表現が多くなってしまいがちだが、相手をウンザリさせないように、肯定的な表現をうまく使うこと。
3. 結論が「分からない」なので、トーンがどうしても冷たくなりがちであるが、必要な情報を具体的に提供し、真摯な姿勢を見せること。

模範文例

In reply to your inquiry of November 10, we can not give you sufficient information on the credit standing of Suzuki & Co., as we have very little business with the company at this time.

We did one relatively small transaction with them in the past three years, but we had an unpleasant experience in collecting money from them as a result of misunderstanding about the payment terms. We have done no transaction with them since then. We are therefore wondering why they quoted our name as their credit reference.

We are sorry that we are unable to help you in this particular case.

11月10日付のお問合せに関して、弊社は鈴木商会とは現時点では取引がほとんどないため、同社の信用状態について提供できるだけの十分な情報がございません。

過去3年間において1度だけ、比較的少額の取引をさせていただいたことがありますが、支払条件に関して理解の行き違いがあり、代金回収に関して不快な経験をしたことがあります。それ以来、同社との取引はございません。したがって、同社が弊社を信用照会先として通告してきたことは意外でした。

本件に関してお役に立てずに申し訳ございません。

解説

「分からない」「知らない」ということを伝える場合の文例です。1文目で we can not give you と not を使っている以外は、否定的な表現を使わずに、うまく現状を伝えていることが分かります。注意しなければならないのは、必要以上にくどくどと書いてしまって、「事実」以上の印象を与えてしまうことです。

重要単語・語句

□ **比較的、他と比べて：**relatively 副 ⇒ **関係する、比較上の：**relative 形

□ **取引、処理：**transaction 名

□ **回収する、集める：**collect 動

□ **不思議に思う、怪訝に思う：**wonder 動

使える表現パターンとフレーズ

□ **お問合せにお答えする形で：**In reply to your inquiry

相手からのメールに答える際の「定型書き出し」表現です。特に今回の事例のように、ニュートラルで情報を与える場合には最適です。

□ **～を意外に思う、不思議に思う：**we are wondering why ～

ビジネス用語

□ **信用状態：**credit standing 名詞句

□ **支払条件：**payment terms 名詞句

□ **信用照会先：**credit reference 名詞句

実例 19 支払に問題がある商社に関する信用照会に答える

難易度
★★☆

状況

太平洋商事と長年取引のあるイギリスのChichester, West SussexにあるMalcolm & Co.,から、東京都港区にある二股商会が同社との取引を希望し、信用照会先として太平洋商事を連絡してきたので、二股商会についての率直な意見が欲しいと、2月10日付のメールで依頼があった。この依頼に対して、太平洋商事としては、次の要点を取り上げ、Malcolm & Co.のMr. C. Malcolmへ回答したい。

① 二股商会は取引態度があまり真面目ではないし、几帳面というわけでもない。このため、業界での信用や評判はあまり芳しくない。

② 当社は現在まで同社と相当額の取引をしてきたが、その度に支払期日延期の要請を受け、同社との取引は危険であると感じ始めている。

③ 以上の報告は貴社の質問に答えたもので、この件に関して責任は一切負わないことをご理解いただきたい。

☑ 作成要領

1. 上記の内容に沿って、Malcolm社への回答をメール形式で作成すること。
2. 平易に、簡潔に、正確に、積極的に、具体的に書くこと。

模範文例

Subject: Futamata Shokai

Dear Mr. C. Malcolm,

We are sorry to inform you that our trading experience with the company you inquired in your e-mail of Febuary 10, has not been satisfactory.

The company's reputation in our trade circles is not so positive, because of their lack of sincerity and preciseness in doing business.

Up to now, we have been doing business with them for a considerable amount, but they put off their payment almost every time. We therefore feel it rather risky now to continue doing business with them.

Please note that the above information is provided to you as a reply to your inquiry, and that it is furnished without any responsibility on our part.

Regards,

件名：二股商会

マルコム様

2月10日付の貴メールにてお問合せの標記会社と弊社との取引は残念ながら満足すべきものではありません。

同社の業界での評判は、その取引態度が真面目さと几帳面さに欠けていることから、あまり芳しくありません。

当社は現在まで同社と相当額の取引をして参りましたが、その都度に支払期日を延長してきました。したがって、同社と取引を継続することは危険であると感じ始めているところです。

上記情報は貴社からのお尋ねにお答えするために提供するものであり、弊社に一切の責任がないことをご承知下さい。

解説

今回の事例は「あまり評判が良くない」会社について報告するケースです。過剰にけなしてしまうと相手から訴えられてしまう恐れもありますので、あくまでも「事実以上でも以下でもない」ことを正確に伝えることに徹したいものです。

重要単語・語句

☐ **誠実さ、真面目さ：**sincerity 名 ⇒ **誠実な、真面目な：**sincere 形

☐ **正確さ、几帳面さ：**preciseness 名 ⇒ **正確な、きっちりとしている：**precise 形

使える表現パターンとフレーズ

☐ **残念ですが〜ということをお伝えします。：**We are sorry to inform you that 〜.

相手にとってうれしくない情報を伝える際の決まり文句です。ビジネス英語では、自分と相手にとって「喜ばしい」か「喜ばしくない」の基準で、以下3通りの「切り出し」表現を使い分けます。

- **喜ばしい場合**
  喜んで〜ということをお伝えします。
  ⇒ We are pleased [delighted] to inform you that〈**伝えたい情報**〉〜.
- **ニュートラルな場合**
  〜ということをお伝えします。
  ⇒ We inform you that〈**伝えるべき情報**〉〜.
- **残念な、喜ばしくない場合**
  残念ですが〜ということをお伝えします。
  ⇒ We are sorry to inform you that〈**伝えなければならない情報**〉〜.
  ⇒ We regret to inform you that〈**伝えなければならない情報**〉〜.

☐ **大規模に、相当量で：**for a considerable amount

ビジネス用語

☐ **支払を延期する、期限通りに支払わない：**put off one's payment 動詞句

実例 20 取引開始を希望する

難易度
★☆☆

状況

当社は最近になって、大手メーカーの製品を「マネ商品」で後追いするのではなく、斬新かつ独創的な製品で業績を急拡大させている中堅の電気メーカーO社の製品輸出を積極的に行なっている。特に新型コロナウイルスの影響もあり、同社の空気清浄器は世界的に人気の的となっている。今般、新規市場として開拓を考えている、香港における商社に関する信用照会を行い、良好な結果を得たので、先方に取引開始の申込状を出すことにした。

【送る申込状の趣旨】

貴社の信用状態につき、照会先の香港商業銀行より、きわめて信用度が高く推奨する旨の報告を受け取りましたので、貴社と取引を開始することを希望します。当社は最近、国内外で人気を博している当地優良メーカーと協力し、同メーカーが生産している空気清浄器の輸出拡大に注力しております。国内外で人気があり、性能も優れた日本製空気清浄器を競争力ある価格で提供できます。

ここに一般取引条件覚書2通を同封致しましたが、これは今後の取引条件について、貴社と当社の両社間において完全な合意に達しておくためのものです。ご異存がなければ、ご署名いただき、折り返しその副本をご返送下さい。もちろん覚書条項について修正等のご希望があれば、遠慮なくお申し付け下さい。

別便にて、当社が取扱っている商品の見本を数品見繕ってお送りします。詳細については、同封の価格表にて充分ご理解いただけると存じます。表示価格はいずれも1箱(8セット入り)の値段であり、かつ1箱が当社引受注文の最低注文数量となっております。この他ご質問がございましたら、ご遠慮なくお尋ね下さい。

この申し入れが近い将来に貴社との最初の取引実現の運びとなることを期待しております。

☑ 作成要領

1. 上記の趣旨にしたがって、香港の商社に対する取引申込状を作成すること。初めての相手に送る取引申込状なので、メールではなく、きっちりとしたレター形式で出状しておきたい。
2. 新規取引が成功するかどうかの重要な書簡なので、細かな表現や文法について面倒がらずに手堅く書くこと。

模範文例

Dear Sirs,

We have received a favorable report on your credit standing from your reference, The Hong Kong Commercial Bank, and should be delighted to open an account with you. We have been recently devoting ourselves to the expansion of exporting Air Purifiers of Japanese make. Well connected with leading manufacturers here, we can provide you with products with superior performance at competitive prices.

Enclosed are two copies of the Memorandum of the General Terms and Conditions, on which a complete agreement should be reached between you and us. If you have no objection, please sign the duplicate and send it back to us soon. Of course, we would be happy to hear your comment on it.

We are sending you separately a few examples of our products range, details of which you will find in the enclosed Price List. The prices quoted are based on one carton containing 8 sets, and one carton is the minimum order quantity acceptable. If you have any further questions, please feel free to ask.

We hope this offer will mark a good start of business with you.

Yours faithfully,

貴社の信用状態につき、照会先の香港商業銀行より、きわめて信用度が高く推奨する旨の報告を受け取りましたので、貴社と取引を開始致したく存じます。当社は、最近では日本製空気清浄器の輸出拡大に注力しております。当地の一流メーカーとの提携により、性能に優れた空気清浄器を競争力ある価格で提供できます。

ここに一般取引条件覚書 2 通を同封致します。これは今後の取引条件について貴社と当社の両社間において完全な合意に達しておくためのものです。ご異存がなければ、ご署名いただき、折り返しその副本をご返送下さい。もちろん、貴社のご意見等もお聞かせいただければ幸いです。

別便にて、当社が取扱っている商品の見本を数品見繕ってお送りします。詳細については、同封の価格表にて充分ご理解いただけると存じます。表示価格はいずれも 1 箱（8 セット入り）の値段であり、かつ 1 箱が当社引受注文の最低注文数量となっております。その他ご質問がございましたら、ご遠慮なくお尋ね下さい。

このオファーが貴社との最初の取引実現の運びとなることを期待しております。

解説

有望な相手先が見つかり、信用調査によって相手の信用状態の安全性が確認されたら、いよいよ具体的な取引開始の提案をすることになります。取引開始のきっかけとなった状況を説明し、自社の状況と取扱商品を説明します。全てを初めての申込状と一緒に提出する必要はありませんが、一般的には製品カタログや価格表と共に一般取引条件を送付します。

重要単語・語句

☐ **好意的な、有利な：**favorable 形 ⇒ **好意：**favor 名

ビジネス英語で最頻出単語の1つです。利益を得ることが目的であるビジネスにおいても、“感情”は起こります。取引相手に好意 favor を持っていただける「書き手」になることを目指しましょう。なお、favor と favorable は米国式綴りですが、英国式では favour と favourable のように u が入ります。ちなみに favor の派生語として favorite がありますが、これは有名なミュージカル映画「サウンド・オブ・ミュージック」で歌われた My Favorite Things「私のお気に入り」などでもおなじみですね。このように、単語をマル覚えするのではなく、イメージできる映像などと一緒に覚えると脳が記憶しやすくなります。

☐ **力を注ぐ、身をささげる：**devote oneself 動詞句

☐ **異論、異議、不服：**objection 名

使える表現パターンとフレーズ

☐ **～と取引を開始する：**open an account with ～

ビジネス英語で「取引を開始する」を表現する基本フレーズです。銀行に口座（account）を開くことをイメージすれば分かりやすいでしょう。

☐ **同封する：**enclosed is [are] ～

書類やカタログなどを先方に送付する際の最もシンプルな言い方です。送付する書類が1件であれば enclosed is ～となり、複数であれば enclosed are ～となります（数の一致）。

ビジネス用語

☐ **価格表：**price list 名詞句

☐ **最低注文個数（ロット）：**minimum (order) quantity acceptable 名詞句

1 個当たりの大きさが小さな製品の場合、輸出する際に最低個数を定めておき、買い手にその個数単位で発注してもらいます。こうすることで、事務処理の効率化やビジネスの量的拡大につながるだけでなく、1 個当たりの輸送費を節約することができます。

6. 取引を開始する

実例 21 新商品の取扱いを申し込む

難易度
★☆☆

状況

新日本商事株式会社では、現在の品揃えでは将来的に売上の伸びが期待できないことから、先日の営業戦略会議で決定された新しい商品の輸入元を選定することになった。初めて扱う商品ではあるが、当社はその類の商品の業界事情、流通経路に精通しており、経験もそれなりに積んできている。早速アメリカの業界紙（New Trendy Product）の広告を見て、これはと思う会社とその製品 New Power Blower（cordless leaf blower）を選び出し、取引申込み状を出すこととした。

「市場調査も完了しており、品質と価格が当社の希望に合致すれば確実にご満足いただける販売は可能である。代理店として取引を開始させてほしいが、ご検討いただけないか。貴社の希望条件その他を価格表及びカタログと共にお送りいただきたい。」という内容を発信したい。相手先の担当者名は Mr. Coleman である。

☑ 作成要領

1. 上記の条件設定とは関係なく、取り扱う商品、関係する業界などは創造性（creativity）を発揮し、自由に創作すること。（実際に自分が現在扱っている商品について書くのがよいかもしれない。）
2. 参考書などに記載されている表現を十分な検討もせず、そのまま借りてきて、つぎはぎしたりすることはしないように。よく自分で考えること。
3. 相手の立場になって、読みやすい文章を心掛けること。一度書き上げたら、受信者の気持ちになって声を出して読んでみるとよい。
4. 当社の商圏や規模を具体的に描写して先方を納得させ、興味を充分に引きつける工夫を凝らすこと。抽象的で曖昧な表現では個性も熱意も誠実さも感じられず、訴えかける力が弱いことを理解すること。

模範文例

Subject: New Power Blower

Dear Mr. Coleman:

Your advertisement in the magazine *New Trendy Product* has interested us very much and we wish to open an account with you as your distributor here in Japan.

According to our intensive market research, your products will command a good market if your price and quality meet our expectations.

We shall appreciate it, therefore, if you would send us your general terms and conditions and all other information together with your catalog and price list.

We look forward to hearing from you soon.

Best regards,

件名：新型パワーブロワー

コールマン様

雑誌『新トレンディ製品』の貴社広告に関心を持ちましたので、日本における貴社製品の代理店として取引を開始させていただきたく存じます。

弊社の集中的に行なった市場調査によれば、価格と品質が期待に沿うものならば、貴社製品は当地において大きな需要が期待できます。

つきましては、一般取引条件並びにその他情報を、カタログと価格表と共にお送りいただきたくお願い申し上げます。

お返事をお待ちしております。

解説

これも取引申込状の典型的な文例です。必要な事項を簡潔に述べることが重要です。各パラグラフで何を伝えようとしているかを理解しましょう。

重要単語・語句

- □ (新聞、雑誌、テレビなどでの)広告 : advertisement 名 ⇒ 広告する : advertise 動

使える表現パターンとフレーズ

- □ ~という雑誌に掲載された貴社広告に興味を持った :
  your advertisement in the magazine ~ has interested us
- □ 弊社が集中的に実施した市場調査によれば :
  according to our intensive market research
- □ 需要がある、 販売が見込める : command a good market

実例 22 ニュージーランド・ワインの輸入見込みを知らせる

難易度
★★☆

状況

当社は海外から酒類や食料品を中心に多くの商品を輸入している雑貨商で、日本全国に販売網を持っている。今般、ニュージーランドのオークランド郊外にある Northland Winery の Mr. Collins より、4 月 10 日付のレターが届き、同社が生産するワインを日本に売り込みたいのだが、将来性のあるビジネスとなるか率直な意見を聞かせほしいと、問合せがあった。

早速、自社が取り扱っているワインの販売実績も含め、日本における最近のワイン市場と今回問合せのあったニュージーランド・ワインの特徴などを併せて調査した。その結果、現在はフランスやイタリアなど、いわゆる定番の欧州産ワインが圧倒的に多いが、これに加えて、カリフォルニアやオーストラリア、チリなどからも輸入販売されており、ワインブームとなっていることが判明。さらに、これに対抗する日本産も、大手メーカーから地方の中小ワイナリーまでが販売に本格的に着手しており、種類、量ともに急激に増加している。市場拡大の背景には、輸入税の低減と昨今の「ステイホーム」といった生活スタイルの変化がある。しかしながら、その一方で輸入税の低減は価格競争を激化させており、どこの店でも 2 割引きは当たり前の状況となっている。この競争激化に伴う安売り競争と長く続く経済停滞の影響で、市場は極めて厳しい状況であり、新規参入は苦戦が予想される。したがって、売込み計画はしばらく様子を見て実行する方がよい。この後もこの件について常に情報を提供し、協力は惜しまない。

☑ 作成要領

1. 上記の状況を考慮に入れて、ニュージーランドの業者に対して、「現在は価格競争がとても厳しく、タイミングが良くない。市場が好転次第直ちに実行することにしては」と極めて簡単に、結論的な意見を先方に伝えること。
2. 前向きでフレンドリーな、配慮のあるトーンを意識すること。
3. Good news first の原則に基づいて、「状況が好転すれば需要はある」ことをしっかり伝えること。

模範文例

Subject: Wine Business in Japan

Dear Mr. Collins,

Thank you very much for your letter of April 10 inquiring about the possibility of selling your local wine here in Japan.

It is our opinion that there is a good chance that you can sell your wine, provided the recent long economic slump and extreme discounting war are over. We suggest that you wait a little till the market situation takes a turn for the better.

You will hear from us as soon as an opportunity arises to start your new project.

Best regards,

件名：日本におけるワインビジネスの件

コリンズさん

日本における貴地ワインの販売可能性をお問合せの4月10日付貴信拝受しております。

弊社としましては、貴社ワインの販売の可能性は十分あると判断しております。ただし、長く続いている不況と値引き競争が終わるということが前提です。市場状況が好転するまで、しばらく様子を見られることをお勧めします。

今回ご提案の新規プロジェクトにとって好機がめぐってきた際には間髪を入れずご連絡申し上げます。

使える表現パターンとフレーズ

□ **～という意見である：**it is our opinion that ～

□ **～が売れる可能性は充分にある：**there is a good chance that you can sell ～

□ **～であれば（条件を示す）：**provided ～

条件を示す際に頻繁に使われる表現です。

□ **～することをお勧めする：**we suggest that you ～

動詞 suggest に続く that 以下では、主語 you の後に should が省略されているため動詞は原形の wait となっています。

実例 23 品薄商品の早急な発注を促す

難易度
★★☆

状況

センセーショナルな事件として報道された高速道路でのあおり運転を始めとする「危険運転」の増加は大きな社会問題となっているが、この現象がドライブレコーダーの需要を爆発的に拡大させている。機を同じくして、海外の取引先から5月25日付でこの人気のドライブレコーダーに関する問合せを受け取った。早速、複数の日本メーカーと連絡を取り調査した結果、一般的にこの種の商品の在庫が著しく枯渇しているとのこと。さらに最近、中国や韓国、東南アジア諸国からの需要が旺盛で、かつ半導体を始めとする原材料や部品不足のため、需要に応えられる生産ができていない。このため、近い将来値上がりは必至と思われる。それゆえ、早急に注文を確定させることが顧客にとって重要である。このような調査結果から取引先に対して、早急な検討と注文確定を勧めることとした。

☑ 作成要領

1. メーカーでの調査結果を報告し、注文の確定を薦めるメールを作成すること。
2. 状況の詳細は具体的ではないが、「いつ、いかなる状況で、一体誰に出すのか」を真剣に考えること。実際に自分の客先に出状するならばどう書くかをじっくり考えてみること。文章作成に要する時間のうちの大部分をそうした準備にあてることによって、問題を生きたものに変えることができる。
3. 先方からの要望に基づいて調査結果を報告する内容であるが、実は大切な「売込み状」である。客観的な事実の列挙に終わることなく、積極的な姿勢で売込みを計ること。

模範文例

Subject: Dashboard Cameras

Dear Sirs,

In response to your inquiry of May 25, we have made inquiries to several manufacturers and hasten to inform you of our findings as follows;

Because of the general scarcity of inventory and materials, and moreover, the strong demand from China, Korea, and Southeast Asian countries recently, prices are expected to rise further. You are therefore strongly recommended to place an order with us now.

We hope the above information will be of help to you and look forward to receiving your favorable reply soon.

Best regards,

件名：ドライブレコーダー

5月25日付の貴問合せに対して、メーカー数社に問い合わせてみましたので、その結果を取り急ぎご報告申し上げます。

在庫と原材料が全般的に不足していることに加え、中国や韓国、東南アジア諸国からの旺盛な需要により、価格はさらに上昇が見込まれます。つきましては、早急にご発注いただくことをお勧めします。

今回の調査内容が貴社にとって役立つものであることを願います。前向きなご返事をお待ちしております。

解説

相手に発注させるための催促文です。営業センスを生かして、事実をベースに簡潔に「相手の行動＝発注する」を引き出させるようにします。

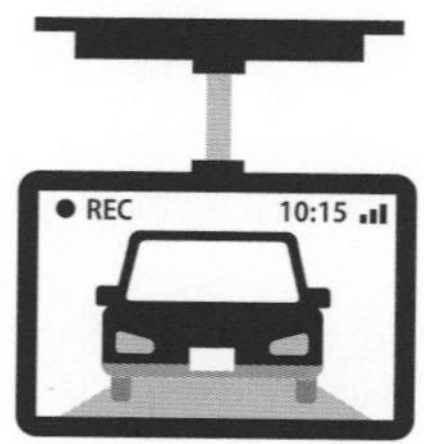

重要単語・語句

□ **ドライブレコーダー :** dashboard camera 名詞句

「ドライブレコーダー」は和製英語で、英語ではdashboard camera、あるいは略してdashcamと言われています。

□ **問合わせる、調査する :** make an inquiry 動詞句

使える表現パターンとフレーズ

□ **取り急ぎ～する :** hasten to ～

単純にinform（知らせる）のではなく、相手が知りたがっている情報を一刻も早く伝える際にhastenを使って、切迫感を伝えます。この動詞の使い方は「必殺テクニック」です。人には決して教えないようにして、自分のモノとしちゃいましょう。

□ **さらなる価格上昇が見込まれる :** prices are expected to rise further

□ **～することを（強く）お勧めします :** you are (strongly) recommended to ～

相手に何らかの行動を取らせたいときに、weを主語にしてwe recommend ～と言うこともできますが、相手を主語に持ってくる表現も可能です。

ビジネス用語

□ **在庫や材料の全般的な不足 :** the general scarcity of inventory and materials

実例 24 価格表とカタログを送付する

難易度
★☆☆

状況

新日本商事株式会社は最近の日本製コーヒー関連製品の海外での人気の高まりに応じるように、ヨーロッパを中心に海外の見本市にコーヒーグラインダー、フィルター、ポット、ケトルなどを出品してきた。今般、ドイツの Odenwald Import & Export Co., Ltd. より、9月3日付にて引合があり、価格表とカタログの送付を要望してきた。同社とはまだ取引関係はない。

新日本商事は価格改訂を行ったばかりで、改訂価格表を印刷に出してあったが、本日（10月15日）やっと完成してきたので、Odenwald 社に対して早速カタログと一緒に航空便で発送することにした。

☑ 作成要領

1. この価格表とカタログの発送通知メールを2つのパラグラフ以内で書くこと。
2. 余計なことを書き、それがかえってマイナスの結果となってはね返ってきそうな否定的な表現を避け、前向きな表現を使うこと。

模範文例 - 1

We are sending you today by airmail the catalog and revised price list of our coffee merchandise, which you inquired about in your letter of September 3.

We thank you very much for your interest and look forward to receiving your order soon.

9月3日付の貴レターにてお問合せのコーヒー器具のカタログと改訂価格表を本日郵送申し上げます。

ご関心をお寄せいただき誠にありがとうございます。近々ご注文をいただけることをお待ちしております。

模範文例 - 2

Many thanks for your inquiry of September 3, we have airmailed separately to you today our price list just completed, together with our catalog as requested.

We look forward to receiving your order in the near future.

9月3日付のお引合に対して厚く御礼申し上げます。貴信にてご要望のありました価格表をカタログと共に本日郵送致しました。

近い将来、ご注文をいただけることを楽しみにしております。

解説

ビジネスにおける引合に対して、価格表とカタログを送付する際の基本的な定型表現です。メールでまず受領確認と発送を知らせておいて、価格表とカタログにカバーリング・レターを添付しておきましょう。文例1、2ともに伝えている内容は同じですが、書き始めが異なっていますね。やはりお勧めは引合に対しては、「御礼」から始めるパターンです。

使える表現パターンとフレーズ

☐ **郵送する：** be sending you by airmail

現在進行形で書けば、まさに「送付する最中」感を出すことができます。また、文例2のように、現在完了形で書くことにより、「間違いなく送りましたよ」と相手に安心感を与えることもできます。

7. 見積りを提出する、オファーする

実例 25 警護用白バイの確定売り申込みをする

難易度
★☆☆

状況

大阪の岡田通商は中堅の商社であるが、中東・アフリカ地域に特化することで、それを強みとして商売を行っている。今般、北アフリカにある某国政府の大統領警護用白バイの引合を受け、確定売り申込みをすることになった。取引のある二輪車メーカーと相談した結果、商品は Yamasaki 製 Police Motorcycle Model YSX1000-P、白色、青色パトロールランプ付き、24 台、価格は台当たり 9900 米ドル FOB、納期は 2022 年 1 月／2 月の分割積、回答期限は当地時間 2021 年 9 月 30 日必着とする。市場好転の兆しもあり、是非とも今のうちにこの確定申込みを受諾するように勧めたい。

☑ 作成要領

1. 岡田通商の輸出部長名で先方へ出す確定売り申込みをすること。
2. 確定申込みなので、確定売り込み (firm offer) を買い手に受け入れる (accept) ように勧めることがポイント。
3. 相手の現地政府に提供する公式文書となるので、レター形式で出状すること。

【補足説明】

「確定売り申込み」とは、期限を切って乙波（offer）することで、期限内は原則として条件を一方的に変更することはできない。また買い手がそれを無条件で受諾すれば成約となる。

模範文例

Dear Sirs,

We are pleased to offer you firm the following products subject to your reply reaching us by September 30, 2021.

Product:	"YAMASAKI" Police Motorcycle Model YSX1000-P White with Blue Patrol Lamps
Quantity:	24 units
Unit Price:	@US$9,900.- F.O.B. Japanese port
Shipment:	January/February 2022
Manufacturer:	Yamasaki Motor Co., Ltd.

Since there are signs of an upturn here in this market, this will be the last offer we can make at this price level. It is therefore strongly recommended that you would accept the above terms soon.

Yours faithfully,

2021年9月30日までにご回答をいただけるという条件で、以下の商品につき乙波申し上げます。

商　　品：“ヤマサキ”製白バイ　YSX1000-P　白色　青色パトロールランプ付き

数　　量：24台

単　　価：9900米ドル FOB日本港渡し

船積時期：2022年1月／2月

製 造 者：ヤマサキ自動車株式会社

当地市場に好転の兆しが見えておりますので、当価格レベルで乙波できるのは今回が最後となります。つきましては、早急に受諾されることを強くお勧めします。

解説

相手からの引合に対してオファーする、基本的な定型文です。メールでも伝えられますが、レター形式をまずマスターしておきましょう。特に、ここでは「確定売り込み」の基本表現を学びます。

重要単語・語句

- □ **回復の兆し：**sign of an upturn 名詞句

使える表現パターンとフレーズ

- □ **〜の確定売り申込みをする：**offer you firm 〜
- □ **〜までにお返事をいただけるという条件で：**
  subject to your reply reaching us by 〜
- □ **オファーできるのは今回が最後となるだろう：**
  this will be the last offer we can make

実例 26 自動車窓ガラス用フィルムの見積りを提出する

難易度
★★☆

状況

東京・飯田橋に本社を置くフィルムテック（FilmTech Corporation）は独自のフィルム開発技術と豊富なデータ分析で各種のフィルム製品を世に送り出している。売上はまだ中堅ながら、特異な存在として市場での評価は非常に高い。この度、アメリカ・フロリダの The Palm Tree Trading Inc. 社の Mr. Eastman より 9 月 9 日付で、フィルムテック社の紫外線及び熱対策効果のある（ultraviolet rays and heat resistant）自動車用ウィンドー・フィルム（Automotive Window Films）500 メートル（1 × 500m）の引合を受け取った。

フィルムテック社は、早速この引合に対して下記のごとく回答することとした。

① FilmTech 自動車用ウィンドー・フィルム（Automotive Protect Window Films AWF-30）は、FOB 横浜 1250 米ドルで見積もりを提出させていただく。
② 10 月 1 日までの注文であれば、10 月 15 日までに荷渡しが可能である。
③ 同封の価格表をご参照の上、できるだけ早く注文することをお勧めする。

☑ 作成要領

1. フィルムテック社の輸出部長として、メールを作成すること。
2. The Palm Tree Trading からの引合は初めてなので、それに相応する「言葉」で書くこと。
3. この商談がうまくいけば、今後の取引に発展する可能性があるので、製品の技術力を訴えながら、うまく売込みを図ること。

模範文例 - 1

Dear Mr. Eastman:

Thank you very much for your inquiry of September 9 for FilmTech Automotive Protect Window Films AWF-30.

We are pleased to quote you 500 meters (1 x 500 meters) Auto Protective Window Films at US$1,250 F.O.B. Yokohama. Shipment can be made by October 15 if your order reaches us by October 1. For details of the product, please refer to the price list attached. AWF-30 is one of the highest quality films we produce, and we are sure that you will be satisfied with the fine workmanship of the product.

We strongly suggest that you place an order with us soon so that we can secure early shipment.

Best regards,

イーストマン様

フィルムテック製自動車窓ガラス用フィルム AWF-30 に関する９月９日付のお問合せ、深謝申し上げます。

当保護フィルムを500メートル（1x500m）1250 米ドル FOB 横浜で見積もらせていただきます。10 月 1 日までにご注文いただければ、10 月 15 日までに船積させていただきます。製品の詳細につきましては、添付の価格表をご覧下さい。AWF-30 は弊社が製造するフィルムの中でも最高品質の 1 つで、巧みな製造技術にはきっとご満足いただけるものと考えております。

ご希望の納期に間に合わせるためにも、是非ともお早めにご注文されることをお勧め致します。

模範文例 - 2

Subject: FilmTech Auto Window Films AWF-30

Dear Mr. Eastman:

We are very much delighted to receive your inquiry of September 9 for 500 meters of the above product and pleased to quote you as follows;

Price: US$1,250 for 500 m/s FOB Yokohama

Shipment: by October 15 at the latest subject to your order being received by October 1.

You will please find our Price List of "FilmTech" Automotive Protect Window Films and we trust that you will find our prices acceptable. The high quality films produced by us have been enjoying great success wherever they have been launched, and we have exported them to many markets including the United States.

Once again, we thank you for your strong interest in our products and look forward to receiving your initial order soon.

Thanks and best regards,

件名：フィルムテック製自動車窓ガラス用フィルム　AWF−30

イーストマン様

９月９日付の標記製品500メートルに関する引合、ありがとうございました。以下のように見積もらせていただきます。

価格：500m FOB 横浜で 1250 米ドル

納期：貴注文が 10 月 1 日までに到着すれば 10 月 15 日までに

フィルムテック製自動車窓ガラス用フィルムの価格表をご覧いただければ、価格に満足いただけるものと存じます。弊社フィルムは投入されたいずれの市場においても高品質が高い評価を受けており、アメリカを含む多くの市場へ輸出されおります。

あらためて貴社の弊社製品への強いご関心に感謝申し上げ、初回のご注文をお待ちしております。

解説

今回の事例は受け取った引合に対して、価格を見積もり、早期の注文を促す表現です。文例１の段落構成は「引合への御礼→条件オファー→注文催促」、文例２は「条件オファー→商品説明→注文催促」となっています。どちらか一方へ決めてしまう必要はありませんので、表現の「幅」を身につけていきましょう。また、文例２の良いところは、価格と納期について文中ではなく箇条書きとしている点です。

重要単語・語句

□ **見積もる：** quote 動 ⇒ **見積り、見積書：** quotation 名

□ **熟練の技術、仕上げ：** workmanship 名

使える表現パターンとフレーズ

□ **～の詳細については…を参照いただきたい：** for details of ～ , please refer to ...

□ **～までに受注の条件で：** subject to your order being received by ～

実例 27 新型スキャナーを発表する

難易度
★★☆

状況

Xanadu International, Inc. は、コピー機や印刷機などの事務用機器を専門とするメーカーである。他社製品と差別化し、独自性を打ち出すことで、国内及び海外市場において支持するユーザーは多い。今般、家庭や事務所での使用だけでなく、旅行や出張などで持ち運びができて、どこでも簡単に書類やメモ、名刺や伝票などをその場でスキャンできる新開発の Compact Document Scanner CDS-272 を発表することになった。

その特徴は：

① 名刺から書類までスキャン条件を登録し、ワンタッチで読み取れる。
② 軽量、コンパクトでどこへでも持ち運びができる。机の引出しにもかばんにも入る。
③ 背景が暗いなどで読み取りにくい書類も鮮明に読み取ることができ、スキャンしたイメージの修正・引き伸ばし、「影」の除去などができる。
④ 複雑な設定等が不要で、その場で簡単に操作ができる。
⑤ 普通のコンセントへ差し込むだけで作業が始められる。
⑥ 小売価格は手が届きやすい 300 ドル前後となる。

☑ 作成要領

1. この新型スキャナーを紹介するサーキュラー（circular）をメール形式で書いてみること。つまり、このメールがそのまま広告として機能することになる。
2. 文書の作成に取りかかる前に、英文の新聞・雑誌等の広告にざっと目を通し、どのような表現が使われているか研究してみるのも有益。

模範文例

May we invite your attention for a moment to a compact document/card scanner we have newly developed?

This handy scanner, Model CDS-272, enables you to scan documents, business cards, memos, etc. simply with a single touch.

The scanner also has features that allow you to clearly read hard-to-scan documents, even those with dark backgrounds, as well as to correct and stretch scanned images, and remove shadows.

It is free to carry; can fit in a desk drawer, or your bag when you go out. What's more, you can start by simply pluging it into a regular outlet.

The retail price is expected to be around US$300.00, which is very affordable.

We look forward to an early opportunity to demonstrate this cost-saving scanner in your office. We are pretty sure this new scanner will help you improve your productivity and efficiency.

弊社が新規に開発した小型書類／名刺スキャナーについて少々ご説明させていただいてもよろしいでしょうか。

このハンディ・スキャナー CDS-272 は、ワンタッチで書類、名刺、メモなどをスキャンできます。

このスキャナーには背景が暗く読み取りにくい書類も鮮明に読み取り、スキャンしたイメージの修正・引き伸ばし、「影」の除去などができる機能もあります。

持ち運びが自由で、机の引出しやお出かけ際のバッグにも入ります。しかも、普通のコンセントへ差し込むだけで作業を開始できるのです。

小売価格はとても手が届きやすい 300 ドル前後となる見込みです。

貴事務所においてこの経済的なスキャナーのデモをさせていただく機会をいただければ幸いです。この新型スキャナーが貴社の生産性と効率化の改善にお役に立てるものと確信しております。

解説

これは新製品をいわゆるカタログなどの印刷物ではなく、セールスパーソンが自分で顧客に対して売り込みを図ろうとするメールです。読み手が興味を持ちそうな商品特徴を簡潔に述べて、「購入」に結び付けます。ここでも、書き出す前の入念なプランニングがメールの出来を左右します。

重要単語・語句

□ **こじんまりとした、ぎっしり詰まった：**compact 形

□ **新規に開発した：**have newly developed 動詞句

□ **～できるようにする：**enable 動
（主に物・事が）「人に～できるようにする」という意味で使い、ビジネス英語を書く際にはとても便利な動詞です。

□ **特徴、特色、（商品などの）売り：**feature 名

□ **余裕がある、手が届く：**affordable 形 ⇒ **～できる、～する余裕がある：**afford 動
「できる」という意味の動詞 afford から派生した形容詞で、ビジネス英語では価格について「購入しやすい」という意味でよく使われます。

□ **経済的な、コストを削減できる：**cost-saving 形

□ **生産性、生産力：**productivity 名 ⇒ **生産する：**produce 動
⇒ **生産：**production 名 ⇒ **生産力のある：**productive 形

□ **効率、能率：**efficiency 名 ⇒ **有能な、能率的な：**efficient 形

使える表現パターンとフレーズ

□ **ほんの少しお時間をいただけないか：**
may we invite your attention for a moment

□ **さらに：**what's more
what's more は「その上さらに」という意味です。基本的には話し言葉で使う表現で、書き言葉ではあまり使いませんが、文例のようにメリットなどを付け足す際には使えます。

実例 28 アメリカ製ジーンズの輸入を再開する

難易度
★★★

状況

あなたは日本国内において海外からの衣料を中心に輸入販売するUNIWEAR社に勤めている。同社は、ベトナムなどのアジアに製造拠点を構えながら、世界各国から衣服を輸入している。アメリカからは長年にわたってNew World Trading Co., Ltd.からジーンズ（Men's & Women's Jeans）の輸入を行い、販売量も増やしてきたが、ここ数か月間、国内市況が低迷していたため買い付けを中断せざるを得なかった。

ところが、最近になって、やっと市況好転の兆しが見えてきたので、輸入取引を再開することとなった。とりあえず、最新デザインのもの500 pairsを2022年1月積みで買い付けることとしたい。決済条件や品質等については、従来通りとする。他国の輸出業者からも売り込みが来ているが、従来からの取引先なので、New World Tradingからの買い付けを優先させたい。

☑ 作成要領

1. 上記の状況を勘案して、UNIWEAR社からNew World TradingへのFOB建てのbest priceを求めるメールを作成すること。
2. 本文の構成を考える場合、①帰納法 ②演繹法の2つの思考方法がある。

帰納法では：① 市況回復の兆し
② 1月積みで500着買い付け予定
③ 価格の見積り希望
④ 乙波殺到中だが貴社を優先

演繹法では：① 1月積みで500着買い付け予定
② 価格の見積り希望
③ 市況回復の兆し
④ 乙波殺到中だが、貴社を優先

相手がアメリカ人であることも考慮し、どちらの論法でいくのかを決めてから作成に取りかかること。

模範文例 - 演繹法の場合

Subject: Men's & Women's Jeans

We plan to purchase 500 pairs each Men's and Women's Jeans of the latest design for shipment during January, 2022, as we see signs of recovery in our market now. Please quote us, therefore, your best F.O.B. New York price under the usual terms and conditions.

As the market recovers, offers are coming in from various suppliers around the world. In view of our long-standing business relationship with your firm, however, we would very much like to buy from you if your price is attractive as it has been.

Your immediate response will be appreciated.

件名：メンズ及びレディース・ジーンズ

2022 年 1 月積みで最新デザインのメンズ及びレディース・ジーンズ 500 着を購入したいと考えています。当地における市場回復の兆しが見えるためです。つきましては、従来の条件に基づいて、FOB New York 建ての価格をお見積り下さい。

市場回復に伴い、世界各国のサプライヤーからも乙波が殺到しています。しかし、貴社とのこれまでの長い取引関係を鑑みて、貴社の価格がこれまでと同様に魅力あるものであれば、是非とも貴社より買い付けたいと考えております。

早急なご回答をお願い致します。

解説

今回の事例は輸出する立場ではなく、輸入する立場で相手に「いい価格を出して下さい！」と交渉するものです。文例では相手がアメリカであることを考慮して演繹法を選択し、結論を先にズバッと述べています。

重要単語・語句

□ **計画している、予定している：**plan 動

□ **購入する、買い付ける：**purchase 動

「売買」が商売の基本ですので、当然のごとく、purchase（買う）とsell（売る）は最重要単語の１つとなります。

□ **最新デザイン：**the latest design 名詞句

使える表現パターンとフレーズ

□ **当地の市場回復の兆しが見てとれる：**we see signs of recovery in our market

□ **貴社とのこれまでの長い取引関係を考慮して：**
in view of our long-standing business relationship with your firm

□ **貴社の価格が以前のように魅力的であれば：**
if your price is attractive as it has been

実例 29 電子部品の引合に対する回答のフォームメールを作成する

難易度
★☆☆

状況

日本電子部品貿易株式会社 NECTC（Nippon Electronic Component Trading Company）は今、何かと話題となっている半導体や電子部品を専門に扱っている商社である。商品の性格上、海外からの引合は技術的に複雑なものが多く、調査に時間がかかることもあって、回答が遅くなりがちになっている。

今般、ヨーロッパのある大手自動車メーカーから返事が遅いので引合が届いていないのではないかとのメールでの問合せがあり、社内で大騒ぎになって調べてみた。その結果、引合は確かに受け取られ、技術的な調査に時間がかかっていたことが判明した。この事案がきっかけになって、同社は全ての引合に即日に受取確認（acknowledgement）をすることにした。そのために、下記の内容の英文フォームメールを作成して、それを自動的に発信できるようにしたい。

① 引合に対する謝辞⇒② 引合にすぐ取りかかっていること⇒③ 回答についての予定（約２週間以内）

☑ 作成要領

1. この英文フォームメールの本文を作成すること。
2. 内容が一目で分かり、また将来参照する際に見つけやすいように、実務的な工夫をすること。

模範文例

Subject: Your Inquiry for (Product Name & Q'ty)

Dear Mr. / Ms. (Name),

Thank you very much for your inquiry of (date) which gives us an opportunity to serve you.

Immediately we have started working on it with our most careful attention. Our reference number for this inquiry is No. EC-OOO.

You will receive our reply with our best possible quotation within two weeks.

Thanks and best regards,

件名：（製品名＆数量）お引合の件

（相手の名前）様

お取引の機会をいただける（日付）付のお問合せ、誠にありがとうございました。

さっそく、細心の注意を払いながら、準備に取り掛かっております。弊社の当お引合に対する照会番号はEC-○○○となります。

２週間以内に見積りと共にお返事させていただきたいと考えております。

解説

最近はメール全盛のため、その日にうちに返事を出さないと「どうなっているんだ？」とお叱りや催促を受けることがままあります。調査などのために時間を要する場合は、とりあえず、引合を受け取ったことを伝えておきましょう。

使える表現パターンとフレーズ

□ **細心の注意を払いつつ作業し始めております。：**
We have started working on it with our most careful attention.

【補足説明】

引合とは、貿易用語としては、外国から物品を輸入する際、売り手に対し、品名・数量・価格・船積月などを問い合わせることをいう。貿易取引を具体化するために、買い手側の行なう輸入予備行為である。これに対し、売り手側は、価格その他の売買条件を具体的に示したオファー（売り申込み）を発する。

8. 引合へ回答する

実例 30 引合に対する返事がない商社について調べたことを報告する

難易度
★☆☆

状況

当社は長年の取引先であるアメリカのA社のMr. Thompsonから、以下のような内容の7月10日付のメールを受け取った。

「当社は日本製陶器の輸入が有望であると考え、相当多額の注文に関する引合をアサヒ商会（Asahi Trading Company, Inc.）に5月1日で出したものの、まだ何の返答もありません。この会社を日本における有数の陶器取扱商社として紹介したのは貴社だったので、この件について至急アサヒ商会に照会して引合遅延の理由を正していただけませんか。」

当社として、さっそくアサヒ商会にこの件について問い合わせたところ、驚いたことに同社の輸出担当者がこの引合を海外出張の直前に受け取り、回答することなく、机の引出しに入れたまま出張に出てしまったことが判明した。同社の首脳部は大いに恐縮し、さっそくお詫びして、引合の回答を出すと言っている。

☑ 作成要領

1. 上記の調査結果を当たり障りのない書き方をして、A社のMr. Thompsonに報告すること。
2. 先方にとって重要な情報とは何かをよく考え、先方に伝える情報と伝えない情報をはっきり分けること。

模範文例 - 1

Subject: Asahi Trading Company

Dear Mr. Thompson:

We have looked into the matter at Asahi Trading Company, Inc. based on your e-mail request of July 10. It has taken exceptionally long time, but you should be receiving their answer for your inquiry of May 1 very shortly.

They explained to us that the delay was caused by the accident that your letter had been overlooked somehow and had been filed as an inquiry already answered.

The export manager and other related personnel expressed their sincere regrets for the carelessness and promised us that they would dispatch the answer to you with apologies immediately.

We hope the above information will be of help to you.

Best regards,

件名：アサヒ商会

トンプソン様

7月10日付のご要望に基づいてアサヒ商会と本件に関する調査をしました。例外的に時間を要していますが、まもなく同社から5月1日の貴引合に対する回答をお受け取りになるはずです。

同社の説明では、今回の遅れの原因は、貴社からの引合が何らかの手違いで処理済みのファイルに保管されてしまっていたとのことです。

輸出担当部長をはじめ関係者は今回の不注意を真摯に受け止め、謝罪と共に早急に返事をさせていただくと申しております。

当情報が少しでもお役に立てれば幸いです。

模範文例 - 2

Subject: Asahi Trading Company

Dear Mr. Thompson:

We regret to learn from your e-mail of July 10 that Asahi Trading Company has not yet replied to your inquiry of May 1 on their products.

Immediately we contacted them and found that they failed to reply accidentally because of their misfiling of the inquiry. They say they will promptly write you to apologize and offer you best without further delay. They also emphasized that they would never repeat this sort of mishandling and would serve you with their best attention in the future.

Best regards,

件名：アサヒ商会

トンプソン様

アサヒ商会が貴社からの５月１日付引合に対して回答を出していないとの７月10日付の貴メール受け取りました。

さっそく同社に連絡を取ったところ、当引合を間違ったところにファイルしてしまったため、返事ができなかったことが判明しました。至急、貴社に謝罪する一方、これ以上遅れないように見積りを提出させていただくとのことです。さらに、今後はこの種の不適切な対応は決して繰り返さないこと、そして最善の注意を払った上で対応させていただくということを強調されていました。

解説

自分の商売とは直接関係のない問合せに対して、調査して先方に回答するという状況ですが、調査で分かった全ての内容をこと細かく報告する必要はないことを学びましょう。したがって、「海外出張直前に」とか「机の引出しに入れたまま…」等について相手に伝える必要はありません。文例１と２の差はすでにお分かりのことと思いますが、１では最初のパラグラフで調査内容と結果を報告しています。

重要単語・語句

- □ ～を調べる、調査する：look into ～ 句動詞
- □ 例外的に：exceptionally 副 ⇒ 例外的な：exceptional 形
- □ 見落とす：overlook 動
- □ 謝罪する、謝る：apologize 動 ⇒ 謝罪：apology 名
- □ 強調する、繰り返し言う：emphasize 動

使える表現パターンとフレーズ

- □ 彼らの説明では～：they explained to us that ～
- □ 遅延の原因は～という事故にあった：
  the dalay was caused by the accident that ～
- □ この種の不適切な対応は決して繰り返さない：
  would never repeat this sort of mishandling

実例 31 転送されてきた「電気自転車」の引合に回答する

難易度
★★☆

状況

当社は名古屋において自転車、自転車部品、アクセサリー及びその関連商品を扱っている。今般、名古屋商工会議所から、海外の会社からの5月10日付の引合状が転送されてきた。それによると先方は「電気自転車」を探しているようであるが、残念ながら当社では扱っていない。当社の知り合いでもある下記の会社で電気自転車を製造・販売していることを知っているので、直接コンタクトすることを勧めることとしたい。

花井輪業株式会社
名古屋市緑区希望が丘3丁目43-15

☑ 作成要領

1. 上記の内容にしたがって、引合を出してきた会社への手紙を書くこと。
2. 今回の引合は自社の取扱商品ではないので、商売に直接つながることはないが、将来的に取引を始める可能性はあるので、その場限りの回答で終わらないようにしておくこと。

模範文例

Dear Sirs,

Your letter of May 10 addressed to the Nagoya Chamber of Commerce and Industry has been forwarded to us. We have fully understood your requirement.

In reply, we recommend that you would contact directly the following firm, a business associate of ours, who manufactures and sells the products you are looking for. We regret that we are not handling electric bicycles.

Hanai Cycle Co., ltd.
43-15 Kibohgaoka 3-chome
Midori-ku, Nagoya

We hope this information will be of help to you. If you have any inquiries for bicycle products except electric one, please do not hesitate to contact us.

We hope that you would give us an opportunity of serving you in the future.

Yours faithfully,

拝啓　名古屋商工会議所宛てに出された５月10日付の貴信が弊社に転送されてきました。貴社のご要望はよく理解しました。

弊社としては、弊社の同業者であり、貴社がお求めの製品を製造・販売している下記の会社に直接ご連絡を取られることをお勧めします。残念ながら、弊社では電気自転車を扱っておりません。

花井輪業株式会社
名古屋市緑区希望が丘３丁目43-15

当情報が貴社のお役に立てば幸いです。電気自転車以外の自転車製品に関するお引合は是非とも弊社へお願い致します。

将来、お取引をさせていただく機会をいただければ幸いです。

敬具

解説

自社が扱っている商品とは異なる商品についての問い合わせが舞い込んできた際に、どのような返事をするのか、英語の表現にプラスして、「商売勘」が必要となります。相手が求める情報を提供する一方で、将来的に自社の商売にもなるように、「種」の仕込みもしておきましょう。

重要単語・語句

□ **転送する、回す、進める：forward** 動

forward は「今後」あるいは、「将来に向かって」を表す副詞として、look forward to ～ ing「～を楽しみにしている」という熟語でよく使われますが、ここでは「転送する、回す」という意味の動詞で使われています。

□ **同業者：business associate** 名詞句

使える表現パターンとフレーズ

□ **貴社がお探しになっている製品を製造・販売している会社：**
the firm who manufactures and sells the products you are looking for

□ **当情報が貴社のお役に立てば幸いです：**
we hope this information will be of help to you

□ **～以外の製品に関するお引合は是非とも弊社へ：**
please do not hesitate to contact us if you have any inquiries for the products except ～

実例 32 アポイントを取り付ける

難易度
★☆☆

状況

あなたは東京の広告代理店に勤める商品の市場投入担当である。今般、得意先のメーカーが新商品 Product X の開発をほぼ終え、いよいよ発表の段階に入ったことを知り、イギリス人である開発担当者 Mr. Waterer に商品ローンチに関する打合せの場を持ちたいと提案することになった。面談日は社内的な行事の都合から、4 月 21 日（水）、22 日（木）、23 日（金）の午前中としたいが、相手の都合に合わせたいので、先方の予定を問い合わせたい。新商品投入を専門とする上司が 2 名同行する予定である。

☑ 作成要領

1. 面談を申し込むメールを作成すること。
2. シンプルに申し込むこと。
3. 多くの情報が与えられている中で、相手にとって重要な情報はどれかよく考えてメールの中に折り込むこと。

模範文例

Subject: Meeting proposal

Dear Mr. Waterer,

In the light of the fact that the development of your new Product X has finally entered the final stage, I would like to have a meeting with you to discuss the market launch of this product. My preference is for the morning of April 21 (Wed.), 22 (Thu.) and 23 (Fri.). Two of my supervisors will join me in the meeting. Please let me know your availability by return.

Yours sincerely,

件名：面談申込み

ウォーターラー様

貴社の新製品 X が開発の最終段階に入ったことに鑑み、同製品の市場投入に関して、打合せの場を持ちたく存じます。私としては、4 月 21 日（水）～23 日（金）の午前中を希望します。私の上司2名も参加します。折り返し、貴方のご都合をお聞かせください。

解説

アポを取り付けなければならない状況はビジネスでは日常茶飯事として発生していると思います。無駄な言葉はできるだけ排除して、簡潔に書きましょう！

重要単語・語句

☐ **希望、望み：**preference 名 ⇒ **好む、望む：**prefer 動

☐ **都合、利用できること、可能性：**availability 名
⇒ **手に入れられる、役に立つ：**available 形

使える表現パターンとフレーズ

☐ **～という事実を考慮して：**in the light of the fact that ～

☐ **最終段階に入る：**enter the final stage

☐ **打合せの場を持つ：**have a meeting

9. アポを取り付ける、アポを受ける

実例 33 提案のあった面談を受け入れる

難易度
★★☆

状況

東京・新宿にある学英出版社は、語学書を中心に成人の自己啓発をテーマとした図書を出版している。発行する図書の性格上、海外での市場動向を探ることと、海外出版社との情報交換を目的に、毎年フランクフルトや台北などで開催されるブックフェアに参加している。フェアの期間中に各国から参加する他の出版社との交流や情報交換も行なわれている。来年も2月に開催の台北ブックフェアへの参加を決め、準備を進めている中で、インドの出版社から1本の電話とそれをフォローする下記メールが来信した。

Dear Oishi-san,
It was a pleasure speaking to you on the phone. As mentioned during the brief conversation, I represent an imprint of one of the largest publishers in India. We will be exhibiting at the forthcoming Taipei International Book Fair and would love to meet you personally on this occasion. Our books have been reviewed and recommended by some of popular blogging sites in the US and the UK. Please let us know whether you will be available for a meeting at our stand, A712, on the 22nd of February, 2022. Hope to hear from you soon.
Kindest Regards,
R. Singh
(電話で話させていただき光栄でした。短い会話の中でも述べさせていただきましたが、私はインドで最大の出版社傘下の発行会社の代表をしております。来たる台北ブックフェアでの出展を予定しておりますが、この機会に個人的にお会いしたく考えております。弊社の出版物はアメリカやイギリスで人気のブログサイトのいくつかから推薦されています。2022年2月22日に弊社スタンドA712にてお会いすることは可能かお知らせください。お返事をお待ちしております。)

せっかく国際見本市に参加するわけでもあり、海外の出版業界や申し入れをしてきたインドの出版社の出版内容にも興味があったので、アポを受け入れることにした。

☑ 作成要領

1. 相手先から提案のあった面談を快く受け入れる旨のメールを作成すること。
2. 失礼にならずに、体裁を整えつつ、明確な回答とすること。
3. 情報交換したい内容や自社のブース番号などもメールの中に含めておけば、話し合いがスムーズに行なわれるであろうし、万が一先方の都合が急に変更になっても、連絡を取り合うことができるかもしれない。

模範文例

Subject: Proposed Meeting at Taipei Book Fair

Dear Mr. Singh,

Thank you very much for your telephone call and e-mail proposing a meeting at the Taipei International Book Fair.

There should be no problem in scheduling this meeting and we would be honored to have a discussion with you on the date you proposed. We are interested in the worldwide publication trends for adult self-development and the particular situation of the publishing industry in India. Should you need any other information from us, please feel free to ask us prior to the meeting.

As proposed, we will be there at your stand at 10:00 am February 22 Monday. Just for your information, our stand is C107 and our mobile phone number in case of emergnecy is 0018180-4914-4649.

We look forward to meeting with you soon.

Sincerely,

件名：台北ブックフェアでのご提案の面談の件

シン様

台北国際ブックフェアでの面談をご提案するお電話とその後のメールをありがとうございました。

ご提案いただいた日時に貴社と打合せを持つことに日程上の問題はありませんし、とても光栄なことと考えております。弊社としましては、成人の自己啓発に関する世界的な出版動向と、インドにおける出版業界の特異性に関して興味があります。弊社から貴社に対して他に何か提供すべき情報がございましたら、面談の前にご遠慮なくお知らせいただければ幸いです。

ご提案いただいた 2 月 22 日月曜日午前 10 時に貴社スタンドにお伺いします。ご参考までに、弊社ブース番号は C107、緊急電話番号は 0018180-4914-4649 です。

それではお目にかかれることを楽しみにしております。

解説

このメールを書く時に気をつけるべきことは、しっかりOKである旨を伝えること、そして日時、場所等の情報を決して間違えないことです。また、打合せの議題等についても、事前にできる限り具体的に伝えておくことができれば、その場での議論も間違いなくスムーズに効率よく流れていくでしょう。また、相手に対する配慮から、必要な情報があれば持参していきますよと言ってあげれば、相手も気持ちよく面談に応じてくれるでしょう。こうして1つ1つのメールのやり取りの中にも、相手への「気配り」表現を入れていくと、ビジネス全体がギクシャクすることなく進むはずです。

重要単語・語句

- □ **（見本市などでの）ブース、スタンド**：stand 名

使える表現パターンとフレーズ

- □ **面談を提案する**：propose a meeting
  面談、出張、訪問などを提案する場合には、一般的にproposeを使います。
- □ **～に対して都合がつく、日程的に大丈夫である**：
  there is no problem in scheduling ～
- □ **～できて光栄である**：be honored to ～

ビジネス用語

- □ **世界的な出版動向**：the world wide publication trend 名詞句
- □ **成人の自己啓発**：adult self-development 名詞句
- □ **出版業界の特殊性**：the particular situation of the publishing industry 名詞句

実例 34 新型の電気炊飯器を売り込む

難易度
★☆☆

状況

日本における調理機器メーカーであるZEBRA社は、炊飯器や電気ポットなどを製造しており、国内、海外で販売している。特に、海外では一般的な「お米ブーム」に加え、多くの便利な機能を搭載した日本製炊飯器は大人気となっており、ZEBRA社だけでなく、競合他社からも多くの新製品が発売されている。フランスを中心にヨーロッパでは、日本食愛好家の間で多機能型日本製炊飯器がひっぱりだこ状態である。今般、ZEBRA社はセンサーの新機能追加により、炊飯時間と温度を調整できる新型のMicom Rice Cooker & Warmer MRC-30EXを開発、今年の12月初めから販売を予定している。新たに追加された特長により、国内外で良好な売れ行きを確信している。工場では、新製品を優先的に生産しており、予想される国外からの大口注文に備えている。このほど、この新製品のカタログと価格表ができたので、これを同封して新製品をオファーするサーキュラー（circular）を代理店（distributor）に出すことになった。なお、当製品に対しては、新製品導入キャンペーンとして500台以上の注文に対して5％の値引きが適用される。

☑ 作成要領

1. 以上の状況をしっかり把握した上で、ZEBRA社の輸出部門の代表として、海外の代理店へ出すサーキュラーを書くこと。
2. このレターを書く目的である「新製品をオファーすること」を明確に把握し、その目的を達成するにふさわしいアプローチを用いること。

模範文例

New Micom Rice Cooker & Warmer MRC-30EX

It is a great pleasure for us to offer you the new product mentioned above, which will be put on sale at the beginning of December. It is a "thinkable" rice cooker equipped with a computer chip that enables the temperature censor to adjust the cooking time and temperature. We are confident that it will sell well worldwide because of its newly added features.

You will see from our catalog and price list enclosed how sophisticated and convenient this new product is in spite of its affordable price. In addition, you will get 5% discount if you sign up an order of 500 units or more during the introductory campaign period.

In expectation of the substantial volume of orders from home and abroad, our factory is now giving priority to the production of the new product. We hope you will lose no time in placing an order after your positive study of this offer.

新型マイコン炊飯器　MRC-30EX

12月初めから販売を開始致します標記新商品に関してオファーさせていただきます。コンピューターチップを装備したことで、温度センサー機能が働き、炊飯時間と温度を調整できる、言わば「考える」炊飯器です。新たに追加された特長により、世界的に良好な売れ行きを確信しております。

同封のカタログと価格表から、お求めやすい価格にもかかわらずこの新製品がいかに優れており、便利であるかをご理解いただけるのではないでしょうか。さらに、導入キャンペーン期間中に500台以上のご注文を成約いただければ5%の値引きを得られます。

国内外からの相当量の注文に備え、弊社工場では当新機種を優先的に生産しております。今回のオファーを前向きにご検討いただき、一刻も早くご注文いただけますよう重ねてお願い申し上げます。

解説

新製品の「売り込み状」の典型的な例です。営業活動をされている読者の方は是非とも「他人事」ではなく、ご自身が扱っている製品に置き換えて作文してみましょう。

重要単語・語句

- □ **オファーする、提供する、提案する：**offer 動
- □ **洗練された、優れている：**sophisticated 形
- □ **便利な、都合の良い：**convenient 形
- □ **（価格が）求めやすい：**affordable 形

使える表現パターンとフレーズ

- □ **喜んでオファーさせていただきます：**it is a great pleasure for us to offer you
- □ **販売が開始される：**be put on sale
- □ **新たに追加された特長により：**because of its newly added features
- □ **カタログと価格表からご理解いただけるでしょう。：**
  You will see [learn] from our catalog and price list.
- □ **～%の値引きを得られる：**you will get ～ % discount
- □ **～台以上をご注文いただければ：**if you sign up an order of ～ or more units
- □ **～を優先的に製造している：**give priority to the production of ～
- □ **時機を逸しないうちに注文する：**lose no time in placing an order

10. 売込み状を出す

実例 35 日本製高級ホーロー鍋を売り込む

難易度
★☆☆

状況

東京にある新日本商事は優秀な日本製品の輸出を行う商社であるが、最近は中部ホーロー株式会社 Chubu Horo Co., Ltd. の製品の輸出に力を注いでいる。中部ホーロー社は高級ホーロー鍋メーカーとして、その独自の鋳物技術により、世界的にも有名な会社である。国内外に料理用鍋のメーカーは数多く存在するが、同社のホーロー鍋は Made in Japan の World No.1 Pot として評判も高い。同社は最近になって急速に海外にもマーケットを拡大し、オーストラリアやニュージーランドにも輸出を開始、事業は発展している。このほど、ホーロー鉄器パン（Enameled Cast Iron Pan）に関する新しいカタログと価格表ができたので、新日本商事として、この高級ホーロー鍋を売り込む書状を海外の得意先に出すことになった。メーカーの希望により、注文は各品種とも 100 ダース以上であることが求められている。

☑ 作成要領

1. この売込み状をメール形式で作成すること。
2. 無駄な表現は省き、簡潔で相手に行動を起こさせる英文の作成に取り組むこと。

模範文例 - 1

We are pleased to offer you a variety of enameled cast ironware pans manufactured by Chubu Horo Co., Ltd.

Enclosed are a price list and catalog covering all available cookware items. The minimum order quantity requested by the manufacturer is 100 dozen of each item.

The manufacturer is well known throughout the world for its first-class enameled ironware products. They have recently added Australia and New Zealand to their ever-growing overseas market.

Your positive study of this offer and favorable reply would be much appreciated.

中部ホーロー社製造の各種ホーロー鉄器パンをオファーさせていただきます。

調理器具全てを網羅した価格表とカタログを同封致します。メーカーから要望されている最低注文個数は各商品 100 ダースとなっております。

このメーカーは高級ホーロー鉄器製品で世界的にもよく知られております。同社は拡大しつつある海外市場にオーストラリアとニュージーランドを最近になって加えております。

オファーに対して前向きにご検討いただき、ご回答いただければ誠に幸いです。

模範文例 - 2

We take much pleasure in enclosing the latest catalog and the price list of "Chubu" enameled ironware pans made by Chubu Horo Co., Ltd. which will give you full information about the products.

The company is well known as one of the world's leading manufactures of enameled ironware pans. They have recently expanded business to Australia and New Zealand markets thanks to their reputation.

We shall appreciate it if you would place an order with us 100 dozen or more for each item, according to the request by the manufacturer.

We hope that our offer will interest you and look forward to hearing from you soon.

中部ホーロー社製の「Chubu」ブランド・ホーロー鉄器パンに関する最新カタログと価格表を同封致します。これらをご覧いただければ、同社製品に関するあらゆる情報についてお知りになることができると考えます。

同社は世界的にも大手ホーロー鉄器パンメーカーとして知られており、その評価により、最近になってオーストラリアとニュージーランドへ商圏を拡大したところです。

各品目で、メーカーの希望により100ダース以上のご注文をいただければ幸いです。

今般のオファーにご関心をお寄せいただき、早い機会にご用命いただけますようよろしくお願い申し上げます。

解説

話題の商品を海外に売り込むメールです。相手の「購入意欲をかき立てる」理由と表現力が求められますが、メーカーの知名度もやはり重要であることが分かります。文例1と2では、訴求内容の順序に違いがあります。文例1では「オファー→価格表とカタログ及び最低注文個数→会社紹介→注文促し」の構成に対して、文例2では、「価格表とカタログの送付→会社紹介→最低注文個数→注文促し」となっています。

重要単語・語句

- □ **様々な～、（各種）取り揃えたい：** a variety of ～
- □ **調理器具：** cookware items 名詞句
- □ **最高級の、一流の、第1等の：** first-class 形

使える表現パターンとフレーズ

- □ **～をオファーさせていただきます。：** We are pleased to offer you ～.
- □ **拡大し続ける海外市場：** ever-growing overseas market
  growing の代わりに expanding も使えます。
- □ **製品に関する全情報を与える：** give you full information about the product

ビジネス用語

- □ **メーカー指定の最低注文個数：**
  the minimum order quantity requested by the manufacturer 名詞句
- □ **発注する：** place an order 動詞句
  ビジネス英語において「注文する、発注する」の定型フレーズです。ガッチリ押さえておきましょう。

実例 36 初めての引合をフォローする

難易度
★☆☆

状況

大阪の産業用ロボットメーカー Robotics International Inc. は、4 月中旬にアメリカの New World Trading Inc. から小型産業用ロボット（Compact Industrial Robots）の引合を受け、それに対して 4 月 25 日付のメールにて乙波を行い、カタログと価格表を送っていた。しかし、その後音沙汰が無いので、検討結果はどうなったかを確認するメールを書くこととなった。先に送ったカタログと価格表を再送して、念を押したい。New World Trading 社は初めて引合をよこした会社で、取引はまだない。最初に引合を送ってきたのは Mr. Wise であった。

☑ 作成要領

1. Robotics International Inc. の輸出部長の立場から、New World Trading 社へ効果的な催促メールを書くこと。
2. 「原因に対する結果、結果を導き出す原因」という因果関係をコミュニケーションの流れ、文章の展開の上で論理的に研究すること。ここでは、「よく売れている」→「生産がタイトになっている」→「納期が遅れることが予想される」→「早期の発注をおすすめする」の論理展開で考えてみること。

模範文例

Subject: Compact Industrial Robots

Dear Mr. Wise:

Referring to our e-mail of April 25, we would like to send you again the catalog and price list of the updated model line-up of our Compact Industrial Robots.

We are sure you will be interested to know that our industrial robots have been selling very well recently thanks to their superb quality, reliable performance and competitive price.

Due to the recent rush of orders, our production schedule is getting tighter and we are concerned that orders coming in after July 31 may take longer to be delivered.

If you are interested in our products, please place your order as soon as possible after checking our catalog and prices again.

We are looking forward to hearing from you soon.

Best regards,

件名：小型産業用ロボット

ワイズ様

4月25日付の弊信にてご連絡申し上げましたが、最新の小型産業用ロボットのカタログと価格表を再度お送り致します。

貴社のご関心は、弊社の産業用ロボットがその優れた品質、信頼できる性能、そして競争力ある価格により、最近とみに売れているということではないかと存じます。

最近の注文殺到により、生産計画がタイトになってきておりますので、7月31日以降のご注文については納入に時間を要することが懸念されます。

つきましては、カタログと価格を再度確認いただいた上で、関心がおありでしたら早期に注文をいただきたくお願い申し上げます。

早急なお返事をお待ちしております。

解説

先方からの引合に対して乙波を出したものの相手からの答えがないので、早めに注文するよう促すメールです。日本人はこうした"売り込み"は遠慮しがちですが、海外とのビジネスでは当たり前のことです。それでも、相手も人間ですので、あまりにも押しつけがましい表現やくどい催促は嫌われます。要点を簡潔に述べて、スッキリしたリマインドとしましょう。

重要単語・語句

- □ **更新された、最新の**：updated 形 ⇒ **更新する**：update 動
- □ **優れた、とびきり上等の**：superb 形
- □ **品質、質、特質**：quality 名
- □ **信頼できる、確かな**：reliable 形 ⇒ **頼る、信頼する**：rely 動
- □ **性能、遂行、演技**：performance 名 ⇒ **発揮する、演技する**：perform 動
- □ **競争力のある、他に負けない**：competitive 形 ⇒ **競争する**：compete 動

  ビジネス英語では、品質、性能、価格などを修飾する形容詞はある程度限られていますので、形容詞と名詞をセットで覚えておきましょう。

使える表現パターンとフレーズ

- □ **～ということをお知りになりたいのではないかと思う**：
  you will be interested to know that ～
- □ **最近の注文殺到により**：due to the recent rush of orders
- □ **生産計画に余裕がなくなってきている**：
  production schedule is getting tighter
- □ **～ということを恐れている、心配している**：we are concerned that ～
- □ **納入に少し時間がかかるかもしれない**：may take longer to be delivered

ビジネス用語

- □ **（製品の）品揃え、ラインナップ**：model line-up 名詞句

実例 37 最新版カタログと価格表は準備中と伝える

難易度
★★☆

状況

アメリカ・カリフォルニアで有数の商社である Big Apple Trading Co., Inc. のアメリカ国内販売の総責任者である Mr. D. Gould から、新日本商事株式会社の取扱商品の最新版カタログと価格表を至急送ってほしいという 4 月 1 日付のメールを受け取った。現地のスプリングセール用のためとのことである。

しかし、思いもよらぬ印刷会社への発注ミスにより、一時的な印刷用紙不足が発生し、新日本商事の 2022 年度のカタログと価格表の印刷は予想以上に遅れており、4 月下旬でないと出来上がらないと印刷会社から連絡があった。2021 年度のものは若干まだ残っているが、本年は全商品の値段を改定したので、古いカタログと価格表では誤解を生ずる心配がある。

☑ 作成要領

1. 以上の状況を考慮して、4 月 4 日付で返信メールを書くこと。
2. 書き出す前に、パラグラフをどのように組み立てたらよいかを考えること。
3. 相手は最新のカタログと価格表を一刻でも早く入手したいと欲している。とりあえず 2021 年度版を送って、急場に間に合わせるのが商売のコツである。

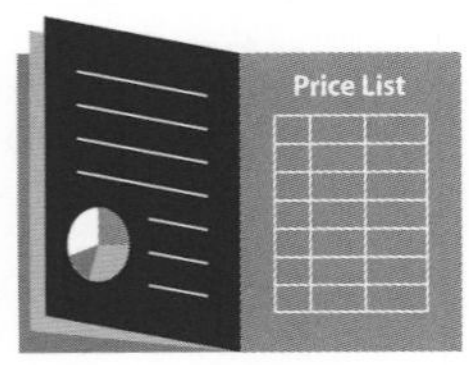

模範文例

Subject: Latest Catalog & Price List

Dear Mr. Gould:

Thank you for your e-mail of April 1 asking for our catalog and price list for your Spring Sale.

Due to temporary printing paper shortage, however, the 2022 catalog and price list will not be ready until late April at the earliest. We are therefore sending you tentatively our 2021 catalog and price list, with all the prices revised. Please note that we have been forced to raise the prices of all our products this year. Our new catalog and price list will be sent to you as soon as they are ready.

We thank you again for your kind inquiry and look forward to the opportunity of serving you soon.

件名：最新版カタログ及び価格表

グールド様：

スプリング・セール用にとカタログと価格表をご要望の４月１日付の貴メールありがとうございます。

しかしながら、一時的な印刷用紙不足により、2022年版カタログと価格表の完成は早くて４月下旬となる見込みです。したがって、取り急ぎ2021年版をお送りします。ただし、価格については全て改定したものとなっております。今年は全商品に関して値上げせざるを得ない状況となっておりますことをご理解下さい。新しいカタログと価格表は完成次第、追送申し上げます。

お引合に対してあらためて御礼申し上げます。早期にご注文いただけることを楽しみにしております。

解説

取引先からカタログと価格表を送ってくれと言われ、送ろうとしたら、丁度在庫切れになっていて送れない、という状況はよく起こりそうですね。そうした場合に事実をどのように、どのような表現で伝えるかがビジネスのセンスになってきます。最悪の対応は「在庫はない、できるまで待て」ですが、これでは商売にならないことはご理解できますよね。

重要単語・語句

□ **一時的な紙不足：temporary paper shortage** 名詞句

□ **仮に、一時的に：tentatively** 副 **⇒ 仮の、一時的な tentative** 形

□ **（価格を）上げる：raise** 動

ここで他動詞 raise（上げる）と自動詞 rise（上がる）の違いを整理しておきましょう。

他動型：My father raised his right hand.（父さんが右手を上げた。）
The government has raised the gas price.（政府はガソリン価格を上げた。）

自動型：The sun rises in the east.（太陽は東から昇る。）
The crude oil price rose.（原油価格は上昇した。）

他動詞 raise は文例にもあるように目的語を取りますが、rise は自己完結します。

使える表現パターンとフレーズ

□ **〜を値上げせざるを得ない状況にある：**
we have been forced to raise the prices of 〜

ビジネス用語

□ **春の販売活動、スプリングセール：spring sale** 名詞句

販売業では、季節に応じて「スプリングセール」や「サマーセール」という販売キャンペーンを実施します。

実例 38 新刊雑誌の購読を勧める

難易度
★★☆

状況

日本ビジネス情報社は、新規に Monthly Japan Review という月刊誌（英語版）を創刊し、海外の購読対象者に対して、以下の内容を含む売り込み状を作成することになった。

① 日本とすでに取引している、あるいは、これから日本へ進出しようとする会社の経営層及び役員クラスを対象に、特にこの雑誌を紹介する。
② 創刊号を出したばかりであるが、事前告知によって既に多数の申込みがある。
③ この月刊誌には以下の特色がある：
　a. 情報源は経済に強い日刊紙「日本時事新聞」に加え、一流学者・評論家・実務家の寄稿であること。
　b. 日本をめぐる内外政治・外交・経済の月間の動きのほか、社会・文化・歴史も含めた、日本人の心情を解明する深みのある論文が特色であること。
　c. 真に日本を知るため、グローバル規模の経営に携わる読者には不可欠の情報源であること。
④ 年間購読料は添付の見本誌の下方に各国別に示してある。添付申込用紙に記入してすぐに申し込めば１割引き、代金は後日請求する。

☑ 作成要領

1. 外国の会社幹部に、「読んでみたい」と思わせる、購読を勧めるメールを書くこと。
2. 状況に示された材料をそのままの順に並べても文章はできるが、各要素の構成をよく考えること。
3. 書き出しの opening がとても重要なので、特に注意を払うこと。

模範文例

The *Monthly Japan Review* is a monthly magazine for YOU—the executive of a company that is already doing business with Japan or is planning to start doing business with Japan. The first issue has just come off the press, and we take pleasure in forwarding you a sample copy.

The *Monthly Japan Review* is an indispensable source of information for readers involved in global management. Reliable information based on the *Nihon Jiji Shimbun*, a daily newspaper with a strong influence on the economy, provides monthly developments in domestic and international politics, diplomacy and economic trends centering in Japan.

In addition, you can gain a deeper understanding of the country and its people socially, culturally and historically as you enjoy interesting articles by prominent Japanese scholars, critics and practioners.

Subscribe now and receive a special 10% discount. At the foot of the sample copy the annual subscription fee for each country is listed.

Just fill out the subscription form immediately and mail it to us; you will be invoiced at a later date, with the 10% discount.

We have already received applications from many subscribers and would like to welcome you to the list.

マンスリー・ジャパン・レビュー誌は日本とのビジネス上の取引を現在既にされているか、これから取引を始めようとしている会社のエグゼクティブである、あなたのための月刊誌です。創刊号が発売されたところですので、見本を 1 部贈呈させていただきます。

マンスリー・ジャパン・レビュー誌は、国際経営に携わる読者には不可欠の情報源となります。経済に強く影響力ある日刊紙「日本時事新聞」に基づく信頼できる情報は、日本をめぐる内外政治・外交・経済の月間の動きを提供します。

また、第一線の学者、評論家、実務家による興味深い記事を楽しみながら、社会的・文化的・歴史的に日本という国と日本人の心情をより深く理解することができます。

今すぐ購読をお申込みいただければ、10%の特別割引が適用されます。見本誌の下に各国の年間購読料が記載されております。

ご購読申込用紙に記入してすぐ郵送下さい。代金は 10%の割引をした上で、後日請求させていただきます。

すでに多くの購読者よりお申込みをいただいておりますが、あなたもその中にお迎えしたいと考えております。

解説

新規に発行した雑誌を海外のビジネスエリートに売り込むためのメールです。いつものメール文体を書いているだけだと幅が広がりませんので、日頃から多くの英文に接するようにしましょう。模範文例を参考に、よく観察して下さい。実は、この文例も第1章でご紹介したAIDAの法則を使って書かれています。最初のパラグラフでAttention（注意を引き）、第2、第3パラグラフでInterest（興味をつなぎ）、第4パラグラフでDesire（欲しがらせ）、そして第5、第6パラグラフでAction（購買行動を取らせる）ように組み立てられています。

重要単語・語句

- □ **経営幹部、執行部、重役：**executive 名
- □ **欠かせない、必須の、無視できない：**indispensable 形
- □ **影響、影響力** influence 名 ⇒ **大きな影響力を与える：**influential 形
- □ **社会的に：**socially 副 ⇒ **社会：**society 名 ⇒**社会的な：**social 形
- □ **文化的に：**culturally 副 ⇒ **文化：**culture 名 ⇒**文化的な：**cultural 形
- □ **歴史的に：**historically 副 ⇒ **歴史：**history 名 ⇒ **歴史的な：**historical 形
- □ **主要な、傑出した、突出した：**prominent 形
- □ **学者、学問のある人：**scholar 名
- □ **批評家、評論家：**critic 名
- □ **実務家：**practioner 名
- □ **予約購読する、寄付する、応募する：**subscribe 動
  ⇒ **予約購読：**subscription 名

使える表現パターンとフレーズ

- □ **今すぐ購読を申し込めば～%の割引が受けられる：**
  subscribe now and receive a ~ % discount
- □ **購読申込書に記入し、郵送する：**
  just fill out the subscription form and mail it
- □ **代金は後日請求する：**you will be invoiced at a later date

ビジネス用語

- □ **年間購読料：**annual subscription fee 名詞句

実例 39 和式家具のダイレクト・メールを送る

難易度
★★★

状況

日本ではヒトリやスウェーデン製IDEAなどモダンで手頃な価格の西洋式家具が広がりを見せているが、海外に目を向けると、日本のクラシックな木製家具に対する底堅い人気がある。岐阜県にある「奥飛騨家具」は日本の伝統的家具の製造業者であるが、本来は高価で手が届かなかった高級家具を材料、設計から製造までの全てを見直し、消費者の手が届く価格で提供できるようにした。そこで、広告をかねてダイレクト・メールで海外の顧客となり得る層に次の趣旨の売り込み状を出すことにした。

① 当社は高級木工作業における長年の経験に裏打ちされた最高級伝統家具の製造業者であり、この分野での深い経験のおかげで高級古典家具の経済的な製造方式を開発することに成功した。

② そこで、当社の伝統に則したスタイル、部屋の装いを引立てる美しい色合いを特長とする新式のクラシック調和式家具について説明させていただきたい。当社の高級木製家具は古典的な日本のデザイン上の特徴を忠実に再現しているだけでなく、現代の近代的な家具に要求される軽さや扱いやすさをも満足させるものである。

③ 当社の海外顧客はこの家具の設計上の新しい考え方が気に入って、3年前にこの家具を出して以来、当社工場ではフル生産が続いているように、深い関心を示している。当社の新製品についてお話ししたいので、貴社からもご一報いただきたい。ご要請があり次第、カラー印刷の説明書を喜んで送付する。

☑ 作成要領

1. 詳細は説明書で示してあり、それを請求させることが目的なので、メールはあまり飾り立てずにアッサリと書くこと。
2. 相手が必ず読んで興味を持ってくれるとは限らないダイレクト・メールの本質を理解し、読みやすく、親しみやすい文体を心がけること。

模範文例 - 1

Subject: Modern Furniture with Japanese Tradition

We are a manufacturer of top-quality traditional furniture backed by years of experience in fine woodworking, and thanks to our long experience in this field, we have succeeded in developing an economical way of manufacturing high-end classic furniture.

We are therefore pleased to introduce to you our new high-end furniture, which features a style in line with our tradition and beautiful colors to enhance the look of a room. Our wooden furniture not only faithfully reproduces the classic Japanese design features, but also satisfies requirements of modern living.

Our customers have shown a deep interest in this new way of thinking about furniture design as evidenced by the fact that we have been in full production since we brought it to the market three years ago. We look forward to your response to our new product and would be pleased to send you a colored brochure upon request.

件名：日本の伝統を併せ持つモダン家具

当社は高級木工作業における長年の経験に裏打ちされた最高級伝統家具の製造業者であり、この分野での深い経験のおかげで高級クラシック家具の経済的な製造方式を開発することに成功しました。

そこで、当社の伝統に則したスタイル、部屋の装いを引立てる美しい色合いを特長とする新式の高級家具をご紹介させていただきます。当社の木製家具は古典的な日本のデザイン上の特徴を忠実に再現しているだけでなく、現代の住居に求められるものをも満足させるものとなっております。

３年前にこの家具を市場に出して以来、フル生産が続いていることが示すように、当社の顧客はこの家具の設計上の新しい考え方に深い関心を示しております。当新製品に対するご回答をお待ちしております。ご請求があり次第、フルカラーのカタログを送付させていただきます。

模範文例 -2

Subject: Production of Classic Furniture in an Economical Way

We are a manufacturer of the highest quality classic furniture. Backed by many years of experience in custom woodworking, we have succeeded in developing an innovative way to produce traditional wooden furniture economically.

Now we would like to introduce you to our new type of traditional wooden furniture featuring true-to-tradition style and elegant colors to enhance the luxurious look of your room. This traditional wooden furniture not only faithfully reproduces classical Japanese design features, but also meet the demands of today's modern home.

Since we started selling this furniture three years ago, it has been in full production. This will tell you how deeply our customers are impressed with our new attempts at designing this furniture.

Having just introduced our new product to you, we would like to know what you think of our new product. We will be happy to send you a full-color brochure upon request.

件名：経済的行程でのクラシック家具の製造

当社は最高級クラシック家具の製造業者です。伝統木工作業における長年の経験に支えられて、伝統木製家具を経済的に製造する画期的な方式を開発することに成功しました。

そこで、当社の伝統に則したスタイルと、お部屋の豪華な装いを引き立てる美しい色合いを特徴とする新式の伝統的な木製家具をご紹介させていただきます。この伝統木製家具は古典的な日本のデザイン上の特徴を忠実に再現しているだけでなく、現代の住居に求められるものを満足させるものとなっております。

3年前にこの家具の販売を開始以来、フル生産が続いています。このことは、顧客の皆様がこの家具の設計上の新しい試みに深く印象付けられていることに他なりません。

このたび、新製品をご紹介させていただきましたが、この新製品に対するご意見をお聞きしたいと考えております。ご要望があればフルカラーのパンフレットを送付させていただきます。

解説

今回の事例は、日本製家具を海外に売り込むためのメールの書き方です。文例1、2ともに趣旨説明に沿って全体を説明していますが、細部の表現において違いが見られます。

重要単語・語句

□ **現代の、最新の、現代風の**：modern 形

□ **家具、調度品**：furniture 名

baggage などと同じように集合的に扱われ、単数扱いとなる名詞ですので、この機会に覚えておきましょう。

□ **伝統、伝承**：tradition 名 ⇒ **伝統的な**：traditional 形

□ **木工、木細工**：woodworking 名

□ **高級な、一流の**：high-end 形

□ **高める、強める、つり上げる**：enhance 動

□ **忠実に、誠実に**：faithfully 副 ⇒ **忠実な、誠実な**：faithful 形

□ **複写する、再生する**：reproduce 動 ⇒ **複写、再生**：reproduction 名

□ **ぜいたくな、上等で高価な**：luxurious 形 ⇒ **ぜいたく品、快適さ**：luxury 名

□ **需要を満たす**：meet the demand 動詞句

使える表現パターンとフレーズ

□ **何年にもわたる経験に支えられて**：backed by many years of experience

□ **〜という事実で証明されているように**：as evidenced by the fact that 〜

□ **フル生産をしている**：be in full production

□ **これが〜であることのなによりの証である**：this will tell you how 〜

□ **〜に感銘を受ける、印象づけられる**：be impressed with 〜

ビジネス用語

□ **生産の画期的方法**：innovative way to produce 名詞句

10. 売込み状を出す

実例 40 雑誌サブスクリプションの継続を断る

難易度
★★☆

状況

ロサンゼルス郊外に拠点を置くある日本の自動車メーカーのアメリカ子会社では、タイで出版されている月刊誌 The Asia Today の購読を勧誘するダイレクト・メールを、その雑誌社のロサンゼルス事務所から受け、アメリカとアジアに関係する自社の業務に関係のある情報がかなり載っていそうなので、試験的に1年間（最短期間）の購読を申し込んだ。ところが、タイの雑誌社から直接送られてくる雑誌の内容は実にお粗末で、業務に参考になるような情報はほとんど載っていなかった。

1年間の購読期間が切れる少し前から、購読更新の勧誘状（印刷された定型ハガキ）がロサンゼルス事務所を通して何度か舞い込んだが、更新申込みをしなければ現在の購読期間終了と共に自動的に購読契約が終結するという米国の慣例に従って、勧誘状は全部無視し、その都度捨ててしまっていた。

ところが今日、すでに購読期間が切れてしまっているのに、雑誌の Vol.9 の No.9 が郵送されてきて、その中に次のように印刷したフォームレターが挿入してあった（日付はなし）。

Dear Sir:

We thank you for your subscription to THE ASIA TODAY.

Your subscription expired with Vol.9 No.8, but in anticipation of your renewal we have sent this issue to you so that you will not miss a single copy.

Please send us your Renewal Order or Notice of Cancellation as soon as possible.

Thank you very much.

Sincerely yours,
SUBSCRIPTION DEPT.

(If you have already renewed, please disregard this note. Your order will be duly taken care of.)

（和訳）『アジア・トゥデイ』をご購読いただき、ありがとうございます。お客様の予約購読は第9巻第8号で終了となりましたが、ご更新の前提で、一号もお見逃しのないように、新刊号を送付申し上げます。早急に更新注文書あるいは解約通知書をご送付下さい。

予約購読部

（すでに更新手続きをされている場合には、この通知は破棄下さい。ご注文に対応させていただきます。）

当方の記憶する限りでは、これまで受け取った購読勧誘状のどれにも「解約通知書（Notice of Cancellation）」のことは触れられていなかった。もちろん、当方にはこの雑誌の購読を続ける意思は全くない。

☑ 作成要領

1. この手紙の内容および上記の状況を充分に吟味した上で、この雑誌社のロサンゼルス事務所宛てにできるだけ簡潔に返信メールを書くこと。
2. この問題を解くためには、外国語である英語で行われる限り、英語の語感を養うことが必須である。そのために、読書の幅を広げ、探偵小説でもSFでも恋愛物でも、また経済記事でも百科事典でも、幅広く英語に接触し、語学力の幅を広げることが重要である。

模範文例 -1

Dear Subscription Department,

We have received a form letter, inserted in *The Asia Today* Vol.9, No.9, asking us to send you either a renewal order or a notice of cancellation of our subscription to this magazine.

As is commonly practiced in the United States, we assume that failure to respond to the reminders we have received so far has automatically terminated our subscription.

Sincerely,

『アジア·トゥデイ』第９巻第９号に挿入されてきたフォームレターを受け取りました。これによると、当雑誌の継続申込み、あるいは解約通知書を送付せよとあります。

アメリカにおける一般的な慣例により、これまでに受け取った督促状に回答しなかったということで自動的に購読契約が終結したものと考えます。

模範文例 -2

Dear Subscription Department,

We were surprised to receive *The Asia Today*, vol.9, No9, because it was our understanding that the subscription had been automatically terminated with vol.9 No.8. As you know, it is the normal practice in this country to terminate the subscription when it is due unless the subscriber renews it.

The fact that we did not renew our subscription was a statement of our intent to terminate it.

Sincerely,

『アジア・トゥデイ』第９巻第９号を受け取り、驚いております。と申しますのも、第９巻第８号で購読は自動的に終了と理解していたからです。ご存知のように、アメリカでは購読者が購読を更新しない限り、購読期間は終了するというのが慣例です。

弊社が購読を更新しなかったという事実が、購読終結の意思を表明するものでした。

解説

この2つの文例にもあるように、「お断り」する際にも色々な書き方があります。この状況では、オーソドックスですが、状況を説明しながら通知を受け取ったことから始める文例1がお勧めです。文例2の書き出しの were surprised to ～ は、日本人がよく使う表現です。「驚いた、とんでもない」と相手を非難する口調となりますので要注意です。相手が思いもしないような行動や反応を起こした時に、つい we were surprised ～と書いてしまいそうになりますが、本当にそう書く必要があるのか、よく考えましょう。また、この問題を解く際に最も陥りやすいのが、「断り状」であるために、相手を必要以上に非難したり、感情的になってしまうことです。自分が書いた文章を時間が経ってから冷静に読み直して、感情的になって文句をまくしたてていないかチェックしてみて下さい。

重要単語・語句

□ **挿入する、はさみ込む：**insert 動 ⇒ **挿入：**insertion 名

□ **終了させる、終わらせる：**terminate 動 ⇒ **終結：**termination 名

映画で有名な「terminator」はこの動詞から派生した名詞であることはご存知ですよね。

□ **意思、意向、気持ち：**intent 名

使える表現パターンとフレーズ

□ **一般的に行なわれているように：**as is commonly practiced

□ **～することが慣例である：**it is the normal practice to ～

相手を説得する論法として、「（この地では）こうすることが一般的です」と言う時に有効な表現です。

ビジネス用語

□ **更新確認書：**renewal order 名

□ **解約通知書：**notice of cancellation 名

10. 売込み状を出す

実例 41 当市場の不調を知らせる

難易度
★★★

状況

新日本商事株式会社の営業部長であるあなたと個人的にも大変親しい仲の、New World Trading Inc., の社長 Mr. Tom Williams から、何の前ぶれもなく、しかも運賃着払いで数種類の新型ソーラー・ライトのサンプルが届いた。しかし、運賃、通関料、輸入税、その他で 2000 ドル近くかかってしまった。「ふざけるな！」と怒り心頭に達していたところに、Williams 氏から「送付した商品は現在アメリカでよく売れており、日本でも必ずヒットするはずなので、よろしく拡販いただきたい。」という内容の 10 月 3 日付のレターが届いた。

これに対し、「市場の状況は、この種の商品の注文が極めて少なく、在庫品の過剰をきたしているほど、各業者も手持在庫を売りさばくのに汲々としている状態である。このような事情から、現時点でマーケティングすることは現実的ではない。市場との接触は続け、市況の報告はしていくが、今回の見本の送付前に一報くれるべきではなかったか。」という内容の返事を出したい。

☑ 作成要領

1. 親しみの中にも、きっぱりと相手の思慮不足を指摘する内容のメールを3パラグラフ以内で書くこと。
2. 今回の問題は先方の一人よがりではあったが、あなたにとっても良い商機であることも事実なので、じっくり調査し、売り込む努力はする旨を伝えること。

模範文例 -1

Subject: New Solar Lights

Dear Mr. Williams:

We have received samples of the above product along with your letter of October 3 requesting us to promote sale of the item. As for the market situation here, the inventory has become excessive as the orders for this kind of product are few.

The vendors are struggling to get rid of the products they have. Given this situation, it would not be advisable to enter the market.

If you had consulted us before sending the samples, we could have advised you of this difficult situation. In any case, we will keep a close eye on market trends and report back to you on any developments.

Regards,

件名：新型ソーラー・ライトの件

ウィリアムズ社長殿

上記商品サンプルを、当商品の販売促進を要望する10月3日付貴信と共に受け取りました。当市場の状況については、この種の商品の注文は少なく、在庫は過剰状態となっています。

各業者は手持ち品を処分することに汲々としております。このような状況ですので、市場に参入することは得策ではないと判断します。

見本を送られる前にご相談いただければ、このような困難な状況についてお伝えできたものと考えます。いずれにしましても、市場動向を注意深く見守り、進展を逐次ご報告致します。

模範文例 -2

Subject: Compact Solar Lights

Dear Mr. Williams:

We would like to report the current market situation in response to your letter asking us for marketing of your compact solar lights, of which samples were sent from you.

Orders for this type of product are extremery low and the market is overstocked, so dealers are too busily occupied in disposing of their holdings. Under these circumstances, it is not advisable to go ahead with sales at this time.

We will keep ourselves in contact with the market and inform you of the market development regularly, but we regret that you sent us the samples on freight collect basis without any prior notice. We would appreciate it if you could inform us in advance in the future.

Regards,

件名：小型ソーラー・ライトの件

ウィリアムズ社長殿

見本を送付いただきました、貴社製小型ソーラー・ライトのマーケティングをご要望する貴レターにお答えする形で、現在の市場状況をご報告申し上げます。

この種の商品の注文は極めて少なく、市場は過剰在庫状態にあるため、各業者は手持ち在庫の消化に努めている最中です。このような状況下、現時点で販売に踏み切ることはお勧めできかねます。

市場動向を注意深く観察し、進展を定期的に貴社にご報告させていただきますが、何の事前通知もなく、運賃着払いでサンプルを送付いただいたことは誠に遺憾です。今後は何卒事前にお知らせいただきたくお願い申し上げます。

解説

今回の事例のように、「怒り心頭に達する」ほど腹立つことは、日常のビジネスにおいてもよく起こることです。そうした状況に遭遇した際、感情的になって相手を責める書き方をしてはいけません。模範文例のように、「やんわりと」かつ「きっちり」書く技術を学びましょう。文例1、2ともにそこのところは冷静に書いています。どちらも第1、第2パラグラフで見本の受取と市場状況について述べ、相手の注意を喚起する部分は最後のパラグラフに持ってきています。ただし、相手の反省を促そうとする表現について、1では「事前に相談してくれれば」と柔らかく表現しているのに対し、2では「何の通知もなく送ってきたことは残念だ」と非難しています。あなたと先方の人間関係によって、使い分けていくことが必要でしょう。

重要単語・語句

□ **過度の、（在庫が）過剰の：**excessive 形 ⇒ **過度、過剰：**excess 名

□ **業者、行商人、売り主：**vendor 名

元々は街頭で物を売る人から来ていますが、ビジネス用語では一般的に「販売会社」を指します。

□ **～を消化する、処分する：**dispose of ～ 句動詞

ビジネス英語では、特に在庫などを処分する際にdispose of the excessive stocks（過剰在庫を処分する）などと表現します。

使える表現パターンとフレーズ

□ **（在庫などを）処分することに苦労する：**struggle to get rid of ～

□ **～についてご連絡できたのに：**we could have advised you of ～

仮定法表現です。仮定法は時制をズラすことにより、願望や希望を表しますので、ここでは現実にはできなかったが「事前に相談してくれれば知らせることができたのに（残念だ）」と言い含めています。

□ **事前に、前もって：**in advance

11. 発注する、受注する

実例 42 英国製クッキーの試注文を成約させる

難易度
★☆☆

状況

当社は海外の食料品を輸入・販売しているが、イギリスの Royal Guards 社と、同社のバタークッキーに関して、これまで数回に渡るメールによるやり取りで折衝を進めてきた。この豪華ホテル仕様のバタークッキーの見本を入手し、品質検査を行なったところ、その結果は良好で、日本人の嗜好にも合うことがわかった。当社としては、この商品を積極的に全国的に販売することを考えている。このたび、6月積みとして、試注文として 200 カートン（1 カートンは 24 箱入り）の正式成約の運びとなった。見本通りの製品が出荷され、期待通りの販売実績が得られれば、今後は毎月少なくとも 1000 カートン発注できる見込みである。なお、バタークッキー以外にもアーモンドクッキーとチョコレートクッキー（共に見本を入手、品質検査済み）の市場調査も進めており、これらの商品についても近々、朗報をもたらすことができるものと考えている。

☑ 作成要領

1. 上記の状況を踏まえ、試注文（trial order）の確認と注文書を送付するメールを書くこと。
2. メールの作成に先立ち、構成を以下のように組み立ててみること。
   ① これまでの折衝を経て、商談成立の確認と注文書の送付。
   ② 見本テストの結果、日本人の嗜好にも合うものなので大いに売り出したい。
   ③ 品質は見本と同等の出荷が最低条件である。
   ④ 他の商品についても検討中であり、これらについても販売していくつもり。
   ⑤ しかるべき締めくくり。
3. ただし、②の「日本人の口に合う」とか、③の「品質が良い」と正直に先方に伝えてしまうことが今後の商売の展開を考える際に得策かどうかをよく考えること。この 200 カートンの販売実績が予想通りに進展した場合は 1000 カートンの発注を計画している。その際にしかるべき手当（allowance）を要求することもビジネスの常識としては可能である。

模範文例

Dear Sirs,

We are very pleased to place officially a trial order concluded through the e-mail exchange between us for 200 cartons (24 boxes per carton) "Royal Guards" Butter Cookies for June shipment. Attached (PDF) is our Order Note No.KH-100 covering the contract.

The product will be sold on a nation-wide scale through our extensive sales network. If the quality of actual shipment is up to the samples, and the sales performance proves satisfactory to our expectations, we will place orders regularly for at least 1,000 cartons per month in the future.

We are also conducting a thorough marketing research for "Almond Cookies" and "Chocolate Cookies" you offered. We hope we will be able to bring you good news soon.

We do hope this order will lead to future business expansion for both you and us.

Thanks and best regards,

これまでメールの交信により契約させていただきました「ロイヤルガード」バタークッキー６月積み200カートン（1カートン24箱入り）に関しまして、正式に試注文として発注させていただきます。弊社注文書第KH-100号を添付致します（PDF）。

弊社ではその広範な販売網を通じて、全国的に当製品を販売させていただく所存です。今回船積いただく商品の品質が見本と同等であり、販売実績が弊社の期待に沿って満足するものであれば、今後は少なくとも毎月1000カートンの注文を出させていただきます。

貴社より乙波いただきました「アーモンドクッキー」と「チョコレートクッキー」についても徹底した市場調査を実施中です。早期に朗報をお届けできればと考えております。

今回の注文が貴社と弊社双方にとって将来的なビジネス拡大につながっていくことを念じて止みません。

解説

苦労して交渉した結果、やっと第1回注文を発することになるのは嬉しいものですが、その際の英語表現をこの機会にしっかり学びましょう。【作成要領】で述べられているような、日本人の嗜好に合っていることなどを必要以上に述べてしまうことが、ビジネスにおいては必ずしも今後の交渉にとっては有利にならないことも覚えておきましょう。

重要単語・語句

☐ **決める、締める**：conclude 動

☐ **実施する、行なう**：conduct 動

使える表現パターンとフレーズ

☐ **広範囲の販売網を通じて**：through (our) extensive sales network

☐ **出荷された現物の品質が見本と同等であれば**：
if the quality of actual shipment is up to the samples

ビジネス用語

☐ **試注文**：trial order 名詞句

☐ **注文書、発注確認書**：Order Note 名詞句
「買い付ける」側が購入内容、条件等を明記した書類を「売り手」側に送付します。Purchase Order という名称を使う会社もあります。

☐ **詳細な市場調査**：thorough marketing research 名詞句

実例 43 ゴルフ用品の試注文を発する

難易度
★☆☆

状況

松山英樹プロによる日本人初のマスターズ制覇という快挙により、日本ではゴルフ熱は大いに盛り上がっている。この絶好のビジネスチャンスを逃さないようにと、遠藤商事は日本国内でゴルフ用品を大々的に販売すべく、アメリカのゴルフショップ Hole-In-One 社とバッグ、ウェア、練習具などのゴルフ用品の輸入について交渉してきた。見本も取り寄せ検討してきたが、満足いく製品であることが分かってきたため、試注文を出すことに決定した。

☑ 作成要領

1. 次のような内容で発注するメール本文のみを作成すること。
「9 月 10 日付の貴信と小包みにてゴルフ用品見本を受け取った。品質、価格ともに満足すべきものなので、送られた見本通りのゴルフ用品セット（assorted golf goods）を 11 月積みにて 1000 セット出荷していただきたい。受注確認あり次第、信用状を三葉銀行（The Mitsuba Bank, Ltd.）日本橋支店から 2 万 4000 ドル開設する。」
2. 伝える内容の順序とその組立てをよく考えること。

模範文例

Thank you very much for your letter of September 10 together with samples of your golf goods sent by air parcel post.

The samples prove satisfactory in both quality and price. We would, therefore, like to place a trial order for 1,000 sets assorted golf goods at $24 per set for November shipment. The quality of actual shipment must be up to the samples.

Upon receiving your confirmation of this order, we will open an irrevocable letter of credit for US$24,000 through the Mitsuba Bank, Ltd. Nihonbashi Branch.

Your prompt acceptance would be appreciated.

9月10日付の貴信と小包で送付いただいたゴルフ用品見本、ありがとうございました。

見本は品質、価格ともに期待に応えるものでした。つきましては、単価24ドルのゴルフ用品セットを1000セット、11月積みにて試注文したく存じます。注文品の品質は見本通りであることが条件となります。

当注文に対するご確認をいただき次第、三葉銀行日本橋支店より2万4000ドルの取消不能信用状を開設致します。

早期にご確認いただければ幸いです。

解説

試注文を発する基本定型文です。今回は発注と同時に信用状を開設する旨を伝えています。信用状は売り手と買い手双方にとってリスクを回避する伝統的な決済手段の1つです。

重要単語・語句

□ **証明する、真実であることを示す：**prove 動

使える表現パターンとフレーズ

□ **～を受け取り次第：**upon receiving ～

ビジネス用語

□ **航空小包で：**by air parcel post

□ **取消不能信用状：**irrevocable letter of credit 名詞句

売り手（輸出者）にとって信用状は買い手（輸入者）の支払いを約束する文書となるため、一旦開設されるとキャンセルできないことが条件です。そうした信用状のことをirrevocable「取消不能」と呼びます。

実例 44 イタリア製パスタの初回注文の成立を喜ぶ

難易度
★★☆

状況

新日本商事株式会社はイタリアのトリノにある Giuliano Foods Co., Ltd. とイタリア製パスタの輸入についてこれまで商談を続けてきたが、今回 "Buono" Spaghetti 3万ケースの輸入契約が成立したので、本日（6月1日）注文書第1809号を送付する。本品の買入先である三橋食品販売株式会社は、食品流通業界では日本有数の企業である。もし本品の売れ行きが良好であれば、引き続き追加注文を受ける見込み大なので、品質の良いものを送ることを希望したい。

☑ 作成要領

1. 上記の状況を考慮に入れて、以下の2点を伝えるイタリアの食品会社に対してのメールを書くこと。
   ① 契約が成立したので、注文書第1809号を添付する（PDF）。
   ② 品質の点に特に留意し、良質のものを送ってほしい。
2. 英語の表現だけでなく、実際に商売を行なっている気持ちで、今後のビジネスの発展を考え、相手から信頼を得られるにはどうすればよいかを考えて英文を作成すること。

模範文例

We are pleased that the contract has been concluded for "Buono" Spaghetti 30,000 c/s. The attached PDF is our Order No. 1809 covering the contract.

Mitsuhashi Food Distributing Co., Ltd., purchaser of the goods, is one of the leading firms in the food distribution industry in Japan. Therefore, if the product sells well, there is a good chance that we will order more in the future.

We would like to ask for your consideration in shipping high quality products.

『ボーノ』印のスパゲティ３万ケースの契約が成立したことを喜んでおります。添付 PDF は契約を確認する弊社注文書第 1809 号となります。

本品の買入先となります三橋食品販売株式会社は日本の食品流通業で指折りの会社の１つです。したがって、商品が順調に売れていけば将来的に追加注文をする可能性は十分にあります。

つきましては、高品質な商品を出荷されますようにご配慮をお願い申し上げます。

解説

輸出入の仕事に限らず、１つの注文契約が成立することは担当者にとって喜ばしいことです。苦労の末、商談が成立した喜びを自分の言葉でうまく表現したいものです

重要単語・語句

□ **契約、契約書：**contract 名

使える表現パターンとフレーズ

□ **一流企業の１つ：**one of the leading firms

□ **～の発送にあたってはご注意いただきたい：**
ask for your consideration in shipping ～

ビジネス用語

□ **食品流通業界：**food distribution industry 名詞句

12. 契約締結を確認する

実例 45 販売契約締結を喜ぶ

難易度
★☆☆

状況

新型コロナウイルスの影響もあってか、日本国内では休日などに人との接触を避けつつ行楽を楽しむため、キャンプに出かける人が増えている。新日本商事株式会社は、こうした昨今のアウトドア・ブームに乗って、ドイツ製のテントやランタン、バーベキュー・グリルなどキャンプ用品を輸入販売することを計画、かねてよりドイツ・マインツにある Fischer Outdoor Products と商談を進めてきた。今般、同社の社長 Schmidt 氏がフランクフルトから直行便で来日し、東京のホテル・オークニにおいて販売代理店契約に関して両社で合意に達した。

✓ 作成要領

1. 上記の状況を踏まえて、同社長あてに販売契約締結を喜ぶメールを次の内容を含み、正確かつ簡潔に書くこと。
「8月10日、ホテル・オークニで、キャンプ用品の日本における販売について契約がまとまり、注文書第1号、商談内容確認状及び契約書の各々を正副2通同封する。署名後、各1通返送いただきたい。」
2. 協力を要請し、また当方も拡販を努力する旨の内容で締める。

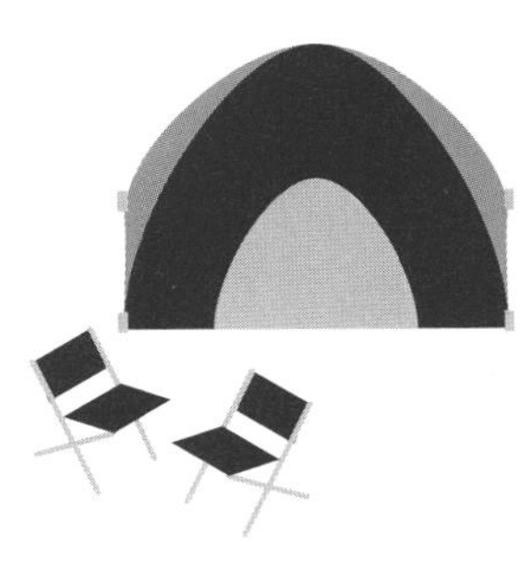

模範文例 -1

Subject: Camping Equipment

Dear Mr. Schmidt,

We would like to express our sincere appreciation for the opportunity you gave us at the Hotel Okuni on August 10 to finalize the contract for the sale of your Camping Equipment in Japan.

We take much pleasure of attaching our Order Sheet No.1, the confirmation of the negotiation and the contract, all in duplicate. Please return each copy to us with your signature.

We will do our best to make this business most successful. Your continuous support and cooperation will be appreciated.

Very truly yours,

件名：キャンプ用品

シュミット社長 殿

8月10日にホテル・オークニでキャンプ用品の日本での販売に関する契約をまとめる機会をいただいたことに心より厚く御礼申し上げます。

ここに弊社注文書第1号及び商談内容確認書と契約書を正副2通ずつ添付申し上げます。ご署名をされた後に、各々1部をご返送いただきたくお願い申し上げます。

このビジネスを最大限成功させるべく、できる限りの努力を重ねて参ります。引き続いてのご支援とご協力を重ねてお願い申し上げます。

模範文例 -2

Dear Mr. Schmidt,

It was a great pleasure that we agreed on a distributor agreement for the territory of Japan for your Camping Equipment at the Hotel Okuni in Tokyo on August 10.

Attached to this mail are our Order Form No.1, and original and duplicate of both the minutes of our discussion and the Agreement. Please send us each one of the documents with your signature for acceptance by return.

We look forward to your continued cooperation. We will make every effort to achieve a successful result in expanding sales of your products.

Very truly yours,

シュミット社長 殿

8 月 10 日に東京のホテル・オークニにて、貴社キャンプ用品の日本国内における販売代理店契約に合意したことは極めて喜ばしいことでございました。

当メールに添付させていただきましたのは、弊社注文書第 1 号及び商談議事録と契約書の正副 2 通でございます。折り返し貴社の署名後、写しを 1 部ずつご返送下さい。

今後とも貴社のご協力をお願い申し上げます。弊社としましても貴社製品の拡販に満足すべき結果を収めるべくあらゆる努力をして参ります。

解説

販売代理店契約を締結することになった喜びを相手に伝える文章です。こうした「喜び」を伝える内容にも、文例1と2だけでも、異なる表現のバリエーションがあることを理解しておきましょう。

重要単語・語句

- □ **感謝、感謝の気持ち：**appreciation 名 ⇒ **感謝する：**appreciate 動
- □ **最終的なものとする、決定する：**finalize 動

使える表現パターンとフレーズ

- □ **～に感謝の意を表す：**express one's sincere appreciation for ～
- □ **～なのは誠に光栄に存じます：**it is a great pleasure that ～

12. 契約締結を確認する

実例 46 訪問時のお礼を述べながら、新規契約を催促する

難易度
★★☆

状況

ほぼ1か月前の10月中旬、あなたは当社を代表してカナダの得意先のトロント事務所とトロント郊外のリバーサイドヒルズ（Riverside Hills）にある工場を訪問した。土曜日の午前中に訪問した工場は新規に設立されたばかりで生産設備が画期的にレイアウトされていることに感銘を受け、午後においては新規開発の新製品 Product X に関する契約について打合せを行なった。休日には副社長の Mr. Wilson が昼食や夕食でもてなしてくれただけでなく、トロント市街地や郊外まで連れていってくれて、美しい風景を楽しませてくれた。事務所での商談では、新製品に対する当社からの供給部品に関する新規契約について前向きに検討していただけるとの話があり、近いうちに正式に回答するとの話であった。その後、供給業者の候補として名を連ねていることも聞かされていた。しかし、現時点では回答を受け取っていない。クリスマスや年末年始の休みも近づいているので、この時点で催促しておきたい。サンプル品については送付済みであり、今回は見積りを添付する。また、当プロジェクトを推進するため組織変更とサービス体制を強化すべく、同地に技術センターを開設したところである。

☑ 作成要領

1. Mr. Wilson に対して、訪問時のお礼をしながら、その際に打ち合わせた新製品の新規契約について先方の意志を確認するメールを書くこと。
2. 当社が得意先に提供できる新製品の優秀さを再確認し、得意先にとってのメリットを強調すること。

模範文例 -1

Dear Mr. Wilson:

It has been almost one month since I had the pleasure of visiting your premises during the second week of October. Thanks to your thoughtfulness, I was able to enjoy a pleasant time of personal friendship with you, your co-workers, and your family as well during that period, which, I am sure, has deepened the understanding between your company and ours.

The tour to your factory standing on the Riverside Hills, with its spectacular view, was both interesting and instructive. The factory visit on Saturday morning and the meeting in the afternoon helped me to enrich my knowledge of your new products, especially of "Product X".

Now, in compliance with your plan for the first quarter of 2022, as disclosed in your explanations on that occasion, we are sending you with this mail a list of our best quotations on some of the items that you mentioned as the new materials of essential need to fulfill the project. Their samples have also been sent to you by airmail today. We are sure that you will find them very competitive both in price and quality.

With the Christmas and New Year's holidays approaching, the market has strengthened and prices are about to start rising again. Therefore, we recommend that you start a new business with us soon as you said you would, so that you might not miss the chance to secure full supplies of materials you require.

We have recently restructured our organization to create a new expanded service structure and look forward to receiving your orders. As for our terms and conditions of business, you will please check up with the "Remarks" in our list.

I would like to thank you again for your kind hospitality extended to me during my last visit. If you do not mind, I would like to visit you again bringing my wife sometime during next fall. The beautiful sights in your countryside and the night view of Tronto were so wonderful that I hope to experience again.

Best regards,

ウィルソン副社長様

10 月の第 2 週目に貴社を訪問させていただいてからほぼ 1 か月が経とうとしております。何かとご配慮いただいたおかげで、滞在中は貴殿や職場の仲間、そしてご家族とも個人的に親しくお付き合いさせていただくことができました。これにより、貴社と弊社の間の理解は深まったものと確信しております。

眺めの素晴らしいリバーサイドヒルズに立つ貴社工場の見学はとても興味深く参考になるものでした。土曜日の午前中の工場見学と午後の打合せにより貴社新製品、特に「プロダクト X」について私の理解を深めることができました。

さて、その席でご説明いただいた、2022 年第 1 四半期の貴社計画に対応すべく、当メールに添付する形で、プロジェクト推進に必要な新素材とおっしゃっていた数品目の見積りを提出致します。それらの見本につきましても、本日郵送させていただきました。価格、品質ともに競争力があることにご理解いただけると考えております。

クリスマスと年末年始の時期が近づいていますが、市場は強含みで価格は再び上昇に転じようとしています。したがいまして、先日の話合い時におっしゃっておられたように、弊社と新ビジネスを早く開始することをお勧めします。そうすることで、貴社が必要とする素材の供給を確保するチャンスを逃さないようにすることができます。

弊社も最近になり組織を再編することで、新規で拡張したサービス体制を整えることができましたので、貴社からのご注文をお待ちしております。弊社の諸条件につきましては、添付リストの「注記」に記載してございますので、ご覧下さい。

先日の訪問時のおもてなしにあらためて御礼申し上げます。よろしければ、来年の秋頃に家内を連れてもう一度お伺いしたいと考えております。郊外の美しい風景とトロントの夜景があまりにも素晴らしかったので、もう一度体験したいと願っております。

模範文例 -2

Dear Mr. Wilson:

I would like to express my sincere gratitude for your warm hospitality extended to me when I visited your office and factory last month. In particular, I was deeply impressed with the innovative layout of production facilities at your new plant.

We are pleased to hear that the component we proposed five weeks ago is among the top candidates under your consideration, and that your board's decision would be forthcoming in a week or so. We are confident that the technical information we provided is convincing enough, but please let us know if you need some additional data.

As mentioned earlier, we have opened a technical center in Richmond Hill, Ontario to better serve our customers in the region. Our technicians are ready to be stationed so that our machines are up and running in the shortest possible time. We look forward to the opportunity of serving you on your new venture.

Last but not least, I would like to thank you again for everything you kindly did for me. Every moment of it is still a pleasant memory for me.

I look forward to seeing you again soon.

With best wishes,

ウィルソン副社長様

先月に貴社と工場を訪問させていただいた際の温かいおもてなしに厚く御礼申し上げます。特に新工場の生産設備の画期的なレイアウトに深い感銘を受けました。

5週間前に弊社が提案させていただいた供給部品が貴社の採用を検討する候補の中に含まれており、貴社取締役会でのご決定が1週間ほどで下されるとお聞きし、大変嬉しく思いました。弊社より提供させていただいた技術情報は納得いただけるものと確信しておりますが、追加データ等が必要な場合にはお知らせ下さい。

先にご案内しましたように、貴地における顧客へのサービスを充実させるべく、弊社はオンタリオ州リッチモンド・ヒルに技術センターを開設致しました。弊社の機械が最短で操業に移行できるように、技術者も駐在に備えております。貴社の新しいビジネスに協力できる機会を楽しみにしております。

最後となりましたが、私に対して何かとご配慮していただいたことに改めて感謝申し上げます。その一瞬一瞬が今となっても楽しい思い出です。

近い内に、またお目にかかれることを楽しみにしております。

解説

出張の際にお世話になり、その礼状を出すことはもちろんですが、同時にビジネス上のフォローをすることもとても大切です。こうした機会は仕事をしていると非常に多いでしょうから、自分流の書き方や表現を身につけておくことをお勧めします。文例1と2から、1つのことを表すにも色々な単語、フレーズ、表現があることを理解して下さい。

重要単語・語句

□ **配慮、気配り、思いやり：**thoughtfulness 名 ⇒ **思慮深い：**thoughtfull 形

□ **教育的な、ためになる、有効な：**instructive 形
⇒ **教育する、指導する：**instruct 動 ⇒ **教育、指導：**instruction 名

□ **必要不可欠な、欠かせない：**essential 形 ⇒ **本質、欠かせない要素：**essence 名

□ **果たす、実現する：**fulfill 動

□ **編成し直す、再構築する：**restructure 動

□ **もてなし、厚遇、歓待：**hospitality 名 ⇒ **病院：**hospital 名

□ **説得力のある、人を納得させる：**convincing 形 ⇒ **納得させる：**convince 動

使える表現パターンとフレーズ

□ **知識を深める：**enrich one's knowledge

□ **（先方の要求など）に従って、沿う形で：**in compliance with ~

□ **～することを提案する、～してはどうか：**we recommend that ~
it is advisable for you to ~と言うこともできます。

□ **～するチャンスを逃さないようにする：**(you) might not miss the chance to ~

□ **～が（貴社の）採用検討の候補に入っている：**
~ is among the candidates under your consideration

□ **追加データ提供の必要があればお知らせいただきたい：**
please let us know if you need some additional data

□ **最後に大切なことをもうひとつ：**last but not least

ビジネス用語

□ **生産設備：**production facilities 名詞句

12. 契約締結を確認する

実例 47 新製品の日本進出を支援する

難易度
★★★

状況

あなたは、アメリカの得意先である Superior Exercise 社から新たに開発された運動器具を紹介する 7 月 20 日付の手紙を受け取った。同封されたカタログを見ると極めて斬新であり、日本が健康ブームであるということだけでなく、その機能、大きさを含めたデザイン、そして予想される販売価格から、相当な販売が期待できる。このため、Superior Exercise 社への積極的な支援の意向を固め、次の内容で返事を出すこととした。

「貴社が開発した新製品を案内する 7 月 20 日付の手紙を受け取り、この製品に大きな興味を抱いている。この新型運動器具には大きな需要があると思われる。同製品を日本市場へ売り込むために大いに支援したいと考えている。市場投入にあたっては、強力な販売キャンペーンの実施を考えている。ついては、その費用の一部を負担していただけないか。販売手数料をこれまでの 3% から 5% へ引き上げていただくことはできないだろうか。この提案に対するご意向をお伺いしたい。」

☑ 作成要領

1. 上記の内容に沿って、輸入担当部長として、メール本文（敬辞、結辞は省略）を書くこと。
2. 大げさな形容詞や副詞を使って大演説を展開する文体を避け、謙虚に、もの静かに、現実的に作文すること。

模範文例

We are very much interested in your newly-developed exercise machine which you informed us in your letter of July 20.

There will be a substantial demand for the machine in this market, and we plan to launch a strong sales campaign when bringing the product into the market.

This will require a considerable expense, and we would like to ask you if you would be willing to bear a part of the expenses. Would it be possible for you to increase our commission from 3% to 5% on the sale of such product?

Your positive study on our proposal above will be appreciated.

7 月 20 日付の貴信にてご案内いただいた新規開発の運動器具に大変興味を持ちました。

当市場でのこうした器具の需要は大きく、商品投入にあたっては強力な販売キャンペーンを展開する予定です。

これにはそれなりに多額の費用を要することになりますので、そうした費用の一部をご負担お願いできないものかお伺いする次第です。当製品の販売にあたっては弊社手数料を 3%から 5%へ上げていただくことは可能でしょうか。

前向きなご検討をお願い申し上げます。

解説

相手から売り込みがあった商品を自市場において販売を後押ししたいと提案する一方で、その代わりに手数料を上げてくれないかと交渉するメール文です。こうした文章も余分なことを言わず、簡潔さを心掛けることが説得力あるメールとなります。

重要単語・語句

- □ **新規開発の：**newly-developed 形
- □ **本質的な、（量・大きさなどが）相当ある：**substantial 形
  ⇒ 本質、実体：substance 名
  ビジネス英語では、量などが「たくさん」ある場合などに substantial という形容詞を使います。
- □ **需要（量）、要求：**demand 名
- □ **（費用などを）負担する、負う、引き受ける：**bear 動
  bear という動詞は本来「産む」という意味ですが、ビジネス英語では bear the expense「費用を負担する」という意味で使います。

使える表現パターンとフレーズ

- □ **～に対する大きな需要が存在する：**there will be a substantial demand for ～
- □ **販売キャンペーンを実施する予定である：**plan to launch a sales campaign
- □ **これには多額の費用が伴う。：**This will require a considerable expense.
  require という動詞の代わりに call for「声を上げて求める」という意味の動詞句も使えます。
- □ **～する意向がある：**be willing to ～
- □ **～することは可能でしょうか。：**Would it be possible for you to ～？

ビジネス用語

- □ **手数料（率）を上げる：**increase one's commission 動詞句
  increase の代わりに raise という動詞も使えます。

13. 信用状を開設する、修正する

実例 48 信用状の不備を訂正すべく、アメンドを依頼する

難易度
★☆☆

状況

神戸にある商社 Pan-Pacific Trading Co., Ltd. はケニアの得意先からの５月２４日付の注文 No.5023（"Runner" スポーツシューズ SS-2000 500 足）に対して、The Kenyan Bank Limited 発行の信用状 No.182/3416（2020 年 6 月 14 日付）を受け取った。しかし、内容を確認したところ、この信用状に不備があることが 7 月 2 日に分かり、下記内容の修正を得意先に依頼するメールを出すこととした。

① 信用状金額は 9000 ドルではなく 9900 ドルである。
② 船積時期は From September 2020 to November 2020 ではなく From October 2020 to December 2020 である。
③ 船積時期予定に関しては、6 月 9 日付の注文確認書 No.362/17 を参照していただきたい。

また、このことについては同注文確認書添付の 6 月 10 日付のメールの中でも説明している。

☑ 作成要領

1. 受け取った信用状の内容が契約と異なるので修正依頼をするという、信用状に関する通信としては最も基本的なものであるので、実務的に簡潔に書くこと。
2. Subject line を付すことで、メールの内容が一目で分かるように、また後日参照する際に分かりやすいタイトルにしておくこと。

模範文例

Subject: Amendment to L/C No.182/3416 for 500 SS-2000

Thank you very much for the Letter of Credit No.182/3416 opened by the Kenyan Bank Limited on June 14, 2020, covering your Order No. 5023 of May 24 for 500 pairs of “Runner” Sport Shoes SS-2000.

Upon checking, however, we would like to ask you to amend immediately the following two points;

① The amount of the L/C should read US$9,900 (Nine Thousand Nine Hundred US Dollars) instead of $9,000 erroneously stated.

② The shipment time should stipulate “From October to December 2020” instead of “From September to November 2020.”

For the shipment time, please refer to our Order Confirmation No.362/17 of June 9. We also explained this in our e-mail of June 10, in which this Confirmation was attached.

件名：SS-2000 500 足分信用状第 182/3416 号の修正の件

Runner スポーツシューズ SS-2000 500足の 5 月 24 日付の貴注文 No.5023 に対するケニアン銀行 2020 年 6 月 14 日開設の信用状第 182 ／ 3416 号、誠にありがとうございました。

しかし、内容を確認した結果、次の 2 点について、至急訂正していただきたくお願い申し上げます。

① 信用状金額を誤記載の 9000 ドルではなく、9900 ドルへ変更。

② 船積時期を「2020 年 9 月～ 11 月」ではなく、「2020 年 10 月～ 12 月」へ訂正。

船積時期につきましては、6 月 9 日付の弊社注文確認書第362／ 17 号をご参照下さい。この件に関しましては、同確認書添付の 6 月 10 日付メールにてもご説明させていただいております。

解説

今では、信用状を使った決済は以前に比べるとかなり少なくなってきましたが、中東やアフリカ地域との取引ではまだ使われていますので、こうした地域を現在担当している方や、将来担当する可能性がある方は、信用状の訂正に関する基本的な表現は確実に身に付けておく必要があります。今回の演習は注文番号、信用状番号、商品名、個数、金額など多くの数字を間違えずに記載する訓練でもあります。

重要単語・語句

□（契約条項として）規定する、明記する：stipulate 動

使える表現パターンとフレーズ

□～を訂正することをお願いする：we would like to ask you to amend ～

□間違って記載された B の代わりに A へ変更すべきである：
should read A instead of B erroneously stated

ビジネス用語

□ 訂正：amendment 名 ⇒（信用状などを）訂正する：amend 動
例文のように信用状を訂正する場合には、一般的に amend という動詞を使います。

□（信用状を）開設する：open 動
信用状を「開設する」は open、あるいは establish が使われます。

□ 信用状金額：the amount of the L/C 名詞句

□ 船積時期（納期）：the shipment time 名詞句

実例 49 信用状の延長を要求する

難易度
★★☆

状況

東京の富士商事はマルタの取引先 M 社と締結した塗料（paint）の供給契約（No. AA-100）に基づき、M 社開設の信用状（Malta Industrial Bank 発行 2 月 1 日付第 010456 号）を入手したが、船積期限と有効期限が契約条項に対して 10 日ずつ短縮され、それぞれ 2 月 20 日、2 月 29 日となっていた。しかし、20 日までには品物が間に合わず、3 月 5 日前には直航船がない。そこで早速、富士商事は L/C の船積期限と有効期限ともに 3 月 15 日まで延長するようメールで要求することにした。

☑ 作成要領

1. 富士商事と M 社間の関係、信用状延長依頼の理由などについての追加情報は適宜加えて構わない。
2. 信用状には、船積期限と有効期限が記載されており、輸出者は船積期限内に船積を完了し、信用状の期限内に銀行に船積書類一式を揃えて提出しなければならない。こうした信用状実務を再確認した上で、メールの文章作成に取り組むこと（メール本文のみとすること）。

模範文例

Subject: Request for Extension to L/C No. 010456

We thank you for the above L/C, but regret to find that the latest time for shipment and its expiry date are stipulated as February 20 and 29 respectively in the L/C against the contract.

Very regretfully, the goods will not be ready for shipment by February 20 despite our best efforts. The next direct vessel is scheduled to leave on March 5, about two weeks later.

We are therefore obliged to ask you to extend the L/C immediately up to March 15 for both shipment and negotiation.

Your kind understanding and prompt action will be much appreciated.

件名：信用状第 010456 号延長のお願い

標記信用状をありがとうございました。しかし、船積期限と有効期限が契約条件とは異なり、各々2 月 20 日と 29 日と記載されていることが判明しました。

誠に残念ながら、弊社がいくら努力したとしても、2 月 20 日までに商品を船積することはできそうにありません。次の直行便は 2 週間ほど遅れて 3 月 5 日出航の予定です。

つきましては、至急、信用状の船積期限と買取期限を 3 月 15 日まで延長いただきたくお願い申し上げます。

貴社のご理解と迅速な手配をお願い致します。

解説

輸出実務をしていると、信用状の期限が意図的であれ、単純な間違いであれ、契約で合意した期日より前であることは日常茶飯事的に発生します。今回の事例では、信用状の期限延長を要求するメール定型表現を学びます。

重要単語・語句

- □ **各々、それぞれ：**respectively 副

  複数の人、物を並べて記載する際に、この副詞を使って表現します。複雑な内容を伝える時に知っておくととても便利な副詞です。

- □ **残念なことに：**regretfully 副

使える表現パターンとフレーズ

- □ **残念なことに～であることが判明した：**regret to find that ～
- □ **～することをお願いせざるを得ない：**we are obliged to ask you to ～

ビジネス用語

- □ **船積期限（船積を完了させなければならない期日）：**
  the latest time for shipment 名詞句
- □ **（信用状の）有効期限：**the expiry date 名詞句

  信用状には期限が定められており、有効期限までに船積書類を銀行に持ち込まないと代金を回収することはできません。

- □ **本船、（貨物を積み出す）船舶：**vessel 名

  steamer とも言います。

- □ **延長する：**extend 動

  この例題のように、「信用状を延長する」と言う場合は動詞 extend を使います。

13. 信用状を開設する、修正する

実例 50 L/C の船積期限延長を申込む

難易度
★★☆

状況

あなたの会社は、トルコの代理店 Orient Trading 社から2月10日に、3月積みの契約で注文No.OT-2103を受け取った。決済条件はこれまでと同じ信用状付き荷為替手形である。この代理店からの信用状は、いつも順調に届いていたので、特別に信用状の開設を急いでくれと依頼することもなく注文品の生産と出荷準備を進めていた。ところが、2月末になっても信用状が届かない。しかも3月の本船スケジュールは15日出航の神戸丸のみである。次船は翌月4月4日出港の横浜丸となっている。あわてて3月4日になって信用状の状態を問い合わせるメールを送ったところ、下記の返事が返ってきた。

> We have opened today with Turkish Industrial Bank in your favor L/C No.TC5002567 US$25,000.- for our Order No. OT-2103. Please arrange immediate shipment.
> (本日、トルコ工業銀行より、弊社注文第OT-2103号に対する信用状第TC5002567号、金額2万5000米ドルを開設しました。早急な船積をご手配下さい。)

通常、トルコからの信用状の受領は発行後10日間はかかることを考えると、神戸丸に船腹予約してあるものの、現実には同船での船積はギリギリで難しい。しかもこの代理店からの信用状の船積最終期限はいつもギリギリで、3月積みであれば3月31日になっていることは充分考えられる。

☑ 作成要領

1. このような状況で、「貴メール拝受。注文 OT-2103 は信用状が間に合えば神戸丸に積むが、間に合わなければ4月初旬の横浜丸に積むのでその旨よろしく頼む」という内容のメールを作成すること。
2. 「その旨よろしく頼む」が一体何を意味するのかをよく考え、各自の判断で具体的に述べること。

模範文例

Subject: L/C No.TC5002567 covering your Order No.OT-2103

Thank you very much for your kind mail of March 4 informing us of the establishment of the subject Letter of Credit covering your Order No.OT-2103 for March shipment.

As informed you in our mail of March 4, we have already made a booking arrangement for Kobe Maru scheduled to sail here on March 15, and we shall ship the order on the above vessel if your L/C arrives in time.

Your L/Cs, however, usually arrive here at least in ten days after the establishment. In the event the L/C arrive behind the scheduled shipment, we would have to await the next vessel, Yokohama Maru leaving here on April 4.

If the shipment date stipulated in the L/C fails to meet the above shipment date, we would request you to extend the L/C until April 15 for both shipment and expiry dates.

Your early attention to this matter will be appreciated.

件名：信用状第TC5002567号（貴注文第OT−2103）

貴注文第 OT-2103 号３月積みに対する標記信用状の開設を案内する３月４日付貴メール、ありがとうございました。

３月４日付の弊メールにてご案内のように、３月 15 日当地出航予定の神戸丸に船腹予約を完了しており、当該信用状の到着が間に合えば、当船にて船積致します。

しかしながら、貴地からの信用状は通常、開設から最短でも 10 日間かかっております。万が一、信用状の到着が予定の船積日までに間に合わなかった場合には、４月４日出航予定の次船、横浜丸まで待たざるを得ません。

このように船積が４月となり、信用状の船積期限が条件に合わなくなる場合には、船積及び有効期限を４月 15 日まで延長していただきたくお願い申し上げます。

本件に関して早急にご対応いただければ幸いです。

解説

バイヤーからの信用状の到着と信用状に記載の船積期限が予定の船積日より早い場合が輸出実務をしているとよくあります。今回は「信用状の期限延長を要請する」メールを書く練習です。

重要単語・語句

□ **延長する、引き伸ばす：**extend 動 ⇒ **延長、伸ばすこと：**extension 名
⇒ **広い、広範囲にわたる：**extensive 形
信用状を「延長する」場合に使う最重要単語です。ガッチリ押さえておきましょう。

使える表現パターンとフレーズ

□ **船腹予約をすでに完了している：**have already made a booking arrangement
「船腹予約」は space booking とも言います。

□ **～から通常到着するまでに 10 日間を要する：**
usually arrive here in ten days after ～
it usually takes ten days to reach here とも言えます。

ビジネス用語

□ **（信用状の）開設：**establishment 名 ⇒ **（信用状を）開設する：**establish 動

実例51 輸入信用状の延長手続き完了を通知する

難易度
★★★

状況

新日本商事はロサンゼルスのアウトドア用品（outdoor goods）メーカーであるStarlight社とキャンプ用テント2000個につき、単価US$150.00 per dozen CFR Tokyo、4月積、取消不能信用状にもとづく一覧払手形決済で輸入契約を締結し、2021年3月20日に買付契約書第250号で契約内容を確認した。

信用状は、成約後10日以内に開設することになっていたので、新日本商事は約束通り成約後直ちに取引銀行に対して信用状の開設申請を行った。そして、3月28日に東京第一銀行より船積期限を4月30日、有効期限を5月10日とする取消不能信用状第T-20810号が同行ロサンゼルス店経由受益者（Starlight社）宛に開設された。

ところが、4月25日に受信したStarlight社のMr. Mooreからのメールによると、積出港であるロサンゼルス港で港湾スト発生のため4月28日に予定していた船積が不可能となり、4月積みは不可能となった。解決次第、m.v. Happy Voyageにて船積するが、信用状の船積期限をとりあえず5月10日まで延長してほしいとの要望があった。

この依頼を受けた新日本商事は、港湾ストについては発生が避けられないことがニュースなどで分かっており、契約上の不可抗力に該当すると認められるので、Starlight社の要求通り信用状の延長をすることとした。ただし、国内の販売先との契約上のこともあり、需要期も近づいてきているので、商品の1日も早い到着を望む。

☑ 作成要領

1. 貿易実務に関する日常的な題材なので、この機会に信用状統一規則について理解を再確認しておくこと。
2. 文章を書き始める前に、どういう内容をどのような順序で述べるのか、スケルトン・プランを作成すること。

模範文例

Subject: Extension of L/C No.T-20810

Dear Mr. Moore:

In accordance with your request of April 25, we have immediately completed the arrangements with our bankers to amend the above L/C covering our Purchase Order No. 250 for US$300,000.- as follows;

The latest date for shipment extended to: May 10, 2021
The expiry date extended to: May 20, 2021

We have to remind you, however, that our customers are anxiously waiting for the arrival of the goods as the selling season is fast approaching.

We would, therefore, appreciate your immediate shipment as soon as the strike is over.

Best regards,

件名：信用状第 T-20810 号延長の件

ムーア様

4月25日付の貴ご指示により、弊社注文第250号、金額30万米ドルに対する標記信用状の修正に関し銀行に対して以下の手配を完了致しました。

船積期限を 2021 年 5 月 10 日までに延長
有効期限を 2021 年 5 月 20 日までに延長

しかしながら、販売シーズンが近づいていることもあり、販売先は商品の到着を心待ちにしていることをあらためてお伝えしておきます。

つきましては、ストが終了次第、一刻も早い出荷をよろしくお願い申し上げます。

解説

グローバル化の進展により、日本でも輸入業務に携わる方が増えてきています。今回の事例は輸入信用状の延長手続き完了を相手に連絡する書き方です。先方からの信用状延長の要望に対して対応し、完了したことを知らせる一方で、1日でも早い出荷を要望するメールです。

重要単語・語句

- □ **心配しながら、気にして**：anxiously 副 ⇒ **心配している**：anxious 形 ⇒ **心配、不安**：anxiety 名

使える表現パターンとフレーズ

- □ **〜の指示に従って**：in accordance with one's request
- □ **念押ししなければならない**：we have to remind you
- □ **顧客は商品の到着を心配して待っている。**：
  Our customers are anxiously waiting for the arrival of the goods.
- □ **販売シーズンが刻々と近づいている**：the selling season is fast approaching

ビジネス用語

- □ **（信用状の）延長**：extension 名
- □ **銀行**：banker 名
  通常、「銀行」は bank ですが、英語では人間を中心に表現することが多いため、banker をよく使います。
- □ **ストライキ、同盟罷業**：strike 名
  港湾ストなどは貿易上の重大なリスクの1つです。

14. 船積予定・完了を案内する

実例 52 注文品の船積案内

難易度
★☆☆

状況

日本製の電気製品を専門に扱う田中商事（東京都台東区自由が丘 3 丁目 19 － 7）は、イギリスの Walker & Sons からエアコン（air conditioner）200 台の注文（No. WS-1089）を受けていたが、このほど商品の調達が済み、船積が完了した。そこで、下記の内容を盛り込んだ船積案内を Walker & Sons 宛てに出すことになった。

「貴注文第 WS-1089 号は 1 月 31 日に横浜港を出港予定の平成丸に積込みが完了した。同船は 3 月 15 日にサザンプトン（Southampton）港に到着予定である。送り状第 301 号と船荷証券第 25 号、保険証券第 TM-1036 号の写しをそれぞれ同封する。

なお、Bank of Wales 発行の信用状第 2350 号に基づき、昭和銀行東京支店を通して、送り状金額に対し一覧払い手形を貴社宛てに振り出し、全書類を同行に手渡した。注文品の無事到着を祈り、今後引続き注文をいただけることを期待している。」

☑ 作成要領

1. 以上の内容の出荷を通知するメールを書くこと。
2. 輸出者が約定品を船積みし終わった際、その事実を輸入者宛てに知らせる文書である。先方の事務処理のこともよく考え、必要な情報を分かりやすく伝える工夫を凝らすこと。

模範文例

Subject: Shipment of Your Order No.WS-1089 200 Air Conditioners

Dear Sirs,

We are pleased to inform you that the goods on the above order have been loaded onto the m.v. "Heisei Maru" that will leave Yokohama on January 31. The ship is scheduled to arrive at Southampton on March 15. You will please find copies of the shipping documents as follows;

Documents (PDF) Attached:
Invoice No. 301 .... 2 copies
Bill of Lading No. 25 .... 2 copies
Insurance Policy No. TM-1036 .... 2 copies

In accordance with the terms of your letter of credit No. 2350 issued by Bank of Wales, we have presented the shipping documents to the Bank of Showa Ltd., Tokyo branch who have accepted our draft at sight covering the full amount of our Invoice No. 301.

We hope that the goods will reach you in good condition and that you will favor us with further orders soon.

Yours faithfully,

件名：貴注文第 WS-1089 号、エアコン 200 台船積の件

標記の貴注文につきましては、1 月 31 日に横浜港を出港予定の平成丸への積込みが完了したことをご案内致します。同船は 3 月 15 日にサザンプトン港に到着する予定です。以下の船積書類をご査収下さい。

添付書類（PDF）
送り状第 301 号 ………………… 2 通
船荷証券第 25 号………………… 2 通
保険証券第 TM-1036 号 …… 2 通

なお、ウェールズ銀行発行の信用状第 2350 号に基づき、昭和銀行東京支店を通して、送り状第 301 号の金額に対し一覧払い手形を貴社宛てに振り出し、全書類を同行に提出致しました。

注文品が無事到着することを願いつつ、今後も一層のご注文を賜りますようお願い申し上げます。

重要単語・語句

□ **積む、積み込む：load** 動

ビジネス英語では、load は特に「（貨物を船に）積み込む」場合に使いますが、銃に「装填する」や、DVD などをプレーヤー本体に「挿入する」場合にも使います。

使える表現パターンとフレーズ

□ **～に到着予定である：be scheduled to arrive at ～**

□ **商品が良好な状態で貴地に到着することを願う。：**
We hope that the goods will reach you in good condition.

□ **～に…という恩恵を与える：favor〈人〉with〈事・物〉**

「事・物によって人に好意を示す」という意味になります。

ビジネス用語

□ **船積書類一式：shipping documents** 名詞句

□ **送り状、請求書：Invoice** 名

貿易を行う上で欠かせない重要な書類で、売主（荷主）が発送する貨物の品名・価格・数量などを記載して買主（荷受人）に送付します。中期フランス語の「商品の発送」を意味する単語が語源と言われています。

□ **船荷証券：Bill of Lading（B/L）** 名詞句

船荷証券は、荷送人と運送人（船会社など）との間で締結された運送契約書であり、貨物の引き渡しを請求できる権利証券でもあります。

□ **保険証券：Insurance Policy** 名詞句

保険会社が作成する、保険契約の成立を証明する書類で、保険条件や保険金額が記載されています。

□ **条件：terms** 名

単数形 term は「語句」や「期間」という意味ですが、複数形 terms になると「条件」という意味になります。

□ **（書類を銀行に）提出する：present** 動

□ **一覧払い手形：draft at sight** 名詞句

輸出者が船積の完了と同時に船積書類一式と共に銀行に振り出す手形を指します。at sight とは「一覧払い」と訳され、即時に（一目見て）払うというニュアンスとなります。「一目ぼれ」の love at first sight と同じ使い方です。

実例53 船積を案内する

難易度
★☆☆

状況

新日本商事はスリランカの顧客から小型掃除機200台の注文を入手していたが、商品調達に予想以上に苦労した上に、契約条件と信用状条件の不一致などがあり、船積の直前まで「本当に出荷できるのか」不安な状態が続いていた。しかし、やっと出荷の準備が整い、次の要旨を伝える船積案内を出すことになった。

「昨日発信のメールにてご案内の通り、貴社ご注文番号IO-324小型掃除機200台は全量、下記の通り船積みしました。

船名：神戸丸
船積港：神戸
船積日：1月31日
コロンボ到着予定日：2月25日

よって、署名済み送り状第200号正副2通ならびに船荷証券第KOCO-11号写し、保険証券第TM-123456号写し、包装明細書及び容積重量証明書各1通を同封致します。

本日、東都三葉銀行本店を通じて、スリランカ銀行の信用状第10101号に基づき、送り状全額に対しスリランカ銀行宛て一覧払い荷為替手形を振出し、船積書類は全て東都三葉銀行へ提出しました。」

☑ 作成要領

1. 船積書類一式を伴った船積案内状なので、レター形式で作成すること。ただし、同内容をメールにて事前あるいは同時に送信しておくことが望ましい。
2. 貿易実務に沿った内容で船積手配の完了を買い手に案内すること。
3. 営業センスを忘れずに、次回の注文を促す文言も忘れずに入れておくこと。

模範文例

Subject: Shipment Advice

Dear Sirs,

We are pleased to confirm our mail sent to you yesterday, informing you that we completed the shipment of your Order No.IO-324 for 200 units of Compact Cleaner as follows;

Vessel's Name: M.S. Kobe Maru
Shipping Port: Kobe
Shipping Date: January 31
ETA Colombo: on or about February 25

Enclosed are the relative shipping documents:

Signed Invoice No.200 in duplicate
Copy of B/L No. KOCO-11
Copy of Insurance Policy TM-123456
Packing List
Certificate of Measurement and/or Weight

To cover this shipment we have today drawn on the Bank of Sri Lanka a draft at sight for the full invoice amount under the L/C No.10101 issued by the Bank of Sri Lanka, and have negotiated it at the Bank of Tohto Mitsuba, Head Office, with all necessary shipping documents.

We trust that you will find the goods to your entire satisfaction and hope we will have further orders from you.

Yours faithfully,

件名：船積案内

昨日発信させていただきましたメールの内容を確認申し上げます。貴ご注文番号 IO-324 小型掃除機 200 台を全量下記の通り船積みしたことをご案内するものです。

船名：M.S. 神戸丸
船積港：神戸
船積日：1 月 31 日
コロンボ到着予定日：2 月 25 日

関係する船積書類を同封します。

署名済み送り状第 200 号正副 2 通
船荷証券第 KOCO-11 号写し
保険証券第 TM-123456 号写し
包装明細書及び容積重量証明書各1通

本日、東都三葉銀行本店を通じて、スリランカ銀行の信用状第 10101 号に基づき、送り状全額に対しスリランカ銀行宛て一覧払い荷為替手形を振出し、船積書類は全て東都三葉銀行へ提出しました。

貨物が無事貴地に到着し、ご満足いただいた上で、さらなるご注文をいただければと存じます。

解説

貿易の基本中の基本となる「船積案内」の基本スタイルを頭に入れておきましょう。船積案内状は様々な形式がありますが、会社によってフォームレターなどで統一しておくことをお勧めします。個人任せになっていると、必要な情報の洩れなどが発生する恐れがあるためです。文例では、いきなり船積の詳細について述べるのではなく、先にメールを発信しておいて、そのメール内容を手紙で確認する形を取っています。現代ではメールで案内するにとどまっている会社がほとんどかと思われますが、メールでの案内でも必要な情報についてはキッチリ入れておくことが重要です。

重要単語・語句

□ **関係する、対応する**：relative 形 ⇒ **比較的、関連して**：relatively 副

使える表現パターンとフレーズ

□ **手形を振り出す**：draw on

□ **商品にご満足いただける**：
you will find the goods to your entire satisfaction

□ **～からさらなる注文を受ける**：have further orders from ～

ビジネス用語

□ **船積港**：shipping port 名詞句

□ **現地到着予定日**：ETA (Estimated Time of Arrival) 名

□ **包装明細書**：Packing List 名詞句
輸出者が作成する商品の数量や荷姿を示す書類です。

□ **容積重量証明書**：
Certificate (and List) of Measurement and/or Weight 名詞句
第三者の立場で検量機関が、貨物の重量・容積の測定業務を行ない、その結果を詳細に記載した証明書を指します。

実例 54 船名変更を通知し、買い手の了解を取る

難易度
★★☆

状況

東京の遠藤商事はアメリカのAnderson社から商品を受注、5月積み、CIF条件で輸出契約し、売買契約書第EA-913号を交わした。この注文に関して、The Bank of Southern California, Los Angeles支店発行の取消不能信用状第BCLA100574号も入手できたので、Anderson社から指示のあった日本汽船所属の本船m.s. South Pacificに船腹を確保し、船積手配を行っていた。ところが、同船の東京港入港予定がエンジン故障のため、予定より7日間遅れて6月2日になることが判明した。

そこで、遠藤商事は、自社の判断で本船を同一船社に所属するm.s. Santa Monicaに変更し、5月29日に船積を完了するよう通関等の手配を終えた。同船の東京港出港予定は5月30日となっている。

☑ 作成要領

1. 上記の状況を考慮しながら、Anderson社に対して船名変更の連絡メールを作成すること。
2. 契約書番号、信用状番号、船名、出港日等を間違わないように細心の注意を払うこと。

模範文例

Subject: Vessel Change Sales Contract No.EA-913

This is to inform you that the vessel has been changed to the m.s. "Santa Monica" of the Nihon Steam Line leaving Tokyo on May 30.

We had originally booked the space on the m.s. "South Pacific" of the N.S. Line as per your instructions, but she is now scheduled to arrive at Tokyo on June 2, seven days behind her original plan, due to technical difficulties.

Considering of your situation, we have changed the ship to the m.s. "Santa Monica" which belongs to the same shipping company. We have completed all the necessary loading on the ship on May 29.

We hope that the above arrangements will meet with your approval and will be satisfactory to your customers, too.

件名：船名変更売買契約書第 EA-913 号

5月30日に東京港を出航予定の日本汽船「サンタ·モニカ号」へ変更されたことをお知らせします。

当初は貴ご指示通り、日本汽船の「サウス・パシフィック号」への船腹を予約しておりましたが、技術的トラブルにより、予定より7日間遅くなり、東京には6月2日着となっております。

貴社の事情を考慮し、同船所属の「サンタ・モニカ号」に変更した次第です。5月29日に同船への必要な積込み作業を完了しております。

今回の手配が貴社にご承諾いただけることと共に、貴社のお客様にとってもご満足いただけることを願っております。

解説

注文を獲得してから信用状の入手などを経て、船積までこぎつけるには大変な苦労が伴いますが、貨物の船積手配を完了し、先方に「船積案内」を出せることは、輸出営業担当者の大いなる喜びでもあります。ビジネスライクな淡々とした表現の中にも、そうした「喜び」を出せるといいですね。この例文の良いところは、船が変更されたという結論を冒頭で説明しているところです。

重要単語・語句

☐ **本来は、初めは、出身は：**originally 副 ⇒ **本来の、最初の：**original 形
⇒ **起源、始まり、出発点：**origin 名

☐ **～に属する、所属する：**belong to ～ 句動詞

使える表現パターンとフレーズ

☐ **～ということをご連絡するものです：**this is to inform you that ～

☐ **当初予定より～日間遅れて：**～ days behind her original plan
ここの her は荷物を運ぶ「船」のことです。

☐ **技術的困難により：**due to technical difficulties

☐ **承認を得る：**meet with one's approval

実例 55 船積延期の不可を詫びる

難易度
★★☆

状況

あなたが勤務する東京の太平洋商事は、南アフリカにおける顧客である Springbok & Co. (Pty.) Ltd. とは長年の取引がある。今年も例年と同様に大口の注文を受け、商品の調達、出荷の手配を済ませたところである。ところが、同社は 12 月 15 日付にて下記のメールを発信し、輸入割当制限のため輸入許可の取得が難しいことから、発注済み商品の来年２月中旬までの船積延期を依頼してきた。

Subject: Indent No.GS808 of 2nd September

Dear Sirs,

In view of the drastic restriction in import permit allocation imposed by the South African Minister of Economy and Industry, we find that we have not obtained the necessary permit allocation, and we must request you to defer shipment until mid February next year.

We apologize for the inconvenience caused you in this matter, but advise that this unfortunate occurrence is through no fault of our own.

We will extend the Expiry Date of the relative Letter of Credit during January next, and we shall be pleased if you would kindly confirm that shipment will be effected in accordance with our revised instructions.

Thanks and regards,
(件名：9 月 2 日付注文第 GS808 号
南アフリカ経済産業大臣によって課せられた厳格な輸入枠制限により、必要な輸入枠を入手できておりませんので、船積を来年２月中旬まで延期すべくお願いせざるを得ません。

本件に関して貴社にご迷惑をおかけすることをお詫び申し上げます。ただし、今回の不測の事態の発生は弊社に落ち度はまったくないことをご理解下さい。
1月中に関連する信用状の有効期限を延長します。今回の修正指示に基づいて、船積が延長されることをご確認いただければ幸いです。)

太平洋商事では11月末に既に関係の船積は済ませており、今頃では船積書類もとっくに顧客の手元に届いているはずである。積んでしまった貨物は止めようがない。そこで、次の内容で返信を出すこととした。

「12月15日付貴メール拝受。貴国政府の厳しい輸入制限のため、標記注文品の船積を2月中旬まで延期したい旨拝読しました。すでに貴社銀行よりお聞き及びのことと存じますが、この船積は先月末に済ませております。当方の協力を最も必要とされる際にご意向に沿えないことは誠に遺憾です。当方としては貴国情勢のかかる変化を夢にも思わず船積をしたこととて、このために貴社が窮地に立たれることなく、すでに首尾よく善後策をお立てになったことを祈るものであります。せっかくのご依頼に沿えかねることを重ねてお詫び申し上げます。」

☑ 作成要領

1. 返信の構図自体は出来ているので、相手に伝わるメールとしてまとめること。
2. 既成の使い古された単語に固執せず、状況に合った語彙を見つけ出す努力をすること。

模範文例 -1

Subject: Your Indent No.GS 808

We have received your mail of December 15, requesting us to postpone shipment of the above order until mid February because of your government's severe import restrictions.

As you must have heard from your bankers by this time, the shipment was made at the end of November. We regret very much that we cannot be of help to you when you need it very much.

We did not have the slightest idea of such a change of situation in your country when we effected the shipment. We sincerely hope that this has not put you in a difficult position and that you have already taken successfully corrective measures to cope with the situation.

Once again, we apologize for not being able to comply with your request this time.

件名：貴注文 No.GS808

貴国政府の厳しい輸入制限のため、標記の注文品の船積を２月中旬までの延期を要望する 12 月 15 日付の貴メール拝受しました。

既に貴銀行よりお聞き及びのことと存じますが、この船積は 11 月末に済ませております。当方の協力を最も必要とされる際にご希望に沿えずに誠に申し訳ございません。

当方としては船積をした際に、貴国情勢のかかる変化を微塵にも思いませんでした。このために貴社が窮地に立たれることなく、すでに首尾よく善後策をお立てになったことを祈るものです。

せっかくのご依頼に沿えぬことを重ねてお詫び申し上げます。

模範文例 -2

Subject: Your Indent No. GS 808

We are in receipt of your mail of December 15, by which you instruct us to defer shipment of your order until mid February next year to cope with the drastic restrictions imposed by your government on your imports.

The shipment was effected at the end of last month, of which advice we trust you have received from your bankers, and it is indeed much to our regret that we are debarred from following your wishes at the very moment when you are in dire need of our cooperation.

We sincerely hope that this shipment will not put you in a predicament, but that you have worked out some good way out of embarrassments in which you may have been placed even temporarily, since it has been made without the slightest knowledge on our part that such a change might come out in your situation.

We would reiterate our regret for being unable to live up to your expectations for this instance.

件名：貴注文 No.GS808

貴国政府の厳しい輸入制限のため、標記注文品の船積の来年２月中旬までの延期をご要望の 12 月 15 日付貴メール拝受しております。

この船積は先月末に完了していることはすでに貴銀行よりお聞き及びのことと存じますが、当方の協力を最も必要とされる際に貴意に沿えないことは誠に残念です。

当方としては貴国情勢のかかる変化を夢にも思わず船積をしたこととて、このために貴社が窮地に立たれることなく、既に首尾よく善後策をお立てになったことを祈るものであります。

本件に関して貴社のご期待に沿えぬことを重ねてお詫び申し上げます。

解説

内容はそれほど複雑ではありませんが、表現方法には色々あります。文例１と２の相違点を研究して自分にとって最も馴染みやすい書き方を見つけましょう。

特に文例２には、少し饒舌ながら活用できる表現が多くあります。

重要単語・語句

- □ **延期する、先に延ばす：**postpone 動
  貿易関係で postpone と言えば、この文例のように「船積」を延ばす際によく使われますが、一般英語ではイベントの延期など様々な状況において使われます。
- □ **厳しい、厳格な：**severe 形 ⇒ **厳しく：**severely 副 ⇒ **厳格さ：**severity 名
- □ **実行する、（結果として）もたらす：**effect 動
- □ **（行動・考慮などを）延期する、もたもたする：**defer 動
  postpone と同じように「延期する」という意味の動詞ですが、postpone よりもネガテイブな印象を与えます。支払いを延ばす場合などにもよく使われます。語源はラテン語の differre（de-「離れて」＋ferre「運ぶ」＝「異なった方法で運ぶ」→「遅らせること」）です。
- □ **苦境、窮地：**predicament 名

使える表現パターンとフレーズ

- □ **すでに～からお聞き及びのことと思いますが：**as you must have heard from ～
- □ **力になれないことを残念に思う：**we regret that we cannot be of help
- □ **そんな変化を微塵たりとも考えなかった：**
  we did not have the slightest idea of such a change
- □ **善後策を立てる：**take successfully corrective measures
  あるいは work out some good way
- □ **～できないことを繰り返し詫びる：**reiterate one's regret for being unable to ～

ビジネス用語

- □ **注文書、注文：**indent 名
  主にイギリス連邦圏で使われ、order に相当します。indent は「ぎざぎざ」「切込み」という意味で、元々、正副2枚続きでぎざぎざの切取り線の入った契約書が使われていたことから、「注文書、注文」として使われています。
- □ **輸入制限：**import restrictions 名詞句
  各国政府が輸入について制限することがありますので、現地の政治経済動向には注意しておく必要があります。

14. 船積予定・完了を案内する

実例 56 注文品の早期出荷を催促する

難易度
★★☆

状況

当社はA社に対して、12月17日を納入期限としてクリスマス用のイルミネーションライト1000ダースを注文していた。この注文に対し、出荷の貨物引換証（Waybill No.AW-12118）を1週間前に入手したが、肝心の現物がまだ到着していない。クリスマスも目前に迫っているので、荷物が到着するのを首を長くして待っている。至急調査の上、遅くともクリスマス前夜までにはきちんと当方に着荷するように先方にメールで督促したい。

☑ 作成要領

1. 状況は事実を羅列しているだけなので、全体として苦情申し立てのメールに直すこと。
2. 平明な無理のない英文で表現することを心がけ、相手の立場への配慮も行うこと。

模範文例 -1

Subject: 1,000 Illumination Lights

We ordered 1,000 dozen of Illumination Lights for Christmas and they were to be delivered by December 17.

Although we received the Waybill No. AW-12118 for the above order one week ago, the goods have not arrived here yet.

Christmas is just around the corner, so we are anxiously waiting for the shipment to arrive.

You will please look into the matter at once and take necessary action so that the goods can surely arrive here by Christmas Eve at the latest.

件名：1000 イルミネーションライト

弊社は御社に対してクリスマス用のイルミネーションライト 1000 ダースを注文し、 12月17日までに納入していただくことになっておりました。

この注文に対し、 貨物引換証第 AW-12118 号を 1 週間前に入手しましたが、 肝心の現物がまだ到着していません。

クリスマスも目前に迫っていますで、 着荷を今か今かと待っております。

至急ご調査いただき、 遅くともクリスマス前夜までにはきちんと当方に着荷するように必要な対応をお願い申し上げます。

模範文例 -2

We confirm that we placed an order for 1,000 dz. Illumination Lights with you on condition that the delivery should be made not later than December 17.

We received the Waybill for our order a week ago. But the cargo has not arrived here yet.

We eagerly look forward to receiving the shipment as Christmas is near at hand.

Therefore, will you please immediately investigate the cause of the delay and arrange them to reach us without fail by Christmas Eve at the latest.

御社に対して、 12 月 17 日までに納入していただくという条件でイルミネーションライト 1000 ダースを注文したことを確認致します。

当注文の貨物引換証を 1 週間前に入手しました。 しかし、 肝心の貨物がまだ到着していません。

クリスマスも目前に迫っているので、 貨物の到着を首を長くして待ち望んでおります。

至急、 今回の配送遅れの原因をご調査いただき、 遅くともクリスマス前夜までにはきちんと当方に到着するようお手配をお願い申し上げます。

解説

通常は輸出する立場で、貨物の到着が遅いと輸入者から督促されるケースが多いと思われますが、今回の事例では、「商品の到着が遅いので調べてみてくれ」とこちらから要請するメールを書きます。文例1、2ともに、基本的に段落構成は同じで、「注文と納期の確認」→「荷物が届いていない」→「早期に入手したい」→「至急調査願う」ですが、異なる表現が使われており、特に第1パラグラフでは納期確認の主張の方法が異なっています。2では、「～までに納入されるという条件で」とより強く、明確に訴えています。内容は比較的単純ですが、色々な表現があることをよくご理解下さい。

使える表現パターンとフレーズ

□ **目前に迫って：** just around the corner
あるいは near at hand

□ **～を直ちに調査する：** look into ~ at once
あるいは immediately investigate ~

□ **必要な処置を行なう、対策をとる：** take necessary action

□ **～に注文する、発注する：** place an order with ~

ビジネス用語

□ **貨物運送状：** waybill 名

船荷証券と並んで貨物の輸送時に使われる「運送契約書」であり、受取証ないし引取証となります。「船積（海送）」する場合の Sea Waybill と、「空送」する場合の Air Waybill があります。

実例 57 注文品は契約通りに出荷すると伝える

難易度
★★☆

状況

東京にある平和ポンプ工業株式会社は汎用エンジンとポンプを組み合わせた製品を製造し、国内販売だけでなく、中国、韓国、ベトナムなどのアジア市場へ輸出もしている。今般、同社はベトナムの顧客から長い交渉の結果、やっとコンプレッサー（Compressor）100台の注文を入手し、製造が完了したので、いよいよ船積すべく手配を進めていた。ところが、この代理店から、船積の直前になって予定していた1月の船積を一時中止してくれと1月15日のメールで要請してきた。これに対して、「船積手配は既に完了していることもあり、当該品の出荷は契約通り1月に実行したい」旨を伝えたい。

☑ 作成要領

1. 上記の趣旨を簡潔に、しかも効果的に書き、相手を納得させるメールにすること。
2. 相手の要望に対して、自社の都合で船積を予定通り実行したいと伝えようとする場合、相手の存在を無視した表現になりがちなので、気をつけたい。

模範文例 -1

Subject: Your Order 100 Compressors

The production of the goods has just been completed. When we received your e-mail of January 15 requesting us to put off the January shipment of order, all shipping arrangements were already made.

Would you therefore please allow us to make the January shipment as originally agreed.

Your immediate reply will be appreciated.

件名：貴注文コンプレッサー 100 台

製品の生産は完了しております。1 月 15 日付の貴メールにてご注文品の 1 月積みを延期してほしいとのご要望をお受けした時には、既に船積準備を済ませておりました。

つきましては、合意した通りの 1 月積みをご承認いただきたくお願い申し上げます。

折り返しのお返事をお願い致します。

模範文例 -2

Subject: The 100 Compressors

Your e-mail of January 15 requesting us to suspend the shipment in January was a surprise to us.

We are now in the final stage of the shipping procedure after producing 100 units of Compressors with much effort to be in time for the January shipment. Therefore, we strongly request that you allow us to execute the shipment in January as contracted.

We would appreciate your prompt response.

件名：コンプレッサー 100 台の件

1 月の船積を保留してほしいとの 1 月 15 日付貴メールに驚いております。

弊社としてはコンプレッサー 100 台の製造につき、何とか1月積みに間に合わせようと最大限の努力を重ね、ただ今、船積のための最終段階に入ったところです。従いまして、契約通り、1 月での船積をご許可いただきたく強くお願いする次第です。

至急、ご回答いただければ幸いです。

解説

買い手から船積を延期してくれと依頼された際に、どのような表現で「かわす」かという問題です。ここで、「反論」が過ぎて、倉庫料や金利はどうしてくれるのかと余分なことを言ってはいけません。また、「二度と注文は受けんゾ」などの「脅し文句」も使わないようにしましょう。文例1と2の差は明らかですが、1では、第1パラグラフで「手配は完了」を伝え、第2パラグラフで「了解願いたい」と言っているのに対し、文例2では、第1パラグラフで「要望を受けた」ことを伝え、次のパラグラフで「手配ほぼ完了、了解乞う」という構成になっています。

重要単語・語句

□ **完成する、済ます：** complete 動

□ **延期する、先に延ばす：** put off 動詞句

これまでに出てきた postpone や defer と同じ意味の動詞句です。

□ **実行する、遂行する：** execute 動

使える表現パターンとフレーズ

□ **当初に合意したように：** as originally agreed

□ **～に間に合わせようと努力をして：** with much effort to be in time for ～

□ **契約通り：** as contracted

今回の事例のように、船積時期を延期してほしいと依頼された時には、それを断る理由として「契約通り」「契約に従って」と言うのが最も論理的で、「契約社会」である欧米と交渉をする際には最も説得力があります。同様に、as agreed「合意の通り」も使えます。

ビジネス用語

□ **船積手配／船積手続き：** shipping arrangements / shipping procedure 名詞句

実例 58 代金として小切手を送付する

難易度
★☆☆

状況

新日本商事では、代金の支払いとして、現品到着後、検収次第、米ドルの銀行小切手を送ることになっている。いつもの仕入先から注文していた品物が小包郵便で予定通りに無事入荷し、検収も問題なく終わったので、次の手紙を添えて小切手を送ることとした。

拝啓

注文番号第 101 号の件

2月1日付書状にてご案内の品物はただ今無事に到着、早速のご出荷ありがとうございました。

貴社送り状の決済として、150 米ドルの小切手 201 号を同封します。ついては、正式の受領書を適時にいただければ幸いです。

敬具

同封物：三葉銀行東京支店発行小切手 201 号

☑ 作成要領

1. 今回の内容を、今後も同様のケースに使えるようにフォームレターとしたい。
2. あまりにドライ過ぎず、ビジネスセンスを感じさせる表現を付け加えること。
3. 手紙の標題（letter subject）は、商用文など事務文書には必ず書かれるものであるが、儀礼的な社交文書では標題を略すことが普通である。例題では、注文番号を明記することで自社だけでなく先方も確認できるので管理しやすくなる。

模範文例 -1

Gentlemen:

<u>Order No. 101</u>

The goods advised in your letter of February 1 have just arrived in perfect condition. Thank you very much for your prompt shipment.

In settlement of your Invoice, we enclose Check No.201 for US$150. Please let us have an official receipt in due course.

Very truly yours,

Encl. Check No.201 issued by Mitsuba Bank, Tokyo Branch

拝啓

注文番号第 101 号の件

2 月 1 日付書状にてご案内の商品はたった今完全な状態で到着致しました。早速のご出荷ありがとうございました。

貴方送り状の決済として、150 米ドルの小切手 201 号を同封します。後日、正式の領収書をお送りください。

敬具

同封物：三葉銀行東京支店発行小切手 201 号

模範文例 -2

Gentlemen:

Our Order No.101

As advised in your letter of February 1, the above parcels arrived here today in good order.

Enclosed is check No.201 for US$150 covering your Invoice. Will you please send us your formal receipt in due course.

Very truly yours,

Encl. Check No.201 issued by Mitsuba Bank, Tokyo Branch

拝啓

注文番号第 101 号の件

2 月 1 日付書状にてご案内の品物は本日、完全な状態で到着致しました。

貴方送り状の決済として、150 米ドルの小切手 201 号を同封します。ついては、正式の受領書を近日中にいただければ幸いです。

敬具

同封物 : 三葉銀行東京支店発行小切手 201 号

解説

代金を小切手にて支払う際の典型的な表現です。形式、表現などをフォーマットとして理解しておきましょう。文例1と2で若干表現の差がありますが、文例1のほうが「商品受け取った、ありがとう」と表明しているので、よりお奨めです。

重要単語・語句

☐ **完全な、申し分ない :** perfect 形

使える表現パターンとフレーズ

☐ **請求書への支払いのために :** in settlement of one's invoice

☐ **近い内に～をご送付下さい :** please let us have ～ in due course

ビジネス用語

☐ **領収書、受取 :** receipt 名

重要単語・語句

□ **認める、受け取ったことを知らせる：**acknowledge 動
このacknowledgeには、「受け取る」という行為に加えて「感謝する」という意味も含まれます。

□ **思い切ってする、大胆にも～する：**venture 動

使える表現パターンとフレーズ

□ **いかなる注文も細心の注意を払って対応される：**
any orders will be handled with the utmost care

ビジネス用語

□ **デビット・ノート（支払請求書、伝票）：**debit note 名詞句
デビット・ノートとは、発行者側が相手側に対して受け取るべき債権が発生した場合に、相手側勘定の債方（debit side）にその金額を計上して、その債権の内容と金額等を相手側に通知する支払請求書または伝票のことです。

□ **この金額を勘定貸方に記入する：**credit one's account with this amount 動詞句

実例 60 遅れている支払を促す

難易度
★★☆

状況

アメリカ・ニュージャージーにあるAnderson社は、当社にとって海外における大口かつ長年の得意先であり、これまで、支払上で問題が起きたことはなかった。ところが、最近になって、Anderson社からの送金が遅れがちになっており、支払期限を経過しているものもある。そこで、以下の主旨を折り込んだメールを社長のMr. Andersonに送りたい。

① 単なる送金の督促をするだけでなく、長年の取引先として現状が気になっている。
② 現在、支払期日を過ぎた3000ドルの債務があるので、もちろんこれはきちんと支払っていただきたい。
③ 今まではこのように遅れたことがなかったため、何か予期しなかった、困ったことが発生したのではないかと心配している。
④ 今後の取引と両社の将来を考えた場合に、送金を無理に迫るより、何か対策がないか率直な話を聞きたい。
⑤ 送金の見通しもつけ、相手の感情も害することなく、事態の収拾を図りたい。

☑ 作成要領

1. 上記の事柄を盛り込んだ、支払の催促メールを作成すること。
2. 相手を追い詰めることなく、こちらの誠意を事務的ではなく、真情を込めて示す表現を工夫すること。

模範文例 -1

Subject: Your Overdue Account of US$3,000.00

Dear Mr. Anderson,

We would like to take this opportunity to express our heartfelt appreciation to your patronage in doing business with us in the past years.

It is our deepest delight that you have been very prompt in settling your account. We suppose, therefore, there must be some special reason for your current delay in clearing your balance overdue.

If you have simply overlooked remitting it due to some oversight on your part, we would appreciate your immediate settlement. Or, if there is something irregular in our bill, will you please give us an opportunity to correct it urgently.

If you have some labyrinth in executing your business smoothly, please feel free to let us know frankly. Your account overdue is an issue. But your business relationship with us is far more important to us. We would be happy to work with you to find a solution to smoothly resolve the overdue balance while keeping our best partnership.

You have been one of our most important business partners and we will spare no effort to continue our confidence as ever before.

Sincerely,

件名：3000 米ドル延滞金の件

アンダーソン社長殿

これまで長年にわたり格別なお引き立てを賜り、この機会に厚く御礼申し上げます。

これまで貴社からの支払は絶えず期限内に行なわれてきたことは当社にとって喜ばしいことです。したがって、現在の未払い残高については、何か特別な理由があるのではないかと考えております。

貴社側での単純な見落としなどにより、未払いとなっている場合には、至急お支払いいただきたくお願い申し上げます。もし弊社の請求書に不備等があれば、大至急訂正致しますので、お申し付けください。

ご商売を進めていく中で何かお困りのことでもおありでしたら、遠慮なくお知らせいただければ幸いです。延滞金が発生していることはもちろん問題ですが、それよりも貴社との関係の方がはるかに重要です。良好な関係を維持しながら、円滑に延滞残高を解消していく解決策を一緒に見つけていければと考えております。

貴社は弊社にとってこれまで極めて重要なビジネスパートナーであり、今後もその信用を保つためにはいかなる努力も惜しまない所存です。

模範文例 -2

Subject: Your Overdue Balance of US$3,000.00

Dear Mr. Anderson,

Since you have long been one of our very important customers, we are anxious that we have not heard from you for quite some time.

Your past payment record is excellent: you have never been late in paying us. So, we assume that a problem has prevented you from paying your overdue amount of US$3,000.00. Would you please drop us a line and let us know your problem so that we can work together to find a mutually satisfactory solution.

In the meantime, if payment delay has been merely an oversight, please expedite your remittance at your earliest convenience.

We are eager to keep our good relationship with your firm so that we can continue serving you as your valuable business partner. We look forward to hearing from you soon.

Sincerely,

件名：延滞金 3000 米ドルの件

アンダーソン社長様

貴社は長きにわたり弊社にとって極めて重要なお客様でしたので、しばらくご連絡がないことを心配しております。

貴社からの支払履歴は素晴らしいものです。決して遅延などはありませんでした。したがって、現在の未払残高 3000 米ドルについては、何か問題が生じたことによるものと想像しております。貴社の抱える問題についてご一報いただけないでしょうか。そうすれば一緒に双方にとって満足いく解決策を見いだせると考えております。

なお支払いが単純な見落としなどにより遅れている場合には、至急お支払いいただきたくお願い申し上げます。

貴社との良好な関係を継続していきたいという思いを強く抱いております。そうすることで、今後も重要なビジネスパートナーとしてご奉仕できるものと考えます。ご連絡をお待ちしております。

解説

払ってもらうべき代金を払ってもらえていない際に、これだけ「太っ腹」で対応できれば本当に素晴らしいと思いますが、実際には誰もが「早く払ってくれ！」と督促するのではないかと想像します。とはいえ、読者の皆さんには本書を手にしたこの機会に、英語表現にプラスして「人間関係としての商売」について、再考いただければ幸いです。支払うべき側の人間が文例のような温かい手紙を受け取ったら、「この恩返しはきっとする！」と意を決して今後の取引において協力してくれるのではないでしょうか。文例1と2では、表現とアプローチが少し異なります。1では「これまでの取引に感謝する」から始め、そのパラグラフではそれ以上は述べていないのに対し、2では冒頭で「何の連絡もなく心配だ」と冒頭で懸念を表明しています。

重要単語・語句

□ **心からの：**heartfelt 形

□ **引立て、愛顧、支援：**patronage 名 ⇒ **顧客、常連、利用客：**patron 名

日本語の「客」に相当する英単語はたくさんありますので、一度整理しておきましょう。サービス業などにおける「顧客、常連」のことはpatron、弁護士、会計士などの「依頼人」はclient、医者の「患者」はpatient、家庭、パーティー、旅館などに来る「客」はguest、家庭や会社などへの「訪問客」はvisitor、劇場などの「観客」はaudience、球場などの「見物人」はspectator、電車、飛行機などの「乗客」はpassengerと言います。

□ **大喜び、歓喜、楽しみ：**delight 名

□ **確定する、処理する、解決する：**settle 動 ⇒ **確定、解決、定住：**settlement 名

□ **見落とす、見渡す：**overlook 動

□ **見過ごし、不注意：**oversight 名

□ **不規則な、不揃いの、例外の：**irregular 形

□ **迷宮、迷路、混乱：**labyrinth 名

□ **実行する、処理する：**execute 動

□ **仮定する、思う：**assume 動 ⇒ **仮定、想定、前提：**assumption 名

□ **防ぐ、妨げる、邪魔をする：**prevent 動

prevent〈人〉from ~ ing「（人が）~することを妨げる」という形で用いられます。

□ **促進する、迅速に処理する：**expedite 動

使えるる表現パターンとフレーズ

□ **残高を処理すべく解決策を見つける：**
find a solution to smoothly resolve the overdue balance

□ **~する努力を惜しまない：**spare no effort to ~

□ **一報する、連絡する：**drop a line

15. 代金を支払う、受け取る

実例 61 資金繰りの改善を要望する

難易度
★★★

状況

当社のエジプトにおける代理店は、同市場の持つ大きな市場規模のおかげで、1回あたりの注文は大口で、アフリカ地域では重要な代理店の1つである。ただし、時折信用状の開設が注文品の積出月になっても開設されずに、慌てて代理店に開設してもらったりしている。また、これまでのいきさつもあり、同社からの要請に基づいて、例外的に90日の長期ユーザンスを与えている。

このような状況の中で今般、同代理店から、9月に支払期限が到来する大口の手形第189号の期限を30日延長してほしいとの要請を受けた。今年の2、4月に今回と同じような要請があり、その時は先方の要請を認めた。今回分を含めると、今年になって立て続けに3回要請が来たことになる。

そこで、同代理店に対して、次の事柄を内容とするメールを書くことになった。

① 手形期限延長の要請は今年の2月以降これで3度目。貴社との取引拡大を考えていた矢先、このような度重なる要請を受けることは心外である。

② 市場全体として資金繰りが苦しい（general tight liquidity）ので、販売店（dealers）に90日から120日の信用（credit）を供与（grant）しているとのことだが、それは他の市場でも大体同じことである。貴社に対し認めている90日は、当社が現在各代理店（distributors）に対し認めているうちでは最長のユーザンスである。

③ 貴社の支払能力（financial responsibility）については疑わないが、資金繰り（liquid position）改善のために、販売店（dealers）に対する与信限度（credit limits）、代金回収（money collection）の方法、在庫管理（inventory management）、販売予測（sales forecast）などについて再検討し、今後の具体策を詳しく知らせていただきたい。

④ 貴社からの回答を待って取引銀行と折衝し、貴要請に応ずべきかどうかを決めたい。

✓ 作成要領

1. 上記の内容のメールを同代理店に対し、説得力のある文章で書くこと。
2. 支払延期要請が3回続けて来てしまった以上、結局はこれを認めることになるかもしれないが、4回目、5回目の要請は何としても食い止めるべきである。礼儀を失わず、当方の気持ちをはっきり相手に伝えることを考えること。

模範文例

Subject: Deferring Payment of Draft No.189

Dear Sirs,

We would like you to review your situation necessitating the above arrangement and inform us of the remedial measures you are going to take.

We received similar deferment requests for 30-day in February and April respectively, and in both the cases we reluctantly complied with your request. The third request this year is discouraging to us because we are expecting to further expand our business with you this year.

You explained that you are forced to grant 90 to 120 days credits to your dealers, because of the general tight liquidity. But such a length is not uncommon in other markets. Please also note that the 90 days usance we are currently granting to you is the longest we are offering to any of our distributors.

Although we are not questioning your financial responsibility, we suggest that you would review your credit limits to your dealers, money collection methods, inventory manegement, sales forecast accuracy, etc. to improve your own cash flow, and work out specific remedial measures.

After receiving your response on the above in detail, we will discuss with our bankers to decide whether we can entertain your request.

Best regards,

件名：手形第189号の期限延長の件

標記の対応を必要とする貴社の状況を再検討いただいた上で、今後貴社が考えておられる対応策をお知らせいただきたくお願い申し上げます。

同様の30日の手形延長要請は今年の2月と4月にもあり、両件ともに貴社のご要望に応えて参りました。本年に入って3回目の要請は残念なことです。と申しますのも、今年は貴社との取引拡大を期待していたからです。

市場全体の資金繰りが苦しいという状況なので、販売店に90日から120日の信用を供与せざるを得ないとのご説明ですが、その与信期間は他の市場でも珍しいことではありません。貴社に対し認めている90日のユーザンスは、当社が現在代理店に対し認めている中では最長でございます。

貴社の支払能力に対して疑問を抱くものではありませんが、貴社自身の資金繰り改善のため、販売店に対する与信限度、代金回収方法、在庫管理、販売予測精度などについて再検討していただき、具体的な対応策に結び付けていただきたく存じます。

詳細なご回答を入手した上で取引銀行とも折衝し、貴要請に応ずべきかどうかを決めたいと考えます。

解説

大口顧客であるだけに、そうした顧客に対して長期のクレジットを与えたり支払期限を延ばしたりする傾向はどこの会社でもあります。しかし、今後も安定した取引を継続していくためには、ズルズルと条件を緩めてしまうのではなく、事業内容を根本的に見直す必要があります。今回の文例では、実務ベースにおいて相手との信頼関係を強調しつつ、見直すべき項目を具体的に提案しています。

重要単語・語句

- □ **再び見る、再検討する**：review 動
- □ **必要とする、避けがたくする**：necessitate 動
- □ **改善策、救済案**：remedial measure 名詞句
- □ **延期、繰り延べ**：deferment 名 ⇒ **延期する、遅らせる**：defer 動
- □ **がっかりさせる、落胆させる**：discouraging 形
  ⇒ **希望や勇気を失わせる**：discourage 動
- □ **稀な、珍しい、一般的ではない**：uncommon 形
- □ **正確さ、精度、精密さ**：accuracy 名 ⇒ **正確な、精密な**：accurate 形
  ⇒ **正確に**：accurately 副

使える表現パターンとフレーズ

□ **しぶしぶながらも要求に応える**：reluctantly comply with one's request

□ **疑ってはいない**：not questioning

ビジネス用語

□ **信用、掛け、信用度、支払猶予期間**：credit 名

□ **販売店、ディーラー**：dealer 名

流通構造として、卸売業者（distributor）の傘下に販売店（dealer）を置く業界が一般的です。

□ **市場全体の資金繰りが苦しい状況**：general tight liquidity 名詞句

□ **資金繰り、流動性**：liquidity 名

□ **手形の支払期間、ユーザンス**：usance 名

□ **支払能力**：financial responsibility 名詞句

□ **与信限度、与信枠**：credit limit 名詞句

□ **代金回収**：money collection 名詞句

□ **在庫管理**：inventory management 名詞句

□ **販売予測**：sales forecast 名

□ **キャッシュフローを改善する**：improve one's cash flow 動詞句

実例 62 引合に対して価格表を送る

難易度
★☆☆

状況

あなたは東京にあるカメラ・メーカー PHOTON の海外事業部門の企画部長である。最近、海外からの引合に対して、各営業地区担当がそれぞれ手紙やメール等を使って対応しているのだが、その文章や内容はまちまちで、統一性と一貫性がないだけでなく、ひどいものは価格表を時代遅れの表現である Attached please find our price list.のたった1行で済ませているものもあることが分かった。これではマズイと思ったあなたは、海外からの引合に対して、地区担当者が価格表を送付する際には、営業センスあふれるメールの標準フォーマットを作成することにし、今後は基本的にこのフォームメールを使うように指導していきたい。

☑ 作成要領

1. 価格表を送るという行為は重要な営業活動の一環である。引合を出してくれたことに感謝し、注文へ結びつけるためのきっかけとなるメール（フォーム）文を作成すること。
2. フォームメールなので、汎用性が高い文章を考えること。

模範文例

Subject: Our Latest Price List

Dear Mr. / Ms. (name),

Thank you very much for your inquiry for our products through your e-mail of (date).

We are pleased to attach our latest price list for our products effective for the period of April – September 2022. You will also receive separately our latest catalog covering the full range of our products available for the period.

Thanks to the high quality and the most innovative features, we are receiving quite a few inquiries as yours from overseas. You will please take full advantage of our product excellence to increase your sales in your market.

We would like to thank you again for your inquiry this time and look forward to your substantial order soon.

Sincerely,

件名：最新価格表
（顧客名）様

（日時）付けの貴メールでの弊社製品に対するお引合、誠にありがとうございます。

弊社製品の 2022 年４－９月期において有効な最新価格表を添付申し上げます。当期において販売可能な全製品の最新カタログにつきましても別便にて送付させていただきました。

高品質と最も革新的な特徴により、最近では今般の貴社同様海外から極めて多くの引合が寄せられております。貴市場におかれても、弊社製品の優れた点を拡販にご活用いただけましたら幸いです。

あらためて今般のお引合に対して厚く御礼申し上げ、大量注文をお待ちしております。

解説

海外から舞い込んでくる引合に対して、迅速に処理する一方で、「売り込み」もしっかりできるメールを発信することがその会社の営業担当者の力量となります。日頃から鍛錬を重ね、効果的な営業メールが打てるようになりましょう。

重要単語・語句

□ **有効な、効果的な：**effective 形 ⇒ **結果、発効：**effect 名
⇒ **有効に、効果的に：**effectively 副

実例 63 価格改訂をリマインドする

難易度
★☆☆

状況

イギリスのJohnson Trading Companyから、11月1日付のレターと共に日本の“Elephant”ブランドのステンレス水筒（Stainless Steel Mugs）1080本の注文を受けた。しかし先方が注文書に記載してきた価格は残念ながら古いもので、メーカーは同品の定価を1本あたり10月1日より20ドルに引き上げている。新価格表については、9月10日に発送済みである。新価格による注文金額合計は2万1600ドルだが、20%の割引が適用されるため、1万7280ドルとなる。ただし、価格表にも記載の通り、運賃は別払いの条件となっているため、この金額に空送の場合は2500ドル、海送の場合は850ドル加算される。以上のことを先方に伝達したい。

☑ 作成要領

次の内容を盛り込んだ返信メールを書くこと。

① ご注文に感謝する。
② しかし、貴社の見た価格表は古いもので、価格は上がっている。新価格表は送付済みなので、ご覧いただきたい。
③ 注文金額合計は上記の通りとなる。
④ 運賃は別払いとなっているので、加算される。
⑤ 新価格、条件でご了承いただけるか、お返事をいただきたい。その際には輸送方法についてもご指示をいただきたい。

模範文例

Subject: "Elephant" Brand Stainless Steel Mugs

Thank you very much for your order for 1,080 bottles of above products placed through your letter of November 1.

The price list you refered, we are afraid, seem to be an old one because the manufacturer has raised the price of this particular item to $20 per bottle effective as from October 1. Please refer to the latest price list which we sent to you on September 10.

Accordingly, the total amount for 1,080 bottles at the new price will be $21,600, and our actual selling price to you should be $17,280 after 20% discount. As indicated in the new price list, freight is not included in the price, so either $2,500 by airfreight or $850 by sea shipment shall be added to the above price.

Please let us know by return whether you can agree to the revised price. If affirmative, please also let us have your instructions on the shipping method, either by air or by sea.

件名：エレファント印ステンレス水筒

11月1日付貴レターによって上記製品を1080セットのご注文いただき、誠にありがとうございました。

しかし、誠に遺憾ながら、貴方がご覧になった価格表は古いもののようです。と申しますのも、メーカーは当製品に限り、10月1日より単価を20ドルへ値上げしております。9月10日に送付致しました最新の価格表をご覧下さい。

したがいまして、新価格での1080個分では2万1600ドルとなり、弊社から貴社への実際価格は20%の値引き後の1万7280ドルとなります。新価格表に記載されているように、運賃は価格に含まれておりませんので、空送の場合は2500ドル、海送の場合は850ドル別途加算されます。

上記価格等をご承諾いただけるかどうかお知らせ下さい。改訂価格に同意いただけるようであれば、輸送方法について空送か海送かのいずれかをご指示いただければ幸いです。

解説

商品を買ってくれる相手が、意図的なのか、単純に間違ったのか、古い価格を注文書に記載してくることはよくあります。相手の気分を害さずに、新しい価格に変わったことを伝える表現テクニックを身につけておきましょう。

重要単語・語句

- □ **それゆえ、したがって：** accordingly 副 ⇒ **一致した、～による：** according 形
- □ **実際の、現在の：** actual 形 ⇒ **実際に、現在：** actually 副
- □ **示す、指摘する：** indicate 動 ⇒ **指示、しるし、徴候：** indication 名 ⇒ **示す、兆しがある：** indicative 形

使える表現パターンとフレーズ

- □ **参照した価格表は古いもののようである：**
  the price list you referred seems to be an old one
  相手が古い価格表を適用してきたことを直接非難したりせずに、「遠回し」に述べています。
- □ **価格に上乗せされる：** shall be added to the price
- □ **～に合意できるかお聞かせいただきたい：**
  please let us know whether you can agree to ～

実例 64 見積書に誤り?! 大至急、訂正版を送付する

難易度
★☆☆

状況

神戸にある太平洋商事株式会社はフランスの輸入商 Compagnie Française Asien (CFA) から、日本製腕時計（wrist watches）の引合いを入手し、5 月 10 日に見積書第 CFA-1805 号を発行し、購入を促すレターを添えて郵送した。ところが、先方より 5 月 16 日付のメールで、機種 WR3000EX の単価（unit price）がこれまでの交渉では 85.90 米ドルで合意していたはずだが、見積書には 89.50 米ドルと記載されていると指摘があった。

これは単純なミスとしか言いようがないが、あってはならない誤ちである。担当者の「思い込み」からか、見積り作成者のタイプミスなのかは不明だが、見積書の最終責任者も見落としていた。大至急、単価を 85.90 米ドルと正しく印刷した見積書第 CFA-1805R 号を発行し、送ることになった。

☑ 作成要領

1. この見積書の送付と同時に、今回のミスに対してお詫びの一言を書いたメールを作成すること。
2. 自分を中心に考えて書き始めると、we を主語とした文の連続になりがちで、「自分」が前面に出てしまい「お詫び」が相手に伝わらないので、その点を特に注意して筆を進めること。

模範文例

Subject: Revised Estimate No. CFA-1805R

Thank you for your e-mail of May 16 calling our attention to the error made in our Estimate No. CFA-1805.

We hasten to attach the revised Estimate No. CFA-1805R in which we corrected the unit price of Model WR3000EX to read US$85.90 instead of US$89.50.

We sincerely apologize for the inconvenience you have been put to, and you will be assured that we will double-check documents not to repeat this kind of mistake in the future.

件名：修正見積書第 CFA-1805R 号の件

見積書第 CFA-1805 号での間違いに関して注意を喚起する 5 月 16 日付貴メールありがとうございました。

機種 WR3000EX の単価を 89.50 米ドルから 85.90 米ドルへ修正した改定版見積り書第 CFA-1805R 号を取り急ぎ添付致します。

今般の不手際によりご迷惑をおかけしたことを深くお詫び申し上げます。今後はこうした類の間違いを再発しないよう、注意して参ります。

解説

見積書の価格の誤記、よくあることですね。「さぁ〜大変！」と起きてしまったことに慌てても仕方ありませんので、冷静に対応を図りましょう。文例をフォームメール化しておけば、こうしたミス発生時にうまく対処できるはずです。

重要単語・語句

☐ **訂正する、直す：**correct 動 ⇒ **訂正：**correction 名

☐ **不便、不都合：**inconvenience 名 ⇒ **不便な、不都合な：**inconvenient 形

☐ **念入りに確認する：**double-check 動

使える表現パターンとフレーズ

☐ **〜の注意を喚起する：**call one's attention

☐ **ご迷惑をかけたことを心より謝罪する：**
we sincerely apologize for the inconvenience

実例 65 拡販のため 10% の値引きを要請する

難易度
★★☆

状況

当社はイギリスの菓子製造会社である Royal Guards 社に昨年、試注文（trial order）としてバタークッキー（Butter Cookies）200 カートンを発注した。入荷後、全国販売網を使って試験的な販売を行なってきたが、その品質と味の良さで予想以上の販売を、設定した期間前に達成した。これに勇気づけられて、いよいよ本格的な販売に踏み切ることを決定し、10 月積みで 1 万カートンの発注をすることとした。ついては大量注文であるし、今後の当商品の日本市場での販売を大きく左右しかねないので、新聞・テレビその他媒体を通じて宣伝も積極的に実施していきたい。その原資として、1 割の値引きを Royal Guards 社に要請したい。

☑ 作成要領

1. 上記の状況を踏まえ、当社の輸入部長として、この商談交渉のメールを簡潔明瞭に書くこと。
2. この文章を作成するにあたっては、最も大事な事項を出来る限り前半に持ってくるのが効果的である。

模範文例（敬辞、結辞省略）

We are pleased to inform you that your Butter Cookies, which we ordered as a trial order, have achieved good sales results for their fine quality and good taste.

Being very much encouraged by this success, we have decided to sell your products on a large scale and should like to place a new order for 10,000 cartons of the same Cookies for October shipment.

We are planning to implement a nationwide advertisement campaign through newspapers, TV and other media for this product. We shall appreciate it, therefore, if you would grant us a 10% discount on the price.

Your kind understanding and cooperation would be greatly appreciated.

弊社が試注文で注文させていただいた貴社のバタークッキーは、その品質と味の良さで良好な販売実績を上げたことを謹んでご報告致します。

この好成績に勇気づけられ、貴社製品の販売量を大幅に拡大させていくことを決定し、10月積みで同クッキー1万カートンの注文を出させていただきたいと考えております。

当製品については、新聞・テレビを始めとする媒体を通して全国的な広告宣伝キャンペーンを展開していく計画です。つきましては、その原資として、10%の値引きをご承認いただきたくお願い申し上げます。

ご理解とご協力をよろしくお願い申し上げます。

解説

買い手が売り手に対して、「たくさん売っていくので、値引きして下さい」と懇願する内容です。文例の論理展開を参考にして下さい。①試売りは成功 ⇒②大量に注文する ⇒③広告するからお金が必要 ⇒④値引きすることで助けて、という展開となっています。第1章で述べましたが、こうした論理展開は英文を書き始める前に練っておくことが重要です。

重要単語・語句

□ **(約束、計画などを) 実行する、実施する : implement** 動
⇒ 実施 : implementation 名
日常のビジネスにおいて、計画や合意事項を「実施する」という日本語に最も近い単語です。覚えておけば間違いなく役立つはずです。海外代理店に広告宣伝などをしてもらった際の「実施報告書」は implementation report と言います。

使える表現パターンとフレーズ

□ **良好な販売実績を上げる : achieve good sales results**

□ **今回の成功で自信を持って : being encouraged by this success**

□ **大規模に、大々的に : on a large scale**

□ **～に値引きを与える : grant 〈人〉 a discount**

ビジネス用語

□ **全国的な広告宣伝キャンペーン : nationwide advertisement campaign** 名詞句

16. 価格を交渉する

実例66 値引き要求を断る

難易度
★★☆

状況

キラリ硝子工房株式会社は得意先であるNew World Trading Co., Inc.と新しいガラス陶器の販売について商談を始めたところであるが、同社より11月1日付で次のようなメールを受け取った。

> Thank you for your Price List of October 25 together with samples of your Glass Ware.
> While we appreciate the good quality of your products, we find the prices of these goods rather high for the market we intend to supply. Your prices seem to be from 10% to 15% higher than those now available in the market from Korean manufacturers.
> As we have in mind an initial order for 3,000 pcs. per each model, will you please consider making a more favorable offer? Your kindest and soonest reply would be appreciated.
> (ガラス陶器の見本及び10月25日付の価格表ありがとうございました。
> 品質の良さは評価できる一方で、弊社が参入しようとしている市場の価格帯よりは高いことが判明しました。貴社製品価格は、現在市場に出回っている韓国メーカーのものに比べると10%から15%ほど高いようです。
> 各商品3000個の初回注文を念頭に置いていますので、もう少しお値段を下げていただくわけにはいきませんか。お返事をお待ちしております。)

しかし、素材の仕入先などとも相談し、色々検討してみたが、実際に値引きは不可能である。送った見本もその価格では最高の品質のものであると自信がある。高品質の日本製品を品質が一段劣る韓国製品と同価格で売ることは今後の商売のことも考慮すると避けたい。先方が指摘しているような価格の製品もキラリ硝子工房は製造しているので、正直言って乙波したモデルより品質的には落ちるが、それらを売っていくことも戦略としては考えられる。

当社としては、競争相手の品質や価格について、国内外にかかわらずよく研究しており、今回も競争に勝てる見込みは充分ある。問題となっている製品、あるいは代替品いずれになるにせよ、この商談は是非まとめたい。

☑ 作成要領

1. 多くの情報が与えられているが、書くべき事柄を取捨選択し、簡潔に先方のメールに対する返事を書くこと。
2. ビジネスの勘を存分に発揮し、ビジネスパーソンとして積極的に、また自分の売り込む商品には絶対の自信を持つ姿勢を出すこと。
3. 初歩的な文法ミスについては、極力排除すること。自分では正しいと思った用法でも、辞書で必ずチェックする習慣をつけること。

模範文例

Subject: New Glass Ware

In accordance with your e-mail of November 1, we immediately discussed the possibility of reducing the prices of the products in question with our material suppliers.

As a result of our discussion, however, we regret to inform you that we are unable to reduce the prices to protect the quality of the eligible models. Your kind understanding will be greatly appreciated.

At the same time, we are pleased to introduce to you our glass wares of different grades which, you will find, will be very competitive both in prices and quality with the Korean makes mentioned in your mail. The prices are shown in the attached price list, and the samples have been separately sent to you today.

We look forward to receiving your order soon after your careful study on the above.

件名：新ガラス陶器

11 月 1 日付の貴メールに従って、早速素材の供給業者と当該製品価格の値引きの可能性について協議致しました。

その議論の結果としては、残念ながら、対象の商品の品質を守る意味で、価格を下げることは致しかねます。ご理解いただけますと幸いです。

同時に、貴社がメールの中で述べられていたように、市場で韓国製と価格と品質において競争できる別グレードのガラス陶器をご紹介させていただきます。価格は添付価格表に記載しております。見本については、本日別便にて送付させていただきました。

ご検討いただいたうえでご注文いただければ幸いです。

解説

どの業界でも同じことが起こっていると思いますが、国内の同業他社との競争に加えて、韓国製や中国製の類似商品の低価格攻撃には悩まされます。先方から韓国製品と比べられ、「値引き要求」を受けた際に、どうしても「価格を下げるかどうか」の議論に終始しがちとなりますが、今回の事例のように、まず製品の品質と価格を冷静に分析しましょう。低い品質のものと単純比較して価格を下げ、自らの利益を減らすことをしないようにするのが大切です。

重要単語・語句

- □ **減らす、落とす**：reduce 動 ⇒ **減少、縮小、割引**：reduction 名
- □ **材料、素材**：material 名
- □ **品質等級、階級、グレード**：grade 名

使える表現パターンとフレーズ

- □ **～によって、従って**：in accordance with ～
- □ **～の品質を守るために価格は下げられない**：
  be unable to reduce the price to protect the quality of ～
- □ **価格と品質において競争力がある別グレードの～**：
  ～ of different grade which will be competitive both in price and quality

16. 価格を交渉する

実例 67 小型発電機の値下げ要求をかわす

難易度
★★☆

状況

地球温暖化の影響により、世界各地で自然災害が増加していることもあって、軽量・コンパクトで持ち運びが容易な日本製の小型発電機の需要が国内だけでなく海外でも伸びている。大阪の大商貿易はこの小型発電機を途上国を中心に輸出しているが、特にアラブ首長国連邦（UAE）市場での販売の伸びには目を見張るものがある。ことに、最近6か月における販売成績は素晴らしく、これは需要の伸びとそれに合った商品の特徴に加えて、代理店である Dubai Trading Centre 社の積極的な営業活動によるところも大きい。

そのこともあってか、このたび、現地から10月3日付レターで小型発電機の値下げを要求してきた。しかし、大商貿易が調べた限り、価格は競合各社より5%ほど低く、同業他社は旧型在庫の処分をしている最中なので、在庫の消化と共に遅かれ早かれ値上げをせざるを得ない状況であることが分かっている。このような事情を鑑み、値段を下げる機会を与えることは当分ないと判断している。

☑ 作成要領

1. 以上の状況から、Dubai Trading Centre に対し、値下げ拒否のメールを書くこと。
2. 話の進め方としては次の2通りある。まず謝意を表してから断る、あるいはその逆である。数学的には同じだが、言語活動では効果の上で異なってくる。

模範文例

Subject: Price of Portable Generators

We appreciate your outstanding sales performance of our products in the recent six months. There is no doubt such sales success has not been achieved without your strenuous effort in your market.

In the meantime, we have received your letter of October 3 asking us to reduce the price of Portable Generators.

While appreciating your constructive proposal, however, we recognize our prices are presently some 5% lower than those of our competitors and most likely they will have to raise their prices very soon.

Under these circumstances, we would like to keep the current price for the time being. We believe that the unparalled features of our products, combined with your aggressive sales approach, will enable us to further increase our market share even at the current price.

件名：小型発電機の価格の件

最近６か月間においては、弊社製品の素晴らしい販売実績を上げていただき、厚く御礼申し上げます。このような好成績は貴市場における貴社のたゆまぬ努力なくしては成しえなかったことに疑いの余地はありません。

そんな中で、小型発電機の価格を下げてほしいとご要望の１０月３日付の貴信受け取っております。

建設的なご提案に深謝申し上げる一方で、弊社の現行価格は競合他社のものより5%ほど安くなっていること、そして他社は近々値上げをせざるを得ない状況にあることと認識致しております。

このような状況ですので、当面は現行価格を維持したいと考えております。弊社製品の類を見ない特徴と貴社の積極的な販売アプローチが組み合わされることで、現行価格でもさらなる市場シェアの向上を狙えるものと信じております。

解説

相手を持ち上げつつ、説得力ある事実の列挙で値下げ要求をかわしています。理論と実践を通じて、こうした技術を身につけていきましょう。

重要単語・語句

- □ 際立った、突出した：outstanding 形 ⇒ 際立って、突出して：outstandingly 副
- □ 並ぶものがない、無比の：unparalleled 形
- □ 積極的な、攻撃的な：aggressive 形

使える表現パターンとフレーズ

- □ 疑いの余地がない：there is no doubt
- □ このような好成績は貴社のたゆまぬ努力なくしては成立しなかった：
  such success has not been achieved without your strenuous effort
- □ 値上げせざるをえないことがほぼ確かである：
  most likely they will have to raise their price
- □ そのような状況なので、このような事実に鑑み：under these circumstances
- □ 貴社の積極的な販売アプローチを伴えば：
  combined with your aggressive sales approach

ビジネス用語

- □ 販売成績：sales performance 名詞句
- □ 市場占有率、シェア：market share 名詞句

16. 価格を交渉する

実例 68 突然の値上げ通告に抗議する

難易度
★★★

状況

当社はアメリカ・カリフォルニアの Pacific Trading Co., Ltd. からワイン、ミックスナッツ、ビーフジャーキー、ドライフルーツなどの食料品を輸入している。この度、突然、輸出価格を一律20%値上げするという8月23日付の通告を同社の輸出部長である Mr. Freeman より受け取った。現状の市場状況では、この値上げは全く受け入れられないばかりか、逆に値下げを要求せざるを得ない状況である。

その理由として以下のことが挙げられる：

① 最近の為替変動によって日本市場の状況が急激に変わってきている。
② 日本を含め世界経済の景気回復が遅れている。
③ 輸入製品に対する需要が落ち込んでいる。
④ 競争が急激に激しくなっている。
⑤ 価格競争が厳しくなってきている。
⑥ 在庫が膨らんでいる。
⑦ 輸入規制が厳格化する傾向にある。
⑧ 他社との競争により営業戦略を見直している。

以上のような理由で、価格については徹底的な抗議を行なうが、同社からの輸入は引き続き継続したいと考えている。年末には契約更新について交渉が予定されているので、現時点における値下げのアピールは今後の交渉に大きな影響を与えることになる。

☑ 作成要領

1. Pacific Trading 社の輸出部長 Mr. Freeman 宛てに当方の事情を説明し、値上げどころか、値下げしてもらうことを訴えるメールを作成すること。
2. 理由としては上記の内容を盛り込むこと。
3. 値上げに抗議することはやっていかざるを得ないが、双方の利益が真っ向から対立する中で、人間関係を崩さないように心情的な要素もしっかり考慮すること。

模範文例

Dear Mr. Freeman:

We are in receipt of your e-mail of August 23. We have thoroughly reviewed your proposed increase of 20% in the price of Pacific products for the Japanese market, and we would like to make the following comments;

The reasons for a substantial increase at this particularly unfavorable time may probably be warranted from your standpoint. However, we can only think of an adverse effect it will have on the future sales and profit structure of Pacific products here.

There are several valid reasons for this conclusion. Among the most important ones are: 1) the recent rapid changes in the Japanese market due to currency fluctuations and the accompanying uncertainty and instability in fixing a favorable market price for Pacific products, 2) the slow global economic recovery which continues to adversely affect consumer spending in Japan, 3) unexpected drop in demand for Pacific merchandise combined with a steady increase in competition from other companies with a similar line of products, 4) current high level of our inventory, 5) uncertainty in planning our sales strategy under the tendency of stricter import regulations.

Frankly, recent inroads into the market by competition, strengthened by their lower prices, have forced us to completely revamp our current market strategy. To compete head-on rush of lower-priced competitive products we have no choice but to seriously consider lowering the market prices of Pacific products, despite their obvious superior quality. In doing so we had planned to request a 10% reduction in your current prices. We are of course fully aware that such a proposal would be contrary to your expectations, but under the present adverse circumstances there seems few opitions for us.

In the upcoming contract renewal negotiations, we will review the current situation again from a different perspective and may be able to propose a price increase that will meet your expectations. It will largely depend on the current market trend for Pacific goods. We feel, however, that the future for Pacific products in the Japanese market is attractive. In order to maintain our current lead, we must do whatever we can to cope with the present situation imposed by competitors' lower priced offensive.

We sincerely look forward to your cooperation in this regard, and hope to hear from you most favorably soon.

Very truly yours,

8月23日付の貴メールを受け取りました。日本市場向けパシフィック製品価格の20%値上げ提案につき徹底的に検討させていただいた結果、以下にコメントさせていただきます。

このような極めて状況が良くない時期に大幅な値上げをするには、貴社の立場からすればそれなりの理由があるものと存じます。しかし、弊社には、当地での将来の販売とパシフィック製品の利益構造に悪影響を与えることしか思いが及びません。

この結論にはいくつかの理由があります。中でも重要なものとしましては、以下が挙げられます。①最近の為替変動による日本市場の急激な状況変化とそれに伴うパシフィック製品の有望市場価格の形成が不確実かつ不安定になってきていること、②世界経済の景気回復の遅れが日本の消費者の個人消費に悪影響を与え続けていること、③パシフィック製品に対する需要の予想外の落ち込みと競合他社の類似商品との競争が激化していること、④弊社在庫が過剰気味であること、⑤輸入規制が厳格化する傾向下で、営業戦略を立案することが不透明であること。

正直申し上げて、昨今の競合他社の低価格攻勢による市場参入により、弊社は現在の市場戦略の根本的な見直しを迫られております。他社製品の低価格化に真っ向から対抗するには、品質上の優位性にもかかわらず、パシフィック製品の市場価格の値下げを真剣に検討せざるを得ません。このような状況から、実は現行価格から10%の値下げをお願いしようと考えておりました。もちろん、このような提案は貴社の期待に反することは十分承知しておりますが、現在の逆風の中では弊社にとって選択肢はあまり多くありません。

来たる契約更改交渉では、現在の状況を異なる視点からもう一度見直して、ご期待に沿えるような値上げ提案ができるかもしれません。パシフィック製品に対する現在の市場動向に大きく左右されます。しかし、パシフィック製品の日本市場での将来は魅力的だと感じています。現在のリードを保つために、競合他社からの低価格攻勢による現況に何としても対処していかねばなりません。

貴社のご協力を心よりお願い申し上げます。ご返事をお待ちしております。

解説

メールでの回答であっても、困難なシチュエーションにおいて相手を説得し理解と協力を得るためには、長文になってもしっかり理由や根拠を示すことが重要です。

値上げの通告を受け取ったら、ひたすら値上げは自社にとって不都合である旨を訴えるのが一般的かと思います。しかし、文例では第2パラグラフで、貴社にもそれなりの理由があるでしょうと言っているところが「大人」ですよね。こうした営業センスとそれを示す表現力をぜひとも身につけていただきたいと考えます。

重要単語・語句

- □ 悪影響 : adverse effect 名詞句
- □ 変動 : fluctuation 名 ⇒ 変動する : fluctuate 動
- □ 不透明さ、不確実性 : uncertainty 名
  ⇒ 先が読めない、確実でない : uncertain 形
- □ 不安定、 安定していないこと : instability 名 ⇒ 不安定な : instable 形
- □ 個人消費 : consumer spending 名詞句
- □ 進出、 参入 : inroads 名
- □ 間近に迫っている、 来るべき : upcoming 形

使える表現パターンとフレーズ

- □ ～を入手している、 受け取った : we are in receipt of ～
  相手からのレターやメールが当方にとってあまり望まない内容の場合には、この表現を使います。
- □ ～しか思いつかない : can only think of ～
- □ 戦略の見直しを迫る : force to revamp one's strategy
- □ ～する以外にない : have no choice but to ～
- □ 選択肢はあまり多くないように思われる : there seems to be few options
- □ ～を異なる視点から見直す : review ～ from a different perspective

ビジネス用語

- □ 在庫 : inventory 名
  stock もよく使われます。
- □ 戦略、 策略、 計画 : strategy 名
- □ 刷新する、 てこ入れする : revamp 動
- □ 契約更改交渉 : contract renewal negotiations 名詞句

16. 価格を交渉する

実例 69 値上げへの抗議に対して理由を説明する

難易度
★★★

状況

東京都港区にあるJCC（Japan Computer Corporation）はコンピューターとその関連商品を国内外で販売している。同社の輸出部門は、急激に進んだ円高に対応すべく、今期の輸出向け価格表を改訂し、海外の代理店に送付したところ、一部の代理店から「本年の価格表に記載の値段が、昨年のものと比べて著しく高くなっている。例えば、ノートパソコンLap-top Personal Computer LPC-36は、昨年は1台800ドルだったが、今年は1000ドルに上がっている。どうして急にこんなに値上げしなければならないのか理解に苦しむ。至急納得のいく説明をしてほしい。」と言ってきたので、これに対処したい。

☑ 作成要領

1. JCCの輸出部門の責任者として、次の事項を盛り込んで、苦情を申し立てている代理店に対する返信メールを書くこと。複数の代理店から同様の抗議が来ているので、同じ文章で出状できるようにしたい。
   「値上げの主な理由は円高によるもので、昨年初め1ドル110円だったのが、その後円が約25%も上昇し、現在1ドル90円になっている。昨年800ドルだったノートパソコンLap-top Personal Computer LPC-36が今年1000ドルになっても当方の円手取り額は同じである。しかも、日本製品の輸出に対する欧米各国政府の監視が厳しく、もしあまりに安値で輸出すると、ダンピング容疑で訴えられかねない。当社は自社で製造したものを直接輸出しているので、価格は他の商社経由で提供するものよりずっと割安になっているはずで、どうしても値下げするわけにはいかない。この点をぜひご了解いただきたい。」
2. 全体の構成としては、第1に値上げの理由は円高によるということ、第2は日本製品の輸出に対する各国政府の監視が厳しいということ、第3はメーカーの直接輸出であるから商社経由より安いということ。以上の前後に書き出しと締めくくりをつけて、全体を5つのパラグラフで書くことを考えたい。

模範文例

Dear Mr. / Ms. (name),

We have received your letter of April 14 asking us to explain why the prices in our latest price list have been raised.

The primary reason for the price increase is the sharp appreciation of the value of Japanese yen; it was ¥110 to a dollar early last year, but now is ¥90, up almost 25%. The Lap-top Personal Computer Model LPC-36 was priced at $800 in our old price list, but it is $1,000 in our new price list. However, taking into account of the yen's 25% appreciation, our net proceed in yen is practically the same.

Besides, your government is strictly monitoring the export of Japanese products and if we happen to export them at considerably low prices, we are likely to be sued for an alleged dumping.

We are both manufacturers and exporters and are quite confident that our prices are much more competitive than those offered by other trading firms and so we are in no position to reduce the prices.

We do hope you will understand the foregoing situation and extend your kind cooperation.

Best regards,

弊社最新価格表における値上げの理由の説明をお求めの 4 月 14 日の貴信、落掌しております。

値上げの第一の理由は急激な円高によるもので、昨年初め 1 ドル 110 円だったのが、現在では 1 ドル 90 円になっております。これは実に約 25%の上昇となります。弊社製品 Lap-top Personal Computer LPC-36 は旧価格表では 800 ドルでしたが、新価格表では 1000 ドルになっております。しかし、25%の円高を考慮すると当方の円手取り額は事実上変わらないのです。

しかも、日本製品の輸出に対する貴国政府の監視は厳しくなっており、もしあまりに安値で輸出するようなことになれば、ダンピング容疑で訴えられかねません。

当社は自社で製造したものを直接輸出しているので、価格は他の商社経由で提供されているものよりずっと割安になっているはずですので、値下げをするわけにはいきません。

事情をぜひご了解いただき、貴社のご協力をお願い申し上げます。

解説

円高の波は何年かの周期でやって来ますので、その際にやむなく値上げをする場合には、「値上げの理由は円高にある」旨の論理と具体的な表現を自分のモノにしておきましょう。

重要単語・語句

- □ **第一の、主要な、根本的な：**primary 形 ⇒ **最初に、本質的に：**primarily 副

使える表現パターンとフレーズ

- □ **～という値をつける：**be priced at ～
- □ **～を考慮すると：**taking into account of ～
- □ **実質上は変わらない：**be practically the same
- □ **厳しく監視する：**strictly monitor
- □ **私たちが誤って～するようなことがあれば：**if we happen to ～
- □ **～の嫌疑で訴えられることもあり得る：**be likely to be sued for an alleged ～

ビジネス用語

- □ **ダンピング（不当廉売）、安売り：**dumping 名

  外国市場を確保するため、国内価格より低い価格で外国へ販売する行為を指します。
- □ **メーカー、製造業者：**manufacturer 名 ⇒ **製造する、作る：**manufacture 動
- □ **輸出業者、輸出者：**exporter 名 ⇒ **輸出する：**export 動

  export の語源はラテン語で「ある場所からモノを運び出す」という意味の exportare です。英語の out や away（外へ、～から、～を越えて）を表す接頭辞の ex- と carry（運ぶ）に相当する portare の合成語である exportare からきています。
- □ **商社：**trading firm 名詞句

第3章 16・価格を交渉する

17. クレームする、クレームを処理する

実例 70 破損品をクレームする

難易度
★☆☆

状況

大阪にある難波商事は中国メーカーから電化製品を輸入し、日本国内で販売している。今般、以前に輸入して販売が好調であった「タコ焼き機」600 台を追加で注文し、4 月 4 日付の船積案内にて連絡を受けていた商品について、本日になって通関が終了、貨物が入荷したが、その内ケース No.12 と 13 の全数（合計 48 台）が損傷を受けており、売り物にならないことがわかった。

早速、中国メーカーに代替品を送るように依頼するメールを打つことになった。

☑ 作成要領

1. あなたは難波商事の輸入部門の担当者として、中国メーカーの品質担当である Joseph に対してクレームを起こすメールを書くこと。
2. あまり刺激的な言葉を使うと、このクレームから「紛争」になりかねないので、必要な項目を平易な単語を使って簡潔に述べることを心掛けたい。

模範文例

Subject: Damaged “Takoyaki” Cooker on Latest Shipment

Dear Joseph,

Today we received the products shipped as notified through your shipping advice of April 4.

Unfortunately, however, cases No.12 and 13 (total: 48 sets) had been completely damaged, and the contents broken, apparently beyond repair.

We would like you to send us replacement units of the item as soon as possible.

Best regards,

件名：直近船積「タコ焼き機」の損傷

ジョセフさん

4月4日付の船積案内でご連絡いただいた製品を本日受け取りました。

ところが、残念なことに、ケースNo.12番と13番（合計48台）は完全に破損しており、中身も壊れていて修復不可能な状態です。

つきましては、代替品を至急送付いただきたくお願い申し上げます。

解説

商品やサービスに対して期待するレベルになかった場合には、クレームをしなければなりません。今回の事例は、受け取った貨物が破損していた場合のクレームメールです。

重要単語・語句

☐ **見たところ、外見上、明らかに：** apparently 副

使える表現パターンとフレーズ

☐ **～することをお願いする：** we would like you to ～

ビジネス用語

☐ **損傷を受けた、傷つけられた：** damaged 形 ⇒ **損害、損傷、損害賠償金：** damage 名

☐ **交換物、代替品：** replacement units 名詞句

17. クレームする、クレームを処理する

実例 71 出荷遅延に対する苦情に回答する

難易度
★★☆

状況

東京の三友商事のロサンゼルス支店は、シカゴの得意先からクリスマスシーズンに向けて 12 月 2 日付にて玩具の注文を受け、3 日後の 5 日に出荷を完了したが、注文品の引渡しについて、同得意先から 12 月 17 日付の次のメールを受け取った。

On December 2, we placed an order for 300 pcs. Christmas toys on condition that the goods should reach us not later than December 10.
However, the order has not reached us yet with the Christmas only one week ahead. We can not guess any reason since you have been punctual in fulfilling our orders up to now. We are quite anxious for the arrival of the shipment as Christmas is fast approaching.
We shall be very grateful to you if you would kindly look into the matter and arrange the goods to arrive here by December 20 at the latest.
(12 月 2 日に弊社はクリスマス用玩具 300 個を 12 月 10 日までに届けていただく条件で注文させていただきました。しかし、クリスマスが 1 週間後に控える今となっても注文品が届いていません。これまで注文品の出荷には期限を守っておられた貴社のことですので、今回の遅れの原因が理解できません。クリスマスが近づいておりますので、荷物の到着を今か今かと待っております。本件について至急調査の上、遅くとも 12 月 20 日までに届けていただくようお願い致します。)

早速、調査を行ない、しかるべき対応を取ることとした。今回の貨物は日本から西海岸のロングビーチまでは海送、ロングビーチからシカゴまでは鉄道輸送の複合輸送で手配している。

☑ 作成要領

1. 上記の苦情に対する回答メールを作成すること。
2. 受信者に深い配慮を払い、同時に自己の主張も明確に表現すること。

模範文例

We regret to note from your mail of December 17 that you have not received the shipment we made on December 5, 3 days after your order was placed with us.

Immediately we will contact the railroad company to determine the cause of this unusual delay and will inform you of our findings soon. Attached are Xerox copies of the waybill and invoice for your own tracing purpose.

We apologize to you for the inconvenience this has caused, but hope that this happening would not affect our relationship.

12 月 17 日付の貴メールによると、ご注文から 3 日後の 12 月 5 日に発送した貨物がまだ到着していないとのこと、大変残念です。

直ちに、鉄道会社に連絡し、この異常な遅れの原因を究明し、早急に調査結果をご連絡するように致します。貴社の追跡用に貨物運送状と送り状のゼロックスコピーを添付します。

ご迷惑をお掛けしていることをお詫び申し上げますが、このような事態が私たちの関係にまったく影響を与えないことを願っております。

解説

相手からのクレーム、今回の場合は貨物の未着という問題への対応をまずメール等でどう返事をするかを学びます。ここでは、遅れの責任逃れ的な説明や言い訳などは一切述べず、問題を理解し、迅速なアクションを取っていることを強調しています。

重要単語・語句

- □ **接触する：**contact 動

使える表現パターンとフレーズ

- □ **～を知り残念に思う：**regret to note that ～
- □ **～を引き起こした原因を探る：**determine the cause of ～
- □ **～に調査結果を連絡する：**inform 〈人〉 of one's findidngs
- □ **このことが～に影響しないことを願う：**
  hope that this happening would not affect ～

17. クレームする、クレームを処理する

実例 72 品違いをクレームする

難易度
★★☆

状況

東京の日の丸商事は韓国から DVD プレーヤーを 100 台購入、本日、輸入通関が完了し、貨物を開けてみたところ、100 台のうち、注文した Grade A ではなく、仕様が低い Grade B が 36 台混じっていることが分かった。顧客からは催促されているため、至急 Grade A を送付するように依頼したい。間違って出荷された下級品 36 台については、とりあえず委託品として店に置いておいてもよいが、当販売シーズン中に売れる見込みは極めて低い。この提案が受け入れられなければ、運賃着払いで返送するので返事をいただきたい。

☑ 作成要領

1. 日の丸商事の担当者として、品違いを訴えるクレームメールを書くこと。
2. 明らかに先方のミスによる誤送品なので、訴えるべきところはしっかり主張すること。

模範文例

Subject: 100 DVD Players on Latest Shipment

The above shipment has been cleared through the customs today. Upon unpacking the box, we regretfully find that thirty-six (36) of the hundred DVD Players are of Grade B, instead of Grade A as ordered. Please let us know by return mail whether you can ship immediately the missing Grade A.

As for the Grade B units, we are ready to keep them on consignment, although there is very little prospect of selling them before the end of sales season. If this proposal does not suit you, we shall be compelled to return them on freight collect basis.

Best regards,

件名：直近船積分 DVD プレーヤー 100 台口

上記の貨物は本日、通関しました。箱を開けてみたところ、残念なことに、DVD プレーヤー 100 台のうち 36 台が注文した A 級品ではなく、B 級品であることが分かりました。不足分の A 級品をすぐに出荷できるかどうか、折り返しメールにてお知らせ下さい。

B 級品については、販売シーズン終了までに売れる見込みはありませんが、委託在庫として弊社にてお預かりする用意がございます。この提案が貴社にとって受け入れられなければ、やむを得ず運賃着払いで返却することになります。

解説

クレームといっても様々な種類がありますが、今回の事例は「品違い」です。注文していたものとは異なる商品を受け取った際のクレームの書き方となります。

重要単語・語句

□ **開く、開梱する、箱を開ける：unpack** 動

□ **残念なことに、遺憾ながら：regretfully** 副

使える表現パターンとフレーズ

□ **余儀なく～する：be compelled to ～**

「自分の意思ではなく、～そうせざるを得ない」と言いたい時に使う表現です。compel という動詞は、「（人に）無理に [強いて] ～させる」という意味です。

ビジネス用語

□ **通関する：clear** 動

□ **税関：customs** 名

「税関」という意味で使う場合には、customs と複数になることに注意しましょう。

□ **委託販売で：on consignment** 副詞句

□ **委託、委託されるもの、委託貨物：consignment** 名

17. クレームする、クレームを処理する

実例 73 誤送された商品の代替品を送る

難易度
★★☆

状況

大阪の吉川商事は建築関連資材を扱う中堅商社である。本日（5月20日）、韓国の取引先から、注文品の長さ20mのホース10本が届いたので開封したところ、20 mではなく10 mのホースが入っていたとのメールを受信した。カタログに掲載されている商品の色とは微妙に異なっていて、商品にも10 mのシールが貼ってあるという。早速、出荷状況を調べてみたところ、ホースの太さはほぼ同じで、10 mは濃い青で20 mは紫色と色別しにくい上に、在庫の保管棚も近い場所にあった。断定はできないものの、どうもピッカーが間違って出荷してしまったようである。

そこで、取引先に対して、以下のような内容でメールを打つことにした。

「5月20日の貴メールにてご指摘いただいた誤送品の代替ホース（20 m）を本日、費用、運賃共に弊社負担にて空送しました。送り状と航空貨物受取証を添付します。

今回の誤送に対し深くお詫びし、今後このような過ちを繰り返さないように対策を取っております。」

☑ 作成要領

1. 韓国の取引先担当者であるMr. Leeに対してミスを謙虚に認めて謝罪し、迅速に代替品を送ったことを伝えること。
2. こうしたミスは決して繰り返してはならないが、将来類似の事故が起きた場合に流用できる文章としておくこと。

模範文例

Dear Mr. Lee,

We have airfreighted today 10 pieces replacement Hose (20m) for the incorrect products you brought to our attention through your mail of May 20. Shipment was made free of charge and freight prepaid basis. Please refer to our Invoice and Air Waybill attached.

We apologize to you most sincerely for this most regrettable mistake and have taken necessary measures to prevent a recurrence of similar errors in the future.

Sincerely yours,

5月20日の貴メールにてご指摘いただいた誤送品の代替ホース（20 m）10本を、本日空輸致しました。貨物費用、運賃ともに弊社負担としております。添付の送り状及び航空貨物運送状をご参照下さい。

今回の極めて残念な手違いに対し心よりお詫びし、今後、同様のミスが再発しないよう必要な措置を取りました。

解説

人的なミスは残念ながら起こります。しっかりと調査した上で、自社のミスであることが分かったら、早急に代替品を送付して、顧客にこれ以上迷惑をかけないようにし、きちんと詫びましょう。顧客からのクレームに対して、開き直ったり、証拠を出せと主張したり、誠意が見られない対応をしたりすることで顧客の怒りに油を注いでしまうことは実際によくありますので、よくよく注意して対応を図りましょう。

重要単語・語句

□ 空送する：airfreight 動

□ 取替、代替、返却：replacement 名

□ 正しくない、誤った：incorrect 形 ⇔ 正しい：correct 形
⇒ 不正確に、正しくなく：incorrectly 副

□ 心より、真心こめて：sincerely 副

□ 残念な、遺憾な：regrettable 形

□ 手段、対策、処置：measures 名 ＊通例は複数で使う

□ 再発、繰り返し、循環：recurrence 名

使える表現パターンとフレーズ

□ ～の注意を喚起する：bring to one's attention

□ ～に対して心よりお詫びする：apologize most sincerely for ～

ビジネス用語

□ 無料で：free of charge 副詞句

□ 運賃前払い：freight prepaid 名詞句
freight prepaid とは、荷物を送る側（shipper と呼びます）が運賃や料金を輸出地側で支払う方法です。逆に、輸入地側で荷物を受け取る側（consignee と呼びます）からの運賃を回収する場合は、freight collect と言います。

□ 送り状：Invoice 名

□ 航空輸送状、航空貨物受取証：Air Waybill 名詞句
荷送人と運送人の運送契約の成立を証明し、貨物の授受を証明する書類です。

17. クレームする、クレームを処理する

実例 74 クレームを拒否する

難易度
★★★

状況

日本汽船株式会社は同社船富士丸（アントワープ港を2月19日出航、横浜港4月1日着）から陸揚げしたワイングラスのケース No.15の中味が破損していたと、引き渡し後6か月も経過した10月6日になって荷受人である鈴木商事からクレームを受けた。

調査したところ、船荷証券 第NKK-25号には Not responsible for breakage and condition of contents という文言が記載されていることが分かった。これは同品が積み替えられ、そのため梱包が当初積み出された状態ほど頑丈でなかったと判断された結果、Mate's Receipt（貨物受取書）並びにそれに従い、上記のB/Lに挿入されたものである。

そこで、日本汽船としては、次の2つの理由で鈴木商事のクレームを拒否することに決定した。

① 上記の特別な条項の記載

② 仮に上の条項に例外を認めたとしても、船会社の責任は無期限に負わされるべきものではない。クレーム申立て期間中に申立てがなければ、当該船荷にはご満足いただいたと考えるのは当然である。仮にクレーム内容を認めるとしても、相当期間を経過した今となっては、それを受理するのはとても無理である。

☑ 作成要領

1. 以上の状況で、日本汽船の代表者として、鈴木商事宛てに返事を書くこと。メールで回答することもできそうだが、今後大きな訴訟にも発展しかねない案件なので、レターでしっかり書いておく方がよい。
2. 書き方としては、決して腹を立てない（腹を立てていると相手に思わせない）、感情的にならない（感情的になっていると相手に思わせない）、どちら側に非があるかを明らかにして納得してもらうことが重要である。

模範文例

Dear Sirs,

We have received your letter of October 6 mentioning that you have suffered from breakage of Wine Glass in Case No.15 shipped by our m.v. “Fuji Maru” from Antwerp on February 19.

In reply, we would like to refer you to B/L No.NKK-25 in which we clearly stated “Not responsible for breakage and condition of contents.” We inserted this special clause because we judged the packings of Wine Glasses in question were not strong enough when we received them. It appeared to us that the goods had been re-shipped or trans-shipped before we loaded them onto the vessel.

Even if we accept your claim as an exception against the above clause, no carrier can be held liable for any damage idefinitely. We take it for granted that you were fully satisfied with your consignment since no claim was made during the reasonable time. Six months have already passed since you received the cargo. We find no reason, therefore, to entertain your claim this time.

We hope you understand the foregoing and that this incident will not hinder our future partnership.

Yours faithfully,

2月19日にアントワープ港を出航した弊社「富士丸」に積み込まれた貨物の中で、ケース No.15 のワイングラスが破損していたとの10月6日付貴書状を受け取っております。

本件に関して以下に回答させていただきます。本運送契約である船荷証券 第 NKK-25 号において明確に、「内容物の破損あるいは状態に関して一切の責任を負うものではない」という条項を記載させていただいております。この特別な条項を入れさせていただいた理由には、問題のワイングラスの梱包が十分に頑丈ではないと判断したためです。また、弊社が船に積み込む前に積み替えが行われたと思われます。

仮に上記条項に対して例外を認めたとしても、損傷に対する船会社の責任は無期限に負えるものではございません。クレーム申立て期間中に申立てがなければ、当該船荷にはご満足いただいたと考えるのが慣例となっております。貴社が貨物をお受け取りになってから、既に6か月という期間が経過した今となっては、今般のクレームを受理することは到底致しかねます。

上記の事情をご理解賜りますようお願い申し上げます。今回の事故が今後のお取引に影響を及ぼすことがないことを切に願う次第です。

解説

当事例と全く同じクレームに対する返事を書くことは、船会社に勤務されている方以外はそれほど多くないと考えますが、クレームに対する「反論」の論理と表現を自分の業種や立場でも使えるように身につけておきましょう。文例では、第1パラグラフで、相手からのクレーム受取、第2パラグラフで、特別条項の記載、第3パラグラフで、クレーム申請の有効期限を述べ、第4パラグラフで相手の理解を求めるという論理展開を、巧みな表現を使ってうまく反論しています。

今回の事例では、相手からの"主張"を「クレーム」として扱い、先方にもそのままの言葉で表現していますが、顧客からの些細な文句などをこちらから全てclaimやcomplaintという言葉を使わないようにしましょう。

重要単語・語句

□ **（苦難、損害、不快なこと）を経験する、被る：** suffer from ～ 句動詞

□ **妨げる、邪魔する：** hinder 動

使える表現パターンとフレーズ

□ **～のように見える：** it appears that ～

□ **例外として認めたとしても：** even if we accept as an exception

□ **運送人は損害に対して無期限に責任を負えるものではない：**
no carrier can be held liable for any damage indefinitely

□ **～を当然のことと考える：** take it for granted that ～

□ **クレームを受諾する：** entertain one's claim

ビジネス用語

□ **破損、破損による被害：** breakage 名

これが複数形のbreakagesになると、破損補償高（金額）の意味となります。

実例 75 ユーザーからの苦情処理の体制整備を要望する

難易度
★☆☆

状況

日本の二輪車メーカーに勤めるあなたは、ドイツの1個人である Mr. Hermann Schneider から、次のような趣旨の手書きレターを受け取った。

「わずか2か月前に購入したスクーターが故障したので、近くの販売店に持ち込んだところ、部品が手に入らないと言って修理を断られた。部品の調達を要望したが、この販売店からはその後何の連絡もない。正直言って、この販売店の対応には大変失望した。このスクーター以外にも貴社大型バイクなどの製品も持っているが、製品自体は気に入っている。修理してくれないということであれば、今後貴社の商品は二度と買わない。」

ユーザー宛てには別途、ブランド・グッズと共に「詫び状」を書くとして、ここでは、当社製品をドイツで一手に扱っている代理店（Distributor）である Wagner GmbH 社に対して、以下の趣旨でメールを発信することにした。

① 1ユーザーから添付 PDF のような苦情が届いている。
② ドイツ全国に弊社製品を販売することをお任せしているわけだが、アフターサービスについても特に貴社を信頼している。
③ 商品にはすべて保証条件とサービス拠点リストを添えてあるが、本件のような場合、小売店から貴社のサービス部門へ情報が入るように体制を整えていただきたい。
④ Schneider 氏へは当方からも回答するが、早急に貴社から人を出して問題を解決すると共に、当該小売店に対して必要な処置を取っていただきたい。報告を待っている。

☑ 作成要領

1. 上記の趣旨に沿って、代理店のサービス責任者である Mr. Braun に対してメール本文のみを作成すること。
2. 日本語的発想で、直訳型の英文では相手に伝わらないことを理解すること。

模範文例

Dear Mr. Braun,

We appreciate the fine job your company are doing in the sales of our products during this difficult period of economic slowdown. We are glad that we have entrusted you with both the distribution and after-sale service in the territory of Germany.

This is why the well-justified complaint of Mr. Hermann Schneider, a copy of which is attached, is mystery to us. You are, of course, handling thousands of details and we all know that mistakes will happen.

Since all our products carry a warranty together with the addresses of firms where after-sale service should be available, we would like to suggest that necessary steps be taken to set up a system so that in such a case the information from your outlets would reach the department concerned in your company. Could you keep everyone on his toes to safeguard against a similar slip in the future?

We will write to Mr. Schneider, but would you please immediately send a service representative from your company to solve the matter and take such measures as required. We know we can count on you—to bear your fair share of the responsibilities that such sales entail.

We hope this incident will make us all even more efficient.

Sincerely yours,

この景気減速という困難な時期において貴社におかれては弊社製品の好調な販売を維持いただいていることに感謝しております。ドイツ市場での販売とアフターサービスの両面において貴社にお任せしていることを心強く思っております。

そのため、今般、コピーを添付させていただきましたヘルマン・シュナイダー氏なる方からのごもっともな苦情を受け、理解に苦しんでいる次第です。もちろん、貴社におかれては、何千にも及ぶ詳細に追われており、何らかの間違いが起こるであろうことも承知しております。

弊社製品にはすべて保証条件と共にアフターサービスを受けられる会社の住所が添えられておりますので、このような場合、販売店から貴社のサービス部門へ情報が入るように体制を整えていただきたく存じます。今後、同様な手こぼれが起きないように関係者一同にご指導いただけないでしょうか。

シュナイダー氏へは当方からも回答致しますが、早急に貴社からサービス担当者を派遣していただき、問題の解決と必要な措置を講じていただきたくお願い申し上げます。販売に伴うサービスという責任を果たしていくために、御社のお力に頼らざるを得ませんので、何卒よろしくお願い申し上げます。

今回の件で、私たちがさらに効率的に行動できるようになることを期待しています。

解説

製造業であれば、どの業種においても、海外の一般ユーザーから直接、製品の不具合などに関する苦情は定期的に多く舞い込んでくるのではないでしょうか。そうしたユーザーからの苦情に対してどのような返事をするかによって、メーカーの姿勢、あるいは資質が問われることになります。ここでは、本来、各市場におけるサービスは現地代理店の責任になっているはずなので、代理店に対してユーザー対応とサービス体制の整備を要望しています。「たかが1人の苦情」と思わずに、誠意ある対応を図っていきたいものです。

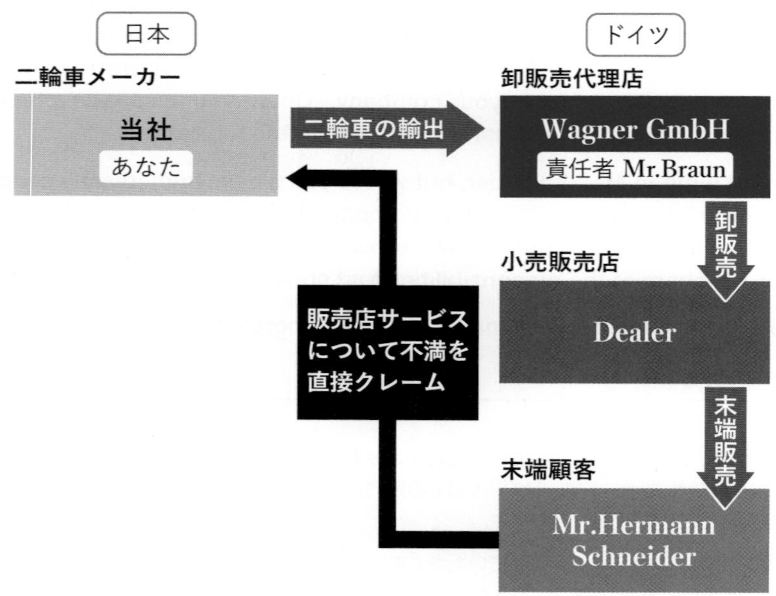

重要単語・語句

- □ 立派な仕事：fine job 名詞句
- □ 景気の減速：economic slowdown 名詞句
- □ （任務・仕事などを）ゆだねる、任せる：entrust 動
- □ 正しいと認められる、正当化された：well-justified 形 ⇒ 正当化する：justify 動
- □ 苦情、不満、泣き言：complaint 名 ⇒ 文句を言う、苦情を訴える：complain 動
- □ （利益などを）守る、（危険・損失などに対して）防御措置をとる：safeguard 動
- □ 誤り、しくじり、手こぼれ、うっかりミス：slip 名
- □ 責任、義務、責任となるもの：responsibility 名
  ⇒ 責任を伴う、責任がある：responsible 形
- □ ～を伴う、必要とする：entail 動

使える表現パターンとフレーズ

- □ 分からない、理解に苦しむ：be a mystery to 〈someone〉
- □ ミスが起きることは了解ずみである：we all know that mistakes happen
- □ 情報が関係部署に届く：
  the information would reach the department concerned
- □ （人）に気を張り詰めさせておく：keep 〈someone〉 on one's toes
- □ 今後も同じようなミスが起こらないように：
  to safeguard against a similar slip in the future
- □ 必要な対応策をとる：take such measures as required
- □ ～を頼りにする、信頼する：count on ～

ビジネス用語

- □ 流通、卸販売：distribution 名
- □ アフターサービス：after-sale service 名詞句

18. 保証・サービス体制を案内する

実例 76 自動車会社のサービス体制を説明する

難易度
★★☆

状況

日本の複数の自動車メーカーによる品質問題、完成検査不正、燃費虚偽申告などの不正行為は社会問題となるばかりか、自動車メーカーに対する消費者の信頼までも揺るがす大問題となった。こうした状況の中で、日本の自動車会社の1つであるユニバーサル自動車株式会社（Universal Motor Corporation）は、日々寄せられる海外顧客からの質問や問合せに対し、社員が自社のサービス体制について以下の趣旨で説明できるように、英文原稿を作成することにした。

「創業以来、当社は販売店のサービススタッフを教育・指導すること、そして品質情報を収集・最大限活用することにより、際立ったサービスと品質の高い車両を顧客に提供できるように努めて参りました。また、これまで長年に渡って3S精神（正確、親切、信頼）に従い、自動車のサービスシステムを積極的に充実させ、サービス能力を改善してきました。さらに、成熟しつつある市場に適合すべく、販売店のサービス活動の生産性を向上し、幅広い活用を促進することで価値連鎖（value chain）を拡大することに尽力してきました。」

☑ 作成要領

1. 以上の趣旨の説明文を平易に、分かりやすく書くこと。
2. これは一種のPR文章であるが、PRとはPublic Relationsのことであり、企業と社会の関係を円滑にするために企業姿勢を打ち出すものである。一方的な自画自賛や独善的な自慢であってはならない。むしろ企業の信念を謙虚に語りかける口調が望ましい。

模範文例

Since its foundation, Universal has been committed to the training and support of Universal dealership service staff and the collection and the best use of quality-related information in order to provide its customers with quality vehicles and excellent service.

Over the years, Universal has actively enhanced its automobile maintenance systems and improved servicing capabilities according to the “3S Spirit” (*Seikaku*, *Shinsetsu*, and *Shinrai*: precision, kindness, and reliability).

To adapt to the maturing market, Universal has also worked to expand its value chain by increasing the productivity of dealer service activities and by encouraging its wider use.

ユニバーサルは創業以来、お客様に高品質な車輌と優れたサービスを提供するために、ユニバーサル販売店のサービススタッフの教育とサポート、品質関連情報の収集と活用に努めて参りました。

これまで長年に渡って、ユニバーサルは「3S 精神」（正確、親切、信頼）に基づいて、自動車整備システムを積極的に充実させ、整備能力を向上させてきました。

また、成熟する市場に対応するため、販売店のサービス活動の生産性向上と普及促進による、バリューチェーンの拡大にも取り組んで参りました。

解説

失った信頼を取り戻すには言葉だけでなく、経営層だけでなく、社員１人１人が自ら考え、目に見える行動を取ることが必要ですが、そうした姿勢なり考え方をしっかりした文章で公表することもとても大切です。

重要単語・語句

□ 基礎、創業：foundation 名
□ 集めること、収集：collection 名 ⇒ 集める、収集する：collect 動
□ 活発に、活動することで：actively 副 ⇒ 活動的な、活発な：active 形
□ 能力、才能、適応性：capability 名 ⇒ 能力がある、よくできる：capable 形
□ 正確、精密さ：precision 名 ⇒ 正確な、精密な：precise 形
□ 信頼性：reliability 名 ⇒ 信頼できる、確かな：reliable 形
□ 適応させる、適合させる：adapt 動
□ 成熟しつつある市場：maturing market 名詞句

使える表現パターンとフレーズ

□ ～に努めてきた、力を入れてやってきた：have been committed to ～
□ ～の最大限の活用：the best use of ～
□ 顧客に～を提供する：provide one's customers with ～
ビジネス英語を書く上で、どうしても覚えておきたい「与える、供給する、提供する」という意味の動詞 provide の語法で、〈provide 人 with 物〉という構造になります。
□ ～することに努めてきた：have worked to ～

ビジネス用語

□ 品質関連情報：quality-related information 名詞句
□ 自動車サービスシステム：automobile maintenance system 名詞句
□ サービス能力：servicing capabilities 名詞句
□ 3S 精神：3S Spirit 名詞句
□ 価値連鎖：value chain 名詞句
「価値連鎖 (value chain)」とは、マイケル・ポーターが著書『競争優位の戦略』（1985 年）の中で用いた言葉でもあります。

18. 保証・サービス体制を案内する

実例 77 自動車メーカーの製品保証について述べる

難易度
★★★

状況

日本の自動車メーカーの１社であるユニバーサル自動車（Universal Motor Corporation）は、国内では伸び悩んでいるのに対して、海外での販売が順調に伸びており、今後も成長が期待されている。このような状況下、販売している自動車の保証条件をこの機会に見直すことになり、保証書の冒頭に述べている「保証に関する説明」を行うと同時に「顧客への製品を通じての奉仕の精神」を明らかにしようとしている。伝えようとする内容はほぼ以下の通りである；

ユニバーサルからの重要なメッセージ

ユニバーサルでは革新的、技術的、そして最高品質の自動車を製造することに全社を挙げて取り組んでいます。

この保証書に記載されている新車保証条件は弊社が製品への自信と、大切なお客様への継続的な奉仕の気持ちの証しです。

優秀な機械と同じように、ユニバーサルの車両は長期に渡って故障なくお使いただくために適切な使い方と維持をしていただく必要があります。この保証書と取扱説明書は、車両が本来の性能と有効な保証を確実にするために必要な操作方法とメンテナンスを説明しています。ご熟読の上、指示事項に従って下さい。そうすることで、ユニバーサル車の快適で信頼できるサービスをお受けいただけると確信しております。

ユニバーサル公認販売店は、ご購入いただいた車両に将来的にもご満足いただくためのもう１つのカギです。公認販売店は弊社にて行なっている技術トレーニングによって、ユニバーサル車のことを熟知しています。公認販売店にはユニバーサル車専用の工具と車両メンテに必要な補給部品が取り揃えてあり、最も重要なことには、ご購入いただいた製品にご満足いただけるよう、従業員１人１人が使命感を持っております。サービスが必要なあらゆることについて、公認販売店に車両を持ち込んでいただくことを強くお勧めします。

ユニバーサル・ファミリーへようこそ！

☑ 作成要領

1. 以上の趣旨の保証について、場合によっては、顧客からの問合せに対してメールでも回答できるように、分かりやすく説得力ある言葉で、この説明メールの本文を書くこと。
2. 消費者の欲求を満足させようとする市場志向型のマーケティング戦略を、「保証」というサービス施策の手法に託してうまく表現してみること。

模範文例

An important Message from Universal

At Universal, we are committed to manufacturing vehicles that are innovative, well-engineered and of the highest quality.

The comprehensive New Vehicle Warranty outlined in this booklet is evidence of our confidence in our automobile products and a continuing commitment to you as one of our valued customers.

Universal automobiles, just like any fine machine, require proper operation and maintenance to ensure a long, trouble-free life. This Warranty Booklet, together with the Owner's Manual, explains the proper operation and maintenance required to ensure your vehicle's proper performance and the validity of the warranty. Please take the time to read and follow these instrucrions carefully. By doing so, we are confident that you will receive enjoyable and reliable service from your Universal vehicle.

Your authorized Universal dealer is another key to your future satisfaction with your vehicle. He is familiar with your Universal well because of the technical training we provide. He has the specialized tools and the genuine Universal spare parts needed to properly service your vehicle and most importantly, has a personal commitment to your continued satisfaction with the product you have purchased. We strongly recommend that you return to an authorized Universal dealer for all your servicing needs.

Welcome to the Universal family!

ユニバーサルからの重要なメッセージ

弊社、ユニバーサル社では革新的、技術的、そして最高品質の自動車を製造することに全社を挙げて取り組んでいます。

この保証書に詳細が記載されている新車の包括的保証条件は弊社が製品への自信と、大切なお客様への継続的な奉仕の気持ちの証しです。

ユニバーサル車は、他の優れた機械と同じように、長くトラブルなくお使いいただくために適切な操作とメンテナンスが必要です。この保証書はオーナーズマニュアルと一緒に、お車の適切なパフォーマンスと保証の有効性を確保するために必要な操作方法とメンテナンスを説明しています。この説明書をよくお読みになり、お守りください。そうすることで、ユニバーサル車の快適で信頼できるサービスを受けられることを確信しております。

ユニバーサル正規販売店は、お客様が将来的に車両にご満足いただくためのもう1つのカギです。正規販売店は弊社が提供する技術トレーニングによって、お客様のユニバーサル車のことを熟知しています。正規販売店にはユニバーサル車専用の工具と車両メンテナンスに必要な補給部品を備えてあり、最も重要なことは、ご購入いただいた製品にご満足いただけるよう努力を惜しまないことです。お客様がサービスを必要とする際には、ユニバーサルの正規販売店をご利用になることを強くお勧めします。

ユニバーサル・ファミリーへようこそ!

解説

この機会に、製品保証の基本的な表現を学んでおきましょう。文例では自動車メーカーの製品保証について述べていますが、基本的な単語と表現をマスターしておけば、工業製品であれば応用できるのではないかと思います。

重要単語・語句

□ 革新的な：innovative 形 ⇒ 革新する：innovate 動 ⇒ 革新：innovation 名

□ 技術的に優れた：well-engineered 形

□ 最高品質の：of the highest quality 形容詞句

□ 包括的な、全体の：comprehensive 形

□ （詳細が）記載された：outlined 形

□ 証拠、証し：evidence 名
information と同様に不可算名詞であるため、a を付けたり複数形にはしません。a piece of evidence とする必要があります。

□ 自信、信頼：confidence 名

□ 約束、遂行：commitment 名

□ 故障しない：trouble-free 形

□ 有効性、有効範囲：validity 名

使える表現パターンとフレーズ

□ ～に責任がある、～に取り組んでいる：be committed to ～

□ 長くトラブルなく使うために適切な操作とメンテを必要とする：
require proper operation and maintenance to ensure a long, trouble-free life

□ よく読み、これらの指示に従っていただきたい：
please take the time to read and follow these instructions

□ 将来の満足へのもう 1 つのカギ：another key to future satisfaction

ビジネス用語

□ 保証書：warranty booklet 名詞句

□ 取扱説明書、オーナーズマニュアル：owner's manual 名詞句

□ 認可販売店：authorized dealer 名詞句

□ 特殊工具：specialized tools 名詞句

□ 純正補給部品：genuine spare parts 名詞句

実例 78 相手先への訪問を申し込む

難易度
★☆☆

状況

毎年9月、ドイツのフランクフルトでは国際的な自動車ショー及び関連する会議が開催されており、今年も9月末に予定されている。例年のごとく、当社も出品・展示を行うとともに、会議への出席のため現地への出張を予定している。今年は、出張時に日頃からお世話になっている取引先を訪問し、気になる来期の販売計画と懸案事項などについて打合せの場を持ちたい。先方も忙しい時期なので、事前にメールを発信し、相手の都合を聞き、確認をとっておきたい。

☑ 作成要領

1. ショー関連会議への出席に合わせ相手先を訪問したい旨のメールを作成すること。
2. 毎年交わされているコミュニケーションなので、長々と書かず、相手の都合を要領よく確認すること。受信者は相手取引先の責任者である Mr. Wolfgang とする。

模範文例

Subject: Your Facility Visit

Dear Mr. Wolfgang:

The International Auto Messe will be held in Frankfurt at the end of September this year again. As in the past, I will be attending the International Auto Industry Conference which is scheduled to take place on September 26.

So, would it be possible for me to visit your premises and possibly meet you and some of your sales team members during my stay in Frankfurt? It would be optimal if an arrangement could be made for the 29th or 30th September. I would like to discuss with you your sales plan for the next fiscal year and other pending issues.

If there is a anything I can do to facilitate my visit, please let me know.

Thanks and best regards,

件名：御社訪問の件

ウォルフガング様

今年も９月末にフランクフルトにて国際オートメッセが開催されます。例年通りに、私は９月 26 日に開かれる国際自動車工業会議に出席する予定です。

フランクフルト滞在中に貴社を訪問し、貴殿及び営業チームの方々とお会いすることは可能でしょうか。当方としては９月 29 日あるいは 30 日にお伺いできればと思います。来期の販売計画と懸案事項について打ち合わさせていただきたいと思います。

何かとお世話になりますが、よろしくお願い致します。

解説

海外出張を計画するにあたっては、まず訪問する先方の都合を聞き、了解を取り付けておきます。すでに何度も海外出張を経験された方はスラスラと書けるでしょうが、初めての方や経験が浅い方は悩まれるかもしれません。ここでも伝えたい内容を簡潔に表現するのがコツです。

重要単語・語句

- □ **開催される：**take place 動詞句
- □ **場所、不動産、（建物を含む）土地：**premises 名
- □ **最善の、最も望ましい：**optimal 形
- □ **懸案事項、未解決な課題：**pending issues 名詞句

使える表現パターンとフレーズ

- □ **～（時）に…（場所）で予定されている：**will be held in〈場所〉at〈時〉
- □ **～で調整できれば最適である：**
  it would be optimal if an arrangement could be made for～

19. 海外出張へ出かける、出迎える

実例 79 海外出張の日程を調整する

難易度
★☆☆

状況

当社製品のベルギーにおける輸入代理店であるN.V.Deasley社のSales Managerであるmr. deVriesから、8月5日付の書簡を7月度の月次報告書と共に受け取った。この報告書の中には、市場状況の報告の他に、市場で起きている問題への対策を協議するため、当社の営業担当者である村上を9月にベルギーへ派遣すべく要望されていた。これはベルギー市場における変化に対応するため、販売促進に関する現地代理店の提案を聞いていただきたいとのことであった。

しかしながら、村上担当は丁度9月は前期末ということもあり、他の業務で拘束されており、その頃に本社を空けることはできない。しかし、11月初旬には緊急の案件でドイツに出張する予定があるので、このドイツでの任務が終了次第、ベルギーへ回ることは可能である。当初提案のあった9月には間に合わないが、逆提案の11月10日以降でもよければ村上担当派遣の準備を進めたい。折り返しのご返事をお待ちしている。

☑ 作成要領

1. 上記の内容を伝えるビジネスメールを作成すること。
2. 英文ライティングの基本といえるFive Csすなわちcorrectness「正確さ」、clearness「明確さ」、conciseness「簡潔さ」、concreteness「具体性」、courtesy「礼儀正しさ」の観点において自分の英文が満足しているか、確認すること。

模範文例 -1

Subject: Mr. Murakami's Visit to Belgium

Dear Mr. deVries,

Thank you very much for your letter of August 5 together with your monthly market report for July. In your report you proposed the on-site discussion with our sales representative, Mr. Murakami for sales promotion in September.

Unfortunately, however, a visit in September is not possible due to other commitments. Instead, we would like to make a counter proposal of visiting you in November as he is travelling to Europe from the beginning of November. It would be possible for him to visit Belgium immediately after he completes his mission in Germany on November 10.

We know that this is later than your original proposal, but we hope that you understand the above date is the earliest time he can visit.

If the above counter proposal is acceptable to you, we will prepare to delegate Mr. Murakami to Belgium in November. Please let us have your comments as soon as possible.

Best regards,

件名：村上のベルギー出張の件

デブリーズ様

8月5日付の貴書簡並びに7月度の市場報告書、誠にありがとうございました。報告書では、9月の販売促進のため、村上営業担当のベルギー出張をご提案されています。

しかし残念ながら、9月の訪問は他の用事もあり不可能です。その代わりに、村上が11月初旬からヨーロッパに出張する予定がありますので、その際に貴社に立ち寄ることを逆提案させていただきます。11月10日にドイツでの任務を終了次第、ベルギーへ回ることが可能です。

当初のご提案より少し遅くなってしまいますが、これが最短での出張日程となることをご理解下さい。

この逆提案でもよければ、11月の村上のベルギー派遣の準備を進めさせていただきます。折り返しのご返事をお待ちしております。

模範文例 -2

Dear Mr. deVries,

We thank you very much for your letter of August 5, requesting us to send Mr. Murakami from our export department to your place in September to discuss sales promotion of our products there in Belgium.

Mr. Murakami is planning, due to the internal reasons, to visit you after November 10 and stay for about three days in your locality.

We are willing to let Mr. Murakami make a more specific travel plan as requested if you are okay with the the above schedule.

Your prompt and favorable reply will be appreciated.

Regards,

デブリーズ様

8月5日付の貴書簡、誠にありがとうございました。その中で、弊社製品のベルギー市場における販売促進について議論すべく9月に輸出部門の村上を出張させよとのご要望をいただきました。

村上は社内事情により、11月10日以降に貴社を訪問し、3日間ほど滞在することで検討させていただいております。

上記に提案の日程にご了解いただければ、村上に具体的な出張の準備を始めさせます。

お忙しいところ恐縮ですが、早急なご返事をお待ちしております。

解説

先方より要望された日程では訪問できないので、代わりの日程を逆提案する際の表現です。「できる」ことと「できない」ことを明確に示すことが重要です。文例1と2の違いは、1では第2パラグラフで、「9月は訪問できないが、11月ではどうか」と言っているのに対し、文例2では同じく第2パラグラフで「11月に訪問予定」と切り出しているところです。こうした発想の転換と「思い切りの良さ」を学んでいただきたいと思います。

重要単語・語句

- □ 提案する、申し込む：propose 動
- □ その場での：on-site 形
- □ 任務、業務：mission 名
- □ （代表として）派遣する：delegate 動

使える表現パターンとフレーズ

- □ 他の案件があって出来ない：be not possibue due to other commitments
- □ ～することを逆提案する：make a counter proposal of ~ ing
- □ 当初の要望よりも遅い：be later than one's original proposal
- □ 社内的な諸事情により：due to the internal reasons

ビジネス用語

- □ 月次市場報告書：monthly market report 名詞句

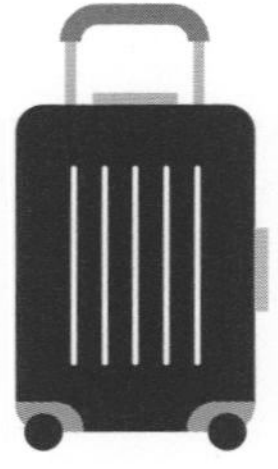

実例 80 海外代理店責任者を本社へ招聘する

難易度
★☆☆

状況

東京・飯田橋に本社を構える素材メーカーである東京ケミカル社（Tokyo Chemical Corporation）では、必要に応じて、海外の代理店の責任者あるいは担当者を本社に呼んで、懸案となっている問題などを協議している。このたび、韓国の代理店の責任者である Mr. Lee を本社に呼んで、新しい素材の調達とその他の懸案事項を話し合いたい。

ついては、3 月 15 日から 1 週間ぐらいの日程で出張を計画してもらうべく、メールを発信することにした。本社から「呼び出し」を受けると暗い気持ちになる当事者が多いが、ここでは前向きに招聘したい。

✓ 作成要領

1. 傘下の代理店や業者に「本社への招聘」を促すメールであるが、今回、本社で話し合うことは先方にとっても利益になることを伝えること。
2. 本社という立場の優位性から、つい「呼びつける」ニュアンスが出てしまいがちだが、問題解決がお互いにとって好都合になるので「じっくり話し合いましょう」と伝わる表現とすること。
3. ここでも、相手の気持ちに配慮することを忘れないこと。

模範文例

Subject: Discussion at Our Head Office

Dear Lee-san,

We appreciate your usual efforts in procuring chemical materials there in Korea. To discuss with you face-to-face the new materials project and pertinent matters, we would like to invite you to our head office in Tokyo. Your visit will allow us to listen to your direct opinions on the current market situation while we can offer you a golden opportunity to talk over the new materials procurement.

Will you manage to spend about one week, preferably from March 15? This would be the most convenient time for us just before the beginning of the new financial term. Everyone here at the head office is looking forward to seeing you.

We would be grateful if you could accept the above proposal soon.

Thanks and best regards,

件名：本社での打合せの件

李さん。

日頃から韓国での化学素材の調達にご尽力いただき、感謝申し上げます。さてこの度、新素材プロジェクトをはじめとした関連事項について直接お話しさせていただくために、一度東京の本社にお招きしたいと考えております。現在の市場状況について直接ご意見を伺いながら、新しい素材の調達について話し合う絶好の機会になるのではないかと考えます。

できれば 3 月 15 日から 1 週間ほど滞在していただくことは可能でしょうか。新しい期が始まる前の最も都合の良い時期となります。本社にいる皆がお会いできるのを楽しみにしております。

提案に対して早急にご快諾いただければ幸いです。

解説

自身で書いた文章を読んでみて、「相手を呼びつける」表現になっていませんでしたか。相手の立場になって、前向きな気持ちで本社に出張しようという気になれば、うまく書けたメールと判断することができます。

重要単語・語句

- □ 調達する、入手する：procure 動 ⇒ 調達、入手すること：procurement 名
- □ 面と向かって、対面式で：face-to-face 副
- □ 当面の、うまく当てはまる：pertinent 形

使える表現パターンとフレーズ

- □ 日頃より～にご尽力いただき感謝申し上げる：
  we appreciate your usual efforts in ～
- □ ～へ招待したい：we would like to invite you to ～
- □ 意見を直接聞くことができる：allow us to listen to ones's direct opinions
- □ ～する絶好の機会を提供する：offer〈someone〉a golden opportunity to ～

19. 海外出張へ出かける、出迎える

実例 81 海外出張時のホテルを予約する

難易度
★☆☆

状況

日本の自動車メーカーである三星自動車（Mitsuboshi Motor Corporation）は、10月15日から3日間ドイツのフランクフルト郊外で開催される自動車設計関連の Euro Auto Conference での発表のため設計部門から2名、製造部門から1名の計3名の社員を派遣することになった。ついては、Steinbach Hotel（7-8 Alt Bahnhof Strasse, Frankfurt）の Reservation Manager 宛てに、次の要領にて宿泊（accommodation）の予約を依頼するメールを打つことになった。

① 社員3名が会議出席のため、フランクフルトに赴き10月13日から17日まで(計5泊)滞在の予定である。朝食付きシングルルーム（single rooms with breakfast）3部屋を予約いただきたい。
宿泊者氏名：寺田章弘（Terada Akihiro）、林誠司（Hayashi Seiji）、青山道雄（Aoyama Michio）

② 10月13日午前中にフランクフルト着の予定だが、空港からそのままドイツ現地法人に立ち寄り、会議での発表最終打合せを夕刻まで行う予定なので、チェックインはおそらく午後7時頃になる予定。

③ 価格と共に予約をご確認いただきたい。

☑ 作成要領

1. 予約の依頼メールを、今回の会議の対外的な窓口となっている設計部門業務部長に代わって書くこと。
2. 単純なホテル予約という内容であるが、構成をじっくり考えて書くこと。
3. 上記の要旨に書かれていないことでも、必要な場合には情報を追加すること。

模範文例

Subject: Request for Room Reservation

Dear Reservation Manager,

Three (3) engineers from our company will be travelling to Frankfurt to attend Euro Auto Conference which will be held on October 15 – 17.

Will you please reserve three (3) single rooms with breakfast for the following gentlemen for five (5) nights from October 13 to 17?

Mr. Akihiro Terada
Mr. Seiji Hayashi
Mr. Michio Aoyama

After arriving at Frankfurt Airport on the morning of October 13, they will have a meeting for the conference in our German subsidiary until late afternoon. They are expected to check in at your hotel around 7:00 p.m. on the day.

Your confirmation on this booking together with the room rate will be appreciated.

Thanks and best regards,

件名：客室予約のお願い

予約受付責任者殿

弊社より３名の技術者が、10月15日～17日に開催予定の欧州自動車会議に出席のため、フランクフルトに出張します。

つきましては、以下の3名分について10月13日から17日までの５泊分の朝食付きシングルルームを3室、ご予約いただけますでしょうか。

寺田章弘
林誠司
青山道雄

10月13日の午前中にフランクフルト空港に到着後、そのまま弊社のドイツ子会社へ直行し、夕方まで会議の打合せを行ないます。貴ホテルには同日午後7時頃のチェックイン予定です。

部屋代と共に予約の確認をご連絡いただければ幸いです。

解説

文例を上記のように示しましたが、ホテル側に予約のための要件が伝わればそれで良いので、表現、形式などはこだわる必要はありません。重要なことは、人数、出張者の氏名、到着日、宿泊日数、到着予定時刻など予約時に必要な情報が漏れなく正確に伝えられているかです。

使える表現パターンとフレーズ

□ **～に旅行する：be travelling to ～**

ヨーロッパ圏へ出すメールなので英国式の綴りで travelling となっていますが、米国式では traveling と綴ります。

□ **～を予約いただけますでしょうか。：Will you please reserve ～？**

□ **～（○月△日）の午前中に：on the morning of ～**

単純に「午前中」を表す場合は in the morning ですが、「特定の日」の午前中であることを示す場合は on the morning of October 13 のように、on を使います。

19. 海外出張へ出かける、出迎える

実例 82 空港での出迎えを伝える

難易度
★☆☆

状況

横浜でボートやカヤック、サーフボードなど各種マリン製品を扱うブルーオーシャンズ社に、南アフリカの販売代理店の営業責任者である Ms. Meyer が商談のため来日することになった。彼女は日本へ来るのが初めてなので、出迎えのため、担当の山田を成田空港まで派遣する旨のメールを発信したい。

来日予定は3月25日、香港発CA005便、成田着16:15である。山田は目印として、ブルーオーシャンズ社の青色のジャケットを着ている。

☑ 作成要領

1. 相手の到着日時や便名など具体的な情報に基づいて、空港まで出迎えを差し向けるメールを書くこと。
2. 海外出張のアレンジにとって「詰め」ともいえるメールなので、正確な情報を伝えること。
3. 相手にとっては初めての来日なので、期待と不安が入り混じった精神状態にあると思われる。相手を安心させる配慮を言葉で表したい。

模範文例

Subject: Your Upcoming Trip to Japan

Dear Ms. Meyer,

I understand that you are extremely busy preparing your upcoming visit to Japan. Upon arrival, our representative, Mr. Yamada will meet you at the Narita International Airport (Tokyo) on March 25 to escort you. He will be waiting for you at arrival lobby exit after the customs.

The itinerary you previously sent us indicates you will be flying CA005 from Hong Kong arriving Narita at 16:15. For quick identification, Mr. Yamada will be wearing a bright blue jacket with our company's logo on it.

We hope you will enjoy a pleasant and safe journey to Japan and look forward to seeing you here soon.

Sincerely,

件名：日本へのご出張の件

マイヤーさんへ

日本への出張準備でとてもお忙しくされていることとお察しします。貴女の日本ご到着に際しては、3月25日に弊社を代表して山田が成田国際空港でお迎えし、ご案内致します。通関後の、到着ロビー出口でお待ちしています。

先に送っていただいた旅程表によると、香港からCA005便で、成田着は16：15になるものと理解しています。一目で分かるように、山田は会社のロゴが付いた青色のジャケットを着ています。

快適で安全な日本への旅をお楽しみいただければと思います。当地でお会いできるのを楽しみにしております。

解説

海外とビジネスをしていると、こちらが出掛けていく際には、現地で何かとアテンドしてもらいますので、逆に海外から日本へ来た相手はしっかりもてなしたいところです。今回の事例は初来日の取引先を空港で出迎えることを伝えるメールの書き方です。それほど難しくないと思いますので、すんなりと書いてみましょう。

重要単語・語句

□ 近づく、間近に迫っている：upcoming 形
□ 極端に、とても：extremely 副 ⇒ 極端な、ひどい：extreme 形
□ 準備する、用意する：prepare 動 ⇒ 準備された、用意ができている：prepared 形
□ 旅行表、旅行プラン：itinerary 名

使える表現パターンとフレーズ

□ 快適で安全な日本への旅行を楽しんでいただきたい：
we hope you will enjoy a pleasant and safe journey to Japan

19. 海外出張へ出かける、出迎える

実例 83 ホテルの予約が取れないため出張日程の変更を勧める

難易度
★★☆

状況

あなたは東京・千代田区大手町にある総合商社、日の丸商事に勤める商社マンである。このたび、担当しているイギリス代理店の副社長である Mr. S. Kenward 以下、幹部5名が来日し、来期のビジネスプランについて議論することになり、先方より、まずはホテルを予約してほしいとの3月27日付のメールを受け取った。早速、ホテルをあたってみたところ、依頼のあった5月3日から7日までの期間はあいにくゴールデンウィークと重なり、また大きな国際イベントが開催されるようで、従来から使ってきている Hotel New Okuni はもちろんのこと、首都圏の一流ホテルはどこも満室で部屋を確保することが極めて困難であることが分かった。懇意にしている大手旅行代理店を介して手を打ってみたが、それも無駄に終わった。

そこで、Mr. Kenward にメールを打ち、来日予定を1週間先に延ばせられないか検討を勧めたい。ホテル・ニュー・オークニは5月10日の月曜日以降であれば部屋を準備できると言っている。

☑ 作成要領

1. 相手の要望に沿うべく手を尽くしてみたが、あいにく予約ができないことを伝えること。
2. 相手の気持ちを考慮し、最善の努力をしている事実と訪問日を延期することが先方にとっても最終的にはよいことがしっかり伝わるようにすること。
3. 上記の要旨に書かれていないことでも、想像力を働かせて、必要な場合には情報を追加してもよい。

模範文例

Subject: Suggestions for Your Travel Schedule

Dear Mr. Kenward,

As requested through your e-mail of March 27, we have made every effort to secure accommodations for your delegate at the Hotel New Okuni from May 3 through 7.

Due to the fact that the dates coincide with a major international event being held in Tokyo at that time and the so-called Golden Week holidays in Japan, however, the hotel manager imformed us that no suitable room arrangement can be made for the dates requested. In checking with all other first-class hotels in the Tokyo metropolitan area we received similar replies.

Under the circumstances, may we suggest you consider delaying your proposed trip by a week or so? Hotel New Okuni has indicated they would be happy to accommodate you any time after May 10 Monday.

Please let us know by return how you would like us to proceed.

Sincerely,

件名：貴出張日程の提案

ケンワード様

3月27日付の貴メールでご依頼いただいたように、ご一行の5月3日から7日までのホテル・ニュー・オークニでの部屋を確保すべく最大限の努力を致しました。

しかし、同時期に東京で開催される大きな国際イベントや、いわゆる日本の「ゴールデンウィーク」と重なっていることもあり、要望された日時での予約はできないとのホテルの支配人からの回答でした。首都圏の他の一流ホテルにも確認してみましたが、同様の回答でした。

このような状況ですので、ご出張の時期を1週間ほど遅らせることをご検討されてはいかがでしょうか。ホテルニューオークニも5月10日（月）以降であれば、いつでもご宿泊いただけるとのことです。

ご検討結果を折り返しお知らせいただければ幸いです。

解説

毎年同じような時期に、商談のために海外から来日するビジネスパーソンは多いのですが、今回の事例のように、運悪くホテルの予約がどうしても取れないことがあります。そのような場合には、相手に時期を変更する提案をしなければなりません。皆さんはキッチリ提案できていますか。

重要単語・語句

□（食事も含む）宿泊設備：accommodations 名
⇒泊めてもてなす、世話をする：accommodate 動

□ 代表、派遣代表：delegate 名

□ 同時に起こる、一致する：coincide 動 ⇒ 同時発生、合致：coincidence 名

使える表現パターンとフレーズ

□ ~するためにあらゆる手を尽くす：make every effort to ~

□ このような状況なので：under the circumstances

□ ~してみることを提案する：may we suggest you consider ~ ing

□ 出張を 1 週間遅らせる：delay one's trip by a week

実例 84 予定していた海外出張の延期を通知する

難易度
★★☆

状況

化粧品の海外展開を積極的に進めてきたS社は、特に市場が安定して拡大しているヨーロッパ市場における事業拡大のための協力関係協議のため、営業責任者である木村部長を有力市場の1つであるイギリスのロンドンへ9月に派遣させることを予定し、8月9日付のメールで連絡していた。ところが、新しい事業を立ち上げる関係で、社内外との調整のため、予定していた9月には出発できないことになってしまった。ある程度の業務が完了してから行くとなると、早くても翌年の2月頃になりそうである。代役を検討してみたが、やはり新事業への関わりがあって、適当な人材が見当たらない。

そこで、訪問を予定していたイギリスの代理店社長であるMr. Normanに、出張延期について連絡するメールを打つことになった。訪問の延期とその背景を説明し、もし可能であれば、先方からアジア方面への出張の機会があれば日本へ立ち寄ってほしい旨を伝えたい。

☑ 作成要領

1. 上記の訪問延期を案内するメールを書くこと。
2. 期待していた出張が取りやめになって、否定的な印象を相手が持たないように配慮した書き方を工夫すること。

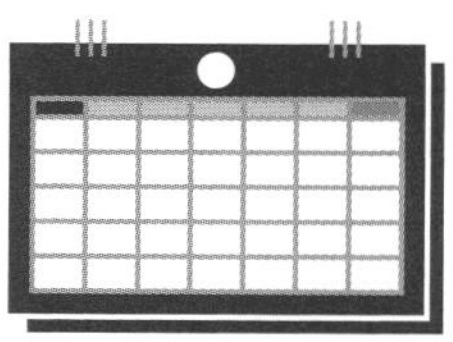

模範文例

Subject: Mr. Kimura's Proposed Visit to UK

Dear Mr. Norman,

In our previous mail of August 9, we informed you of our plan of dispatching Mr. Kimura to London in September to discuss how we can develop mutually profitable business through our collaboration in the UK market.

Unfortunately, however, his schedule was suddenly changed due to some preparation works for a new project start-up, and he has to postpone his proposed visit to your firm until the next opportunity.

It will be sometime in February next year at the earliest that he will be able to visit you. Alternatively, if you could arrange for your representatives to visit Japan during their forthcoming trip to Asia, it would be most welcome to us. Please let us know if such an arrangement will be possible.

Again, we are sorry for the sudden change of schedule and the possible inconvenience it may have caused to you; nevertheless, we hope that we will be able to have a meeting at the earliest possible date.

Sincerely,

件名：木村の英国出張の件

ノーマンさんへ

先に送った８月９日付の弊メールにて、イギリス市場における御社との協力関係を通じて相互に利益のあるビジネス展開について話し合いを行なうべく、９月に木村をロンドンへ派遣する計画をお伝えしておりました。

しかし、残念なことに、新規プロジェクトの立ち上げ準備のため、木村は予定を急遽変更し、貴社への訪問を次の機会へ延期せざるを得なくなりました。

木村が貴社を訪問できるのは早くても来年の２月頃になりそうです。代案として、貴社の代表がアジア方面にお越しの際に日本にも立ち寄っていただくことができれば、弊社にとっては願ってもないことです。このようなご手配が可能かご検討いただければ幸いです。

突然のスケジュール変更でご迷惑をおかけ致しますが、できるだけ早い機会に話し合いの場を持てることを願っております。

解説

予定していた出張が何らかの理由で取りやめ、あるいは延期せざるを得ないことがあります。そのような場合、先方も期待していたはずですので、早く知らせてあげることが重要です。

重要単語・語句

□ **共同、協力：**collaboration 名 ⇒ **共同して行なう、協力する：**collaborate 動

使える表現パターンとフレーズ

□ **予定が急遽変更される：**one's schedule is suddenly changed
□ **〜を次の機会まで延期する：**postpone 〜 until the next opptunity

ビジネス用語

□ **両社にとって利益が出るビジネス：**mutually profitable business 名詞句
□ **新プロジェクト立ち上げ：**new project start-up 名詞句

20. 海外出張・滞在時に受けた厚意に対して感謝する

実例 85 出張時の昼食会に対するお礼を述べる

難易度
★☆☆

状況

あなたは自社を代表して先週、スウェーデンのストックホルムに出張した。その際、取引先との業務打合せを進める中で、海辺の素敵な白いレストランでの心尽くしの昼食会に招待された。その場において先方から今後の商売に関する前向きな話を聞くに至り、両社の取引が拡大し、関係も強固なものとなることを確信した。久しぶりに再会し昼食会に直接招待してくれたMr. Anderssonへ、招待に対するお礼を述べながら今後のビジネスに関する協力を要請するメールを打っておきたい。

☑ 作成要領

1. 昼食会へのお礼と昼食会における会話が参考になったことを述べ、今後一層の協力を要請すること。
2. パーソナルな感じを出しつつ、今後のビジネス発展を期待する表現とすること。

模範文例

Dear Mr. Andersson,

Thank you very much for the splendid luncheon you invited me when I visited you last week. It was very kind of you to organize to see you again after such a long time.

From our conversation during the luncheon, I am confident that our business activities in Sweden will further expand in the near future. Along this line, I also hope that our business relationship will grow for our mutual benefit.

Taking this opportunity, I would like to convey again my personal appreciation for your kind patronage. With the help of such capable people as your associates with whom I had a chance to meet on this occasion, I am sure that our business in Sweden will enjoy further growth and development.

I look forward to seeing you again soon.

Regards,

アンダーソン様

先週御社を訪問した際には、素敵な昼食会にご招待いただき、ありがとうございました。久しぶりにお会いすることができるよう企画してくださったご配慮に深謝します。

昼食会での会話から、近い将来、スウェーデンにおける御社と弊社の事業がさらに拡大していくことを確信しました。同様に、両社の関係も双方の利益にとって深まっていくことと思います。

この場をお借りして、貴職の温かいご支援に改めてお礼申し上げます。今回ご一緒させていただいた皆様のような優秀な方々のお力添えがあれば、弊社のスウェーデンでのビジネスがさらに成長、発展するものと確信しております。

近いうちにまた、お会いできることを楽しみにしております。

解説

本書を使って勉強されている皆さんは、これから幾度となく海外出張に出られる機会がおありになると思います。海外出張に出れば、事例のように、昼食会や夕食会に招待されることも多いでしょう。招待されて終わりでななく、帰国後しっかりと感謝の意を伝え、それをビジネス発展の糧（かて）としていきましょう。

重要単語・語句

□ **素晴らしい、見事な、豪華な：** splendid 形

□ **拡大する、広がる：** expand 動 ⇒ **拡大、発展：** expansion 名

□ **同僚、仕事仲間、共同経営者：** associate 名

使える表現パターンとフレーズ

□ **親切にも～する：** it is kind of〈人〉to ～

□ **この点において、同様に：** along this line

□ **この機会に：** taking this opportunity
あらためて感謝や自分の意見を述べる際に覚えておくと、とても便利な表現です。

□ **温かい支援に感謝する：**
would like to convey one's personal appreciation for someone's kind patronage

□ **貴社の社員のような優秀な方々のお力添えがあれば：**
with the help of such capable people as your associates

実例 86 ニューヨーク駐在時の懇意にお礼を述べる

難易度
★★☆

状況

あなたは、東京千代田区にある大手一流商社の社員である。ニューヨーク近郊にあるアメリカ子会社で5年間の任期を終えて帰任し、1月8日より東京本社で勤務している。ニューヨーク駐在期間中は取引先のNew World Trading Inc.のGeneral Manager、Mr. Brownがビジネスに関する貴重な情報や親切な助言を与えてくれたばかりでなく、何回もニューヨーク郊外にある同氏の自宅に夫婦で招待してくれて、アメリカの家庭的な料理と温かい雰囲気を経験させてくれた。同社の社員の同僚も極めて協力的で、多くの便宜を与えてくれたことは忘れ難い。帰国報告を兼ねて、深い感謝の意を表したメールをBrown氏に宛てて書き、社員各位にも感謝の意を伝えてもらいたい。

☑ 作成要領

1. 書き出す前に与えられた条件をよく読み、充分自分の頭の中でそれを整理し、まとめること。
2. General Manager、Mr. Brownは忙しく働いているビジネスパーソンである。その人にノンビリとくどくどと書いて貴重な時間を奪うことのないような配慮をすること。
3. ビジネスコミュニケーションの場合は、いつも必ず相手の存在を意識すること。
4. 相手を意識したら、その相手に自分の意志を効果的に伝えるために、相手の気持ちに近づいていく「心構え」を持つこと。
5. 本文の組立て方も最初から「私」のことばかり書きつらねて、相手に感謝すべきことが後回しにならないようにすること。

模範文例 -1

Dear Mr. Brown:

I would like to thank you very much for your kind assistance extended to me during my 5-year stay in New York. More than often I was encouraged by the valued information on business in general and candid advice given by you and your associates.

In the private life too, you and your wife were kind enough to invite me and my wife many times to the dinners at your home offering the warm and friendly atmosphere of the American family. I will never forget these things in my life.

I returned to the Tokyo head office and resumed the work here since January 8 this year. Everything has been going well so far, and I feel happily and comfortably settled down now.

Please convey my sincere appreciation and best regards to Mrs. Brown and all team members at the office.

Sincerely yours,

ブラウン様

私の５年間のニューヨーク駐在期間中には大変お世話になり、ありがとうございました。ビジネス全般に関する貴重な情報や貴殿とご同僚から受けた親切な助言に何度も励まされました。

プライベートでも、ご自宅でのディナーに何度も夫婦でお招きいただき、アメリカの家庭の温かさや親しみやすさを感じました。これらのことは生涯忘れることはありません。

東京本社に戻り、今年の１月８日より仕事を始めています。これまでのところ全てが順調で、快適にこちらの生活に落ち着きつつあります。

奥様及び事務所の皆様に何卒よろしくお伝え下さい。

模範文例 -2

Dear Mr. Brown:

Returning to the Tokyo head office, I have realized the true value of your kind information and advice on business.

Not the least, with my wife I appreciate your personal hospitality and courtesy given to us. Without your assistance, it must have been very difficult for us to accommodate ourselves to the life in the States. At the same time, please convey my appreciation to your colleagues for their support and cooperation.

With the golden experiences I gained during my stay in New York, I am so determined to do all my best to contribute to the further developments between your company and ours.

Sincerely yours,

ブラウン様

東京本社に戻り、貴職からいただいたビジネス上の情報とアドバイスの真の価値を改めて胸に刻んでおります。

何よりも先に、貴職よりいただいたおもてなしとご親切に家内共々厚く御礼申し上げます。貴職に助けていただかなければ、私たちがアメリカでの生活に慣れることは到底難しかったであろうと思います。同時に、職場でのご同僚にも、ご支援とご協力に対して感謝の気持ちをお伝えください。

ニューヨーク滞在中に得た貴重な経験を生かして、貴社とのさらなる発展のために全力を尽くす所存です。

解説

出張あるいは駐在から帰国後、お世話になった方々へ挨拶の言葉を送る機会は本当にたくさんあると思います。メールを送ることもよいのですが、本当に自分が思っている感謝の気持ちを伝えようとしたら、できれば紙に書いた手紙がお勧めです。模範文例を２つ掲載しましたが、個人的な親しみをより感じさせるという点で、前者をよりお薦めします。シンプルなことですが、文例１のようにThank you ～で始めると冒頭から相手を気持ちよくさせることができます。最初のパラグラフだけで読み手にはこちらの「気持ち」を理解してもらえるでしょう。

重要単語・語句

- □ 励まされた：encouraged 形 ⇒ 激励する、その気にさせる、励ます：encourage 動 ⇒ 激励、鼓舞、奨励：encouragement 名
  本文中では、I was encouraged ～と受動態となっていますので、動詞として使われています。
- □ 価値ある情報：valued information 名詞句
- □ 率直な助言、腹蔵のない進言：candid advice 名詞句
- □ 再開する、再び始める：resume 動
- □ 快適に、気持ちよく：comfortably 副 ⇒ 快適な：comfortable 形

使える表現パターンとフレーズ

- □ これらのことを一生忘れない：I will never forget these things in my life
- □ 全てが今のところ順調である：everything has been going well so far
- □ 快適に（こちらの生活に）落ち着きつつあると感じる：
  I feel happily and comfortably settled down
- □ ～がなかったら難しかったに違いない：
  without ~, it must have been very difficult
- □ ～のために全力を尽くす所存である：
  I am so determined to do all my best to contribute to ~

実例 87 求人募集に応募する

難易度
★★☆

状況

あなたは京都の同命社大学国際学部を卒業後、現在までの6年間、ポンプやコンプレッサーなどを製造・販売する富士産業（Fuji Corporation）（東京都江東区下町5丁目6－7）の輸出部門に勤務してきた。同社は元々経営が安定してなかったところへ、世界的な新型コロナウイルスによる不況が追い打ちをかけたため同社の事業は不振となった。その結果、任意退職を求められており、日々悶々とした生活を続けている。

そんな中で、あなたは、同じく東京にある外資系商社 The Oriental Trading Corporation が英語力に自信のある人材を広く募集中であることを、大学の先輩でもある新日本商事株式会社の輸出部長、山田一郎氏から聞き、早速この会社に就職希望の手紙を書くこととした。この手紙に同封すべく、山田氏には推薦書を書いていただくように依頼し、自分の履歴書と共に送ることとした。

☑ 作成要領

1. 必ずしも与えられた設定にこだわらず、自分自身の状況で書いてみること。目的は採用者に入社試験を受ける機会を与えてくれと申し出ることであることを考えること。
2. 自分という人材を相手に売り込む際に第一に考えることは、自分以外にも申請者がいるので、相手にアピールするような書き方をしなければならないことである。
3. 相手の注意を引きつけ、書いたことをよく読んでくれるように仕向けること。採用者の手元には数十人の手紙があり、自分の手紙もその中に入っている。自分の手紙に目を付け、それを取り上げ、読ませるところまで相手を引きつけるだけの力の込もった書き方でなければならない。
4. 送付先は The Oriental Trading Corporation の Human Resources Manager とする。

模範文例

Dear Human Resources Manager:

Mr. Ichiro Yamada, Export Manager of Shin Nihon Trading Company, has told me that you are looking for would-be employees who are proficient in English, and I wish to apply for the position.

As you will see in the enclosed resume, I have been working in Export Department of Fuji Corporation, 6-7 Shitamachi 5-chome, Koto-ku, Tokyo, for six years since I graduated from the Department of International Business, Dohmeisha University in 2015.

This company deals in pumps and compressors. When almost two years passed after I joined Fuji, I proposed to my manager at the time to add cleaner products and negotiated with manufacturers in Japan and overseas trading firms in the U.K., Australia and the United States. My efforts paid off and we were able to gain customers in these countries.

Besides the standard cleaning machines, I also endeavored to cultivate overseas markets for compact cleaners and was awarded President's letter of commendation for my contribution to the sales increase of the company.

However, the recent worldwide Covid-19-related recession also affected our company and it has been obliged to contract its business size, asking voluntary resignations.

So I have decided to resign from this company not only for the above reason but also the fact that your company is so attractive and I feel confident that I can do an outstanding job for your company, making the most of my knowledge of English, experience of negotiation with overseas customers.

I am enclosing a letter of recommendation from Mr. Yamada of Shin Nihon Trading Co., along with my resume.

Will you please let me know when it will be convenient for you to interview me. I look forward to hearing from you soon.

Very truly yours,

人事部長殿

新日本商事株式会社の輸出部長である山田一郎氏から貴社が英語に堪能な人材を募集中であることをお聞きし、この職に応募したいと考えます。

同封の履歴書をご覧になるとご理解いただけると思いますが、私は2015年に同命社大学国際学部を卒業後、富士産業（東京都江東区下町５丁目６－７）の輸出部門にて６年間勤務して参りました。

同社はポンプやコンプレッサーを取り扱っております。入社後ほぼ２年が経過しようとしていた時点で、上司に洗浄機を加えることを上申し、日本国内のメーカーやイギリス、オーストラリア、アメリカの商社と交渉しました。その努力が実を結び、これらの国々で顧客を得るに至りました。

通常の洗浄機の他にも小型洗浄機の海外市場開拓にも力を入れ、会社の売上拡大に貢献したことで、社長表彰を受ける光栄に恵まれました。

しかしながら、昨今の世界的な新型コロナウイルス関連の不況の影響を受け、会社は事業規模の縮小を余儀なくされ、希望退職者を募ることになりました。

上記の理由に加えて、貴社が非常に魅力的であること、そして私の英語力と海外顧客との交渉経験をフルに活かすことで貴社のお役に立てると確信したため、同社の退職を決意しました。

新日本商事株式会社の山田氏からの推薦状及び私の履歴書を同封申し上げます。

ぜひとも面接させていただきたくお願い申し上げます。ご連絡をお待ちしております。

解説

日本では求職する際に、ハローワークなどで「履歴書」「職務経歴書」「送付状」などの応募書類の書き方を指導してくれますが、残念ながら英語版は用意してありません。外資系企業などへの就職を申し込む場合に備え、英文履歴書の書き方と合わせて、「申込状」の典型例を身につけておきましょう。模範文例の良い点は、少し長文ですが、自分という「商品」を上手い表現で売り込んでいるところです。自分を売り込むためには、言葉を多く用いることもやむを得ません。就職を申し込む際の文章はある程度パターン化されていますので、１つのフォーマットとして保管しておきましょう。

重要単語・語句

- □ **将来の従業員**：would-be employee 名詞句
- □ **英語に熟達している、英語が堪能な**：proficient in English
- □ **～に応募する**：apply for ～ 句動詞
- □ **実を結ぶ**：pay off 句動詞
- □ **努力する**：endeavor 動
- □ **開拓する**：cultivate 動
- □ **表彰状**：letter of commendation 名詞句
- □ **収縮する、狭める**：contract 動 ⇒ **収縮、短縮、縮小**：contraction 名
- □ **（会社や仕事を）辞める、辞任する**：resign 動

  resign は正式に会社や仕事を辞めることです。ここでは自分の意思が反映されています。類似の単語に retire がありますが、これは自分の意志と言うより、定年退職のように規則や何らかの事情により会社や仕事を辞めることを意味します。

使える表現パターンとフレーズ

- □ **その職に応募したい**：I wish to apply for the position
- □ **社長賞を受賞する**：be awarded President's letter of commendation
- □ **事業規模の縮小を余儀なくされてきた**：
  have been obliged to contract one's business size

ビジネス用語

- □ **履歴書**：resume **あるいは** personal history 名
- □ **希望退職者を募る**：ask voluntary resignations 動詞句

実例 88 新設航空会社に採用を申込む

難易度
★★☆

状況

あなたは現在求職中である。東京の東都大学経営学部を2017年3月に卒業、同年8月アメリカに渡り、Northern California大学経営学部で近代経営学とBusiness Communicationを研究し、学位MBAを取得、昨年8月に帰国したところである。東都大学在学中には、日本商工会議所が主催する日商ビジネス英語検定を受検し、最高の1級に合格していた。大学時代に受けたセミナー担当教授は田中一郎教授である。

一方、グローバル航空株式会社（Global Airlines Inc.）は最近設立された中堅の航空会社で、迷走する大手が多い中で、規模は大手にはかなわないものの最近の躍進は目覚ましい。同社は今後のさらなる発展を期し、英米への留学経験があり、英語に堪能で海外の文化理解があって、ビジネスセンスに優れた大学卒を多数採用する計画であることを公表している。

☑ 作成要領

1. グローバル航空の人事部（Personnel Department）に採用応募のレターを書くこと。日本でも就職に応募する際には、今でも手紙である。
2. 書く目的をはっきりと意識して書くこと。それを書き手自身がよく分かっていないと、色々と書きならべても、自分の考えている目的は充分達成されない。
3. 書く英文で自分の英語力が優秀であることを示すのはもちろんであるが、自分の人柄や性格の良さも知らせること。そしてさらに大切なことは、ビジネスパーソンとしてkeen sense（鋭い第六感）の持ち主であることを感じ取らせることである。
4. 書状は美しく正確な形式を用いて書くこと。
5. このような就職の申込み状を書くには、第1章で述べたAIDAの法則を用いるとよい。これはセールスレターを書く際の基本形式であるので、就職申込みもいわば自己の売込みなので、まず相手のAttentionを引き、Interestを与え、Desireをかき立て、最後にActionを起こさせるようにしなければならない。

模範文例

Dear Personnel Department Manager:

I have learned that your company is looking for a number of university graduates who studied in the United Kingdom or the United States and have good command of English. Since I believe that I have the qualification you require, I am submitting this application and hope to be considered for the position.

I graduated from the Department of Business Administration of Tohto University with A rating in March 2017. In August of the same year I moved to the United States to enroll in School of Business Administration at the University of Northern California. I studied Business Communication as well as Modern Business Administration and obtained an MBA there. I returned to Japan last August.

During my senior year at Tohto University, I passed the Business English Proficiency Test sponsored by the Japan Chamber of Commerce and Industry. Out of the three grade of certificates (1, 2 and 3), I have 1, the highest grade.

Because of my knowledge of English, business administration and business communication, I am confident that I can do a great job for your company.

Professor Ichiro Tanaka of Tohto University has permitted me to use his name as a reference.

Could you please let me know when it would be convenient for you to interview me? A letter will reach me at my home address above or you may call me at 052-341-8854 between 9:00 and 17:00.

Sincerely yours,

御社がイギリスあるいはアメリカへの留学経験があって英語力がある大卒者を多数募集中であることを知りました。私は御社が求める資格を備えていると思いますので、申込書をここに提出致しますので、候補者の 1 人としてご検討いただければ幸いです。

私は東都大学経営学部を 2017 年 3 月に A の成績で卒業しました。同年 8 月に渡米、北カリフォルニア大学経営学部に入学しました。同大学では近代経営学とビジネス・コミュニケーションを研究し、修士号を取得、昨年 8 月に帰国しております。

東都大学在学中の 4 年時には、日本商工会議所主催のビジネス英語検定に合格しております。1、2 及び 3 級のうち、最高位の 1 級を取得しております。

英語、経営学、ビジネス・コミュニケーションでの知識により、きっと御社のお役に立てるものと確信しております。

東都大学の田中一郎教授より同教授を照会先として使う許可を得ております。

面接をさせていただきたくご都合の良い日時をお知らせいただければ幸いです。郵便物につきましては、上記に記載の住所であれば届きます。また、朝9時から午後5時までは052－341－8854にお電話いただいても結構です。

解説

例文で使われているAIDAの法則について説明しておきます。

Attention（パラグラフ1）

書き出しの部分では、求人先を知った経路と、自分が就職を希望する旨を簡潔に力強く書きます。

Interest（パラグラフ2＋3）

次に興味を与える段になりますが、ここでは自己の学歴、経歴、能力などを述べて、自分が会社にとって充分役に立つ人間であることを示します。その際あまり自己吹聴しすぎると、かえって嫌味が出ますので、むしろ事実を客観的に述べて、相手に自己の真価を悟らせる方がよいでしょう。

Desire（パラグラフ4＋5）

次に就職したい理由を述べて、先方がこの人なら将来有望だからぜひ採用したいという欲望（desire）を起こさせます。その1つの方法としては、信用のある照会者を挙げることです。自分をよく知っている先生の名をできれば2人以上挙げて、先方の照会の便に供するのがよいでしょう。その際、ただ何々大学の何々先生というだけでなく、先生の住所、電話番号を書いておくと信頼性が高まります。

Action（パラグラフ6）

最後に、先方の行動を促す決定打を打つことが重要となります。これがうまくいかなければ今までの努力が無駄になります。そのためには自分が切に面接を求めている旨を述べ、連絡先と連絡方法を具体的に記しておきます。

日本流の「就職申込み」とは少し違うかもしれませんが、外資系企業や日本企業でも輸出志向企業・部門や欧米で就職しようとする場合は、上記のようなアプローチと表現がお勧めとなってきます。是非とも自分の「就職申込書」を一度作成しておいてはいかがでしょうか。きっといつか役に立つ時が来ますよ。

ちなみに、日本商工会議所の「日商ビジネス英語検定」はビジネス英語のライティングに特化した公的資格試験ですが、この例題のような「採用応募」の問題が過去に出題されています。

重要単語・語句

□ **資質、資格、必要条件：**qualification 名 ⇒ **適任である、適格にする：**qualify 動 ⇒ **適任な、資格がある：**qualified 形
ビジネス英語を使いこなしていく上で欠かすことのできない最重要単語の 1 つです。便利さを理解してうまく使っていきましょう。

□ **（書類、計画などを）提出する：**submit 動 ⇒ **提出、服従、提案：**submission 名

□ **申込み、申請：**application 名 ⇒ **申込む、申請する：**apply 動

□ **登録する、入学する：**enroll 動

□ **面接する：**interview 動

使える表現パターンとフレーズ

□ **貴社のお役に立てる自信があります。：**
I am confident that I can do a great job for your company.

□ **面接するのに都合の良い時間をお知らせいただけますか。：**
Could you please let me know when it would be convenient for you to interview me?

ビジネス用語

□ **経営学修士：**MBA (Master of Business Administration)

実例 89 就職先へ提出する推薦状を書く

難易度
★★★

状況

新日本機械商事株式会社は大阪にあり、工作機械の輸出を専門に行っている会社である。同社に勤める南三郎氏は、過去20年間輸出部次長として勤務してきたが、今般、同社を依願退職するにあたり、次の就職先へ提出する推薦状を書いてほしいと部長の島大輔氏に依頼した。

島部長は熟考の末、次のような内容で推薦状を書くことにした。

① 南氏は2022年3月31日付で依願退職する。

② 南氏は機械工学の知識が豊富であり、特に工作機械の輸出においては長年の経験を有していることから当社に多大な貢献をした。したがって、新日本機械商事としては引き続き勤務してもらいたかった。

③ 次長として有能で信頼に足る人物であった。

④ 南氏の決心が固いので退職に同意した。

⑤ 南氏が将来選択する仕事が何であるにせよ、同氏がその会社に対して重要な貢献をすることは疑いがないと思う。

☑ 作成要領

1. 上述の箇条書きで述べられた要点を、島部長に代わって上手にパラグラフにまとめ上げ、首尾一貫した（coherent）な手紙を作成すること。
2. この手紙は「推薦状」であり文字通り「推薦する」のだから、その文面には手紙の筆者の好意、つまり本人を良く思っているということがはっきり表れていることが重要である。

模範文例

To whom it may concern:

I have worked quite closely with Mr. Saburo Minami for the past twenty years, and have been impressed by his excellent capabilities, experience, and integrity. However, as of March 31, 2022, he will leave our company of his own accord.

As Deputy General Manager at our Export Department, Mr. Minami has contributed immeasurably to the growth of our company, thanks mainly to his expertise in mechanical engineering and many years of experience in exporting machine tools.

Mr. Minami has proven himself to be so competent and trustworthy in fullfilling his duties as Deputy General Manager that the company was eager to retain him. However, seeing him so determined to advance himself further where such opportunity might exist, we have finally consented to be without his services.

I believe that Mr. Minami would be a strong asset to any company. I highly recommend him.

私は過去 20 年間に渡り、南三郎氏とは懇意に仕事をさせていただきましたが、彼の優れた能力、経験、そして誠実さにはいたく感銘を受けてきました。しかし、2022 年 3 月 31 日付にて依願退職されることになりました。

南氏は輸出部門の次長として、主に機械工学の豊富な知識と工作機械の輸出での長年の経験から、会社の発展に多大な貢献をしてきました。

南氏が、次長として職務を果たすことに極めて有能で信頼できるということは本人自らが証明しており、会社としては是非とも留任することを望んでいました。しかし、機会があれば自分の力を更に発揮したいという彼の意志を尊重して退職に合意した次第です。

南氏がいかなる会社に行こうと、その会社に重要な貢献をすることに疑いはありません。私は強く同氏を推薦致します。

解説

部下や知人の他の会社への推薦状を書く機会はそんなに多くはないと思いますが、もしその状況になったら、その人の人生にかかわることですので、しっかりした推薦状を書きたいものです。そうした時に備えて、自分のためだけでなく、人のためにも英語力を磨いておきましょう。

重要単語・語句

- □ 経験、体験、知識：experience 名
- □ 正直さ、誠実さ：integrity 名
- □ 貢献する、与える：contribute 動 ⇒ 貢献、寄付：contribution 名
- □ 計り知れないほどに：immeasurably 副 ⇒ 計ることができない：immeasurable 形
- □ 専門的技術、知識：expertise 名 ⇒ 専門家、熟練者：expert 名
- □ 有能な、適任の：competent 形
- □（人、情報などが）信頼できる：trustworthy 形
- □（任務などを）遂行する：fulfill 動
- □ 保持する、あるべき場所に留める：retain 動
- □ 意を決している、覚悟ができている：determined 形

使える表現パターンとフレーズ

- □ 自分の意志で会社を辞める：leave the company of one's own accord
- □ ～することに有能で信頼できることを本人自らが証明する：
  prove oneself to be so competent and trustworthy in ～ing
- □ ～として責務を全うするに信頼できる：
  be trustworthy in fulfilling one's duties as ～
- □ 退職に合意する：consent to be without one's services
- □ ～を強く推薦する：highly recommend ～

ビジネス用語

- □ 関係当事者殿：To whom it may concern
  ビジネスレターにおいて、受取人の名前が分からない場合や特に指定していない場合に使います。求職活動においても、今回の事例のように、カバーレターを書いていて、送付書類の受取人が明らかでない場合に使います。

実例 90 採用申込みを断る

難易度
★★☆

状況

少精社は東京にある小規模な出版社であるが、突然、Mark Stewart なる人物から同出版社への就職を希望する手紙を受け取った。同社は社名が示す通り、少数精鋭をモットーに少人数からなる図書出版社であり、現在、増員する必要を感じていない。出版図書もローカル鉄道に限定しているので、わざわざ海外から人を求めるほどでもない。Stewart という人物とも何の面識もなく、手紙の書きぶりから見て、少々自己を売り込むことを急いでいるように思われる。

☑ 作成要領

1. 当社としては、この人物の要望に応えることができないと、はっきりと断りの返事を書くこと。
2. ただし、相手の気持ちにも配慮し、現在は新規雇用をする必要がないという事実を適切に知ってもらいつつ、申し出には残念ながら応じられないときっぱりと言うことがキーポイントである。

模範文例

Dear Mr. Stewart,

We have received your letter of March 1 asking for a position in our company.

Shosei-sha is a publishing company consisting of a small number of employees. The books we publish are limited to local railways in Japan. Our works are fully covered by our current staff.

Under the circumstances, we regret to decline your proposal this time.

Sincerely,

スチュワート様

弊社への採用申込みの３月１日付お手紙拝受しております。

少精者は限られた社員で構成される出版社です。弊社が出版する書籍は日本のローカル鉄道に限定されており、現在のスタッフで十分対応できております。

このような状況ですので、残念ながら今回は貴殿のご提案をお断りさせていただきます。

解説

こちらが採用してくれと頼む場合もありますが、逆に採用してくれと頼まれる場合もあります。たまたま優秀な人材に出会って、そのまま採用する場合はよいのですが、お断りしなければならないことも少なくありません。相手を傷つけないように、うまく申込みを断ってあげましょう。今回の事例は採用応募への断りですが、この形式を身につけておけば、色々なシチュエーションで「断り状」を出す際に応用できます。

重要単語・語句

□ **出版社：**publishing company 名詞句
publisher とも言います。

□ **～から成る、構成される：**consist of ～ 句動詞

使える表現パターンとフレーズ

□ **残念ながら申し出を断る：**regret to decline one's proposal

22. 社内通達を出す

実例 91 定例会議の開催をメールで案内する

難易度
★☆☆

状況

通信業界大手のR社では、国際競争力を高めるため、有能な人材を海外から広く採用する一方で、日本人社員の英語力の底上げにも力を入れている。その一環として、社内コミュニケーションの円滑化と日本人社員の日常業務での英語の使用などを目的に、社内会議については全て英語で行っている。当然のごとく、社内会議の開催案内についても英文メールで告知している。

今般、R社の経営企画室に配属となったあなたは、2022年1月度の定例報告会に関する下記の開催要領を伝えるメールを書くように上司から指示された。

日　時：2022年1月12日(水)午前9：30 ～ 12：00
会議室：北館中央会議室
出席者：全部門長（部門長が出席できない場合は代理が出席のこと）
議　題：1．定例部門別月次報告
　　　　2．2021年労務問題及び従業員査定

☑ 作成要領

1. 上司の指示にしたがって、会議開催を案内するメールを書くこと。
2. 必要な情報を簡潔に伝えること。

模範文例

Subject: January 2022 Management Meeting

Dear All Department Heads,

The monthly management meeting will be held on Wednesday January 12 from 9:30 am to 12:00 pm in Conference Room (Center) North Building. All department heads are requested to attend. If a department head is unable to attend, please have a substitute attend the meeting.

The agenda for this meeting will be 2021 labor issues and the annual evaluation of employees in addition to the regular monthly reporting by department.

Your positive attendance will be appreciated.

件名：2022年1月度月次経営会議

各部門長殿

1月12日（水）9：30より12：00まで、北館中央会議室において月次経営会議を開催します。全ての部門長の出席をお願い致します。部門長が出席できない場合は、代理の方の出席をお願いします。

議題につきましては、定例の各部門からの月次報告に加えて、2021年度の労務問題と年次従業員査定を予定しております。

積極的なご出席をお願い申し上げます。

解説

グローバル企業として躍進を目指す日本企業の中には、英語を社内公用語として採用し、事例のように、会議の運営はもちろん、開催案内についても英語で行っている会社が少なくありません。会議の開催案内の基本フォーマットを押さえておきましょう。

重要単語・語句

- □ 部門長：department head 名詞句
- □ 月次経営会議：monthly management meeting 名詞句
- □ 出席する：attend 動
- □ 代理人、代用品、代わりをする人・物：substitute 名
- □ 議題、議事日程、予定案：agenda 名　※元々は agendum の複数形；今は通例単数扱い。
- □ 労働案件：labor issue 名詞句
- □ 従業員の年次査定：annual evaluation of employees 名詞句

使える表現パターンとフレーズ

- □ ～(日時)に(会議などが)開催される：be held on ～
  we will hold a meeting on ～ や a meeting will be heldon ～という表現もよく使われます。
- □ 出席が求められる：be requested to attend
- □ 代理を出席させる：have a substitute attend
- □ 当会議の議題は～である：the agenda for this meeting will be ～

22. 社内通達を出す

実例 92 送別会をメールで案内する

難易度
★☆☆

状況

過去6か月に渡り、インドの子会社から研修のために来日していたJulia Khansariさんが研修期間を終了し、インドへ帰国することになった。彼女は技術設計部門に配属され、研修業務を行ってきたが、現地からの受け入れと世話役をしてきた人事部門としては、彼女が研修期間中に関係した部門を横断的にまとめ、送別会を企画することになった。

日時は4月8日金曜日午後6：00、場所は市内のイタリアンレストランVenetiaである。

☑ 作成要領

1. 人事部門担当者として、彼女が研修中に関係があった部門全てに送別会を案内するメールを書くこと。
2. 必要な情報を簡潔に伝えること。

模範文例

Dear All:

As you probably know, Ms. Julia Khansari will be leaving Japan for her hometown in India after completing her 6-month training here. She was initially assigned to our Engineering Department, and has since been involved in various training programs in the non-technical departments. We will be throwing a farewell party to express our gratitude for her service and friendship during her training period here and wish her success in her new assignment. The party will be held at the “Venetia” Italian restaurant downtown on April 8 Friday 18:00. We look forward to seeing many of you there.

Best regards,

皆様

ご存知のことと思いますが、ジュリア・カンサリさんが当社での6か月間の研修を終え、母国インドへ帰国することになりました。彼女は当初技術部門へ配属された後、技術部門以外の各部門での研修業務に従事してきました。彼女の研修期間中における業務遂行と友情に対して謝意を伝えるとともに、彼女の新しい任務でのご健闘を祈念すべく、送別会を開催致します。パーティーは4月8日（金）午後6:00から市内のイタリアンレストランVenetiaで行なわれます。多くの方の参加をお待ちしております。

解説

最近のように海外からの研修生や訪問客も増えて、こうした方々が帰国するにあたっては、どこの会社でも送別会などを企画しているはずです。こうした送別会の案内メールの書き方を自分のものとしておきましょう。

重要単語・語句

- □ **研修、訓練、教育：**training 名
- □ **送別会：**farewell party 名詞句
- □ **感謝の気持ち、謝意：**gratitude 名
- □ **任務、持ち場、地位：**assignment 名

使える表現パターンとフレーズ

- □ **送別会を開く予定である：**will be throwing a farewell party

22. 社内通達を出す

実例 93 ゴルフ・コンペの開催を案内する

難易度
★★☆

状況

あなたは食品会社である日本食品の東京本社から南カリフォルニアにあるアメリカ子会社に赴任してきたばかりの新人駐在員である。今朝一番でアメリカ人の上司から呼ばれ、日本人駐在員を含めたゴルフ愛好家の従業員の親睦を図るため、以下の要領でゴルフ・コンペを企画しているので、参加者募集の案内メールを書くようにとの指示を受けた。総責任者である中野会長の承認も既に取り付けてある由である。

日時：2022 年 4 月 16 日土曜日
時間：第 1 組スタート　8：00
場所：パームビーチ・ゴルフ・クラブ（西コース）

上司からは、できる限り多くの参加者を募りたいので初心者のエントリーを促すようにと、補足指示を受けた。

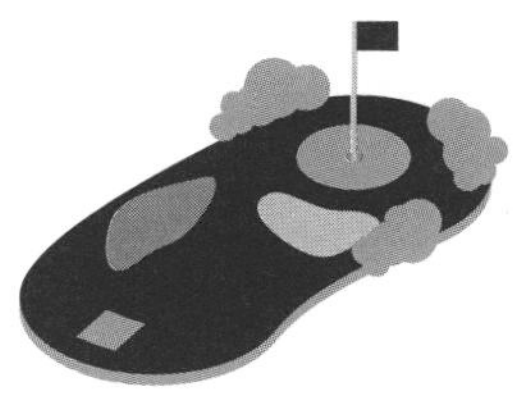

✓ 作成要領

1. ゴルフ・コンペに是非とも参加したくなるような案内メールを書くこと。
2. 必要な情報を漏らさず記載する一方、親睦を図る目的でもある趣旨も何とか出しておきたい。

模範文例

Dear All Golf Lovers:

The long-awaited spring has finally arrived! It's the perfect season to get moving! We can think of no better reason to hold a spring golf competition.

Mr. S. Nakano, our Chairman has been generous enough to allow us to reserve the excellent West Course at Palm Beach Golf Club, with the tee time starting from 8:00 on Saturday, April 16. We very much hope you will be able to spare the time to join us.

Particularly, entries by beginners are most welcome! There will be gorgeous prizes not only for winner, but also for closest to the pin, longest driving contest, and more. Let's have fun together on the great course.

Best regards,

ゴルフを愛する皆さんへ

いよいよ待ちに待った春の到来です! 体を動かすには最高の季節です! 春のゴルフ・コンペを開催する理由として、これ以上のものはありません。

中野会長のご厚意により、パームビーチ・ゴルフクラブの西コースの予約ができ、4月16日（土）午前8時に第1組のスタートを予定しています。是非とも、ご参加くださいますようお願い申し上げます。

特に、初心者の方のエントリーをお待ちしております。優勝者だけでなく、ニアピン、ドラコンなど豪華賞品を用意しております。素晴らしいコースで一緒に楽しみましょう。

解説

楽しい企画を考えることは心弾むものですが、そうしたイベントを案内するメールを書くことも仕事とはいえ楽しいものです。

重要単語・語句

- □ **ながらく待っていた：**long-awaited 形
- □ **体を動かす：**get moving 動詞句
- □ **競争、競争相手、競技会：**competition 名
- □ **予約する、残しておく：**reserve 動

使える表現パターンとフレーズ

- □ **これ以上の理由が見当たらない：**can think of no better reason

22. 社内通達を出す

実例 94 業務内容調査への協力を依頼する

難易度
★★★

状況

当社は東京に本社を置く商社のアメリカ子会社である。事務所及び物流倉庫を全米6か所で構えるほど、事業は発展、拡大してきている。しかしアメリカに進出以来、多くの年数を経て、各種制度が時代に合わない点が見受けられるようになってきた。特に日本の本社での動きに合わせて、海外子会社である当社においても、人事考課制度の見直しを定期的に行ってきたが、制度の経年劣化が目立っている。今般、会社として、全社員（日本人駐在員と現地人スタッフ）に対して、以下の内容の社内メモ（Intra-Office Memorandum）を発行し、職務分類（job classification）確立のための業務内容調査への協力を要請することになった。

当社では、かねてより流動する社会環境、経済情勢の変化に対応するため、賃金体系と人事制度の改善を実行してきました。このたび、現行賃金体系を見直し、職務分類の確立による職能給の導入を行なうことになりました。これにより、現行制度の不備を修正し、社員の能力を適正に評価すると共に、能力の開発と有効な活用を図り、仕事や能力に応じて処遇していける人事制度を作り上げます。このためには、社内で行われている業務を洗い直し、個々の職種がどのような能力、資格、経験を必要とするかを明確にする必要があります。また、こうした業務の洗い出しと効率化は、産休や育休などに対応したマンパワーの確保にもつながります。つきましては、社としての意図をご理解下さった上で、調査表に記入下さるよう、ご協力をお願いします。

☑ 作成要領

1. アメリカ子会社HR部門長として、上記の内容の社内向けメモ（intra-office memorandum）を書くこと。
2. 社内メモであることを考え、その様式についてもよく考えること。

模範文例

INTRA-OFFICE MEMORANDUM

To: All employees
From: HR Department General Manager
Date: March 29
Subject: Job Survey

Our management team has been working for some time to improve our salary system and personnel management system.

In order to better adapt ourselves to the ever-changing social environment and economic conditions, we have decided to review our current salary system and to introduce a new salary system based on job function by establishing the job classification.

By doing so, we will;

- remedy possible deficiencies in the existing system
- evaluate your abilities properly
- make more effective use of your capabilities
- establish personnel management by treating you adequately based on your job duties and abilities
- secure human resources for maternity and child-care leaves

For this purpose, we need to analyze your work more in detail and clarify what abilities, qualifications and experience are required for your job.

Please fill in the job survey form attached accurately, understanding well what we are trying to do. Your cooperation in this regard will be appreciated.

社内通達

送信先：全従業員
発信元：HR 部門長
日　付：3月29日
件　名：業務内容調査

当社の経営陣は、かねてより賃金体系及び人事制度を改善すべく努力を重ねて参りました。

刻々と変化する社会環境や経済状況に対応するため、現在の給与制度を見直し、職務分類の確立による職能に基づいた新しい給与制度を導入することにしました。

このことによって次のことが可能になります。

- 現行制度の不備を修正する
- 従業員の能力を適正に評価する
- 能力をより有効活用する
- 職務や能力に応じた適正な処遇による人事制度を確立する
- 産休や育休に対応した人材を確保する

そのためには、あなたの仕事をより詳細に分析し、各々がどのような能力、資格、経験が必要なのかを明確にする必要があります。

つきましては、社としての意図をご理解いただいた上で、添付の調査表に記入下さいますよう、ご協力をお願い致します。

重要単語・語句

□ **経営、管理、経営陣、経営力：**management 名
⇒ なんとか成し遂げる、管理する：manage 動

□ **欠けている状態、欠落、不足、欠陥：**deficiency 名 **⇒ 欠けている：**deficient 形

□ **（財産、資料、能力などを）評価する：**evaluate 動

□ **明らかにする、理解しやすくする：**clarify 動
⇒ 説明、解明、明確化：clarification 名

使える表現パターンとフレーズ

□ **流動する社会環境の変化によりうまく対応する：**
better adapt oneself to the ever-changing social environment

ビジネス用語

□ **給与体系：**salary system 名詞句

□ **人事制度：**personnel management system 名詞句

□ **職務分類：**job classification 名詞句

□ **産休：**maternity leave 名詞句

□ **育児休暇：**child-care leave 名詞句

実例 95 懇意にしている取引相手の昇進を祝う

難易度
★☆☆

状況

中堅商社のアメリカ・シカゴ事務所に勤めるあなたは、日頃から商売で懇意にしているサプライヤーに勤める Mr. Miller がこのたび、部長に昇進したとの知らせを受けた。彼とは仕事上の付き合いだけでなく、プライベートでも相談に乗ってもらったりしているので、昇進のニュースはあなたにとっても他人事ではない喜びであった。早速、Mr. Miller に対して昇進祝いのメールを打つことにした。

☑ 作成要領

1. 常日頃から仕事でかかわりが深い関係なので、喜びを共有する親しみを込めたメール文を作成すること。
2. 将来的にも使えるように、形式、表現などを定型化できるようなものとしておくこと。

模範文例

Subject: My Heartiest Congratulations!

Dear Mr. Miller-san:

I have just received notification of your new assignment today. I would like to extend my warmest congratulations to you on this well-deserved recognition of your abilities and leadership.

Although I imagine you are very busy with your new duties, I would like to meet you again soon to share this auspicious occasion.

Best wishes for your continued success.

Sincerely,

件名：おめでとうございます!

ミラーさんへ

本日、貴殿の新しい職務に関する知らせをお聞きしました。貴殿の能力とリーダーシップが正当に評価されたことに心からお祝い申し上げます。

新しい任務でなにかとお忙しいとお察ししますが、近いうちにお目にかかって、この喜ばしい機会を分かち合いたいと存じます。

今後も引き続いてのご成功をお祈りしております。

解説

相手を祝福する気持ちをダイレクトに表すために、あまり回りくどい表現は使わず、ストレートに気持ちを伝えましょう。件名として記載するのではなく、文章の冒頭に My heartiest congratulations on your promotion!（心から昇進おめでとうございます！）を持ってくる手もあります。

重要単語・語句

☐ **新しい任務：new assignment** 名詞句

名詞 assignment は assign（割り当てる、あてがう）という意味の動詞から来ており、会社から「特別の任務を与えられている」というニュアンスです。

使える表現パターンとフレーズ

☐ **心からお祝い申し上げる。：I would like to extend my warmest congratulations.**

extend という動詞は本来「引き伸ばす」という意味ですが、今回のような「（お祝いやお礼を）述べる」際にも使われます。I would like to extend my sincere appreciation for ～（～に対して厚く御礼申し上げます）などとも使われます。ビジネス英語でも今回のように「感情」を表現することは多くありますが、「温か味」を表すのに warm を使うことが有効であることも一緒に覚えておきましょう!

☐ **正当に評価された能力：well-deserved recognition of ability**

少し凝った表現となっていますが、deserve（価値がある、資格がある）という動詞を、well-deserved（十分な資格がある）という意味の形容詞にして、名詞 recognition（認められること）を修飾しているところに絶妙なテクニックがあります。

23. 挨拶状、案内状、通知状を出す

実例 96 夕食会への招待メールを打つ

難易度
★☆☆

状況

アメリカ・シリコンバレーのIT企業代表一行が日本市場の視察のため4月末に来日し、出張の全日程を終えて、いよいよ日本を離れることになった。今回の視察旅行の音頭を取った主催者としては、最後に一行を夕食に招き送別の辞を述べるべく、下記のような夕食会を開くことにした。

「視察団一行の皆様が5月14日に日本を去るにあたり、送別夕食会を下記のごとく開催します。万障お繰合せの上ご出席ください。

日時：5月13日（金）午後7時

場所：東京プラザホテル（東京都千代田区大手町1丁目2－34）

ご出席の有無を5月11日必着でご回答下さい。」

☑ 作成要領

1. 夕食会参加予定者への招待メールを書くことになったので、その原稿を書くこと。
2. この英文招待状は、当メールの発信と同時に、10×15cmのカードに美しく印刷する予定である。
3. 平易、簡潔で、親しみのある英語で書くこと。

模範文例

We have the pleasure to invite you to the farewell dinner party to be held at the Tokyo Plaza Hotel on Friday, May 13 at 7 p.m., and wish you could join us to enjoy the last evening in Japan.

We would appreciate it much if you could let us have your reply reaching here by May 11.

5月13日（金）午後7時に東京プラザホテルにて開催致します送別夕食会へご招待申し上げます。日本での最後の夜をご一緒できればと思っております。

お手数ではございますが、ご出席の回答を5月11日までにいただけますようお願い申し上げます。

解説

海外からの旅行者は、日本を離れる最後の夜に夕食会などに招待されると嬉しいものです。今後の円滑なビジネスを進めるためにも、つつがなく手配を進めたいですね。今回の事例は、こうした夕食会への招待状を作成するというものです。簡易な単語と表現ですが、要領を得ていないと期待した効果が出ません。

使える表現パターンとフレーズ

□ **～までに届くようにご返事をいただきたい：**
let us have your reply reaching here by ～

23. 挨拶状、案内状、通知状を出す

実例 97 100 年史を送付する際に挨拶文を添える

難易度
★★☆

状況

東京に本社を置く Sunrise Corporation は 2021 年 3 月 15 日に創業 100 周年を祝ったところである。同社は創業 100 周年にふさわしい事業を展開すべく、「100 周年記念実行委員会」を組織し、名刺への印刷から垂れ幕の作成、広告宣伝活動まで、様々な活動を展開してきた。その記念事業の 1 つとして『サンライズ社 100 年の歩み』というタイトルの 100 年史を出版することになり、編纂にとりかかったものの、古い写真の入手などに意外と手間取り、このほどやっと出来上がった。同社の歴史だけでなく、日本経済の過去 100 年における歩みについても述べられているので、読者にとっては興味が湧くものである。この 100 年史を親しい取引先に配布したいと思う。

☑ 作成要領

1. 上記の趣旨に沿って、取引先へ100年史を送付する際に添付する挨拶状(カード形式)を作成すること。
2. 飾り立てて書こうとせず、自分の持っている語彙の中から最適な言葉を選ぶこと。

模範文例 -1

Our company celebrated its 100th anniversary of the founding on March 15 this year.

As one of the commemorative undertakings, we started out to publish a book titled *100 Years History of Sunrise* and have finally completed quite recently, though unexpectedly delayed.

The book refers not only to the history of our company but also to the corresponding course of Japanese economy and therefore will surely interest you.

We would like to present this book to our most intimate business partner including you of course. We solicit your kind acceptance.

弊社は今年3月15日に創業100周年を祝ったところです。

記念すべき事業の1つとして、『サンライズ社100年の歩み』という本を出版する作業を開始し、予想外の遅れもありましたが、最近になってやっと完成させることができました。

弊社の歴史だけではなく、日本経済の軌跡をたどる書籍で、貴社にとっても興味深いものであると存じます。

本書を、もちろん貴社を含めた最も親しいお取引先様に贈呈差し上げる次第です。ご笑納いただければ幸いです。

模範文例 -2

We take much pleasure in presenting you a book enclosed:

Sunrise Corporation 1921-2021
100 Years of Corporate History

The commemorative publishing project began when we celebrated the 100th anniversary of our firm's founding on March 15, for the purpose of distributing a copy each among our customers with whom we are keeping good and intimate relationship.

The printing has just been completed. This book depicts our company's development as well as a review of Japanese economy. We sincerely hope that you will find it interesting.

With warmest regards,

ここに謹んで同封の書籍を贈呈申し上げます。

『サンライズ社 1921—2021 年
100 年の企業としての歩み』

記念出版事業は今年 3 月 15 日に創業 100 周年を祝った際に始まり、その目的は親しく良好な関係を築いているお取引先様に上記書籍をお配りするというものです。

やっと印刷が完了したところでございます。本書は弊社の発展のみならず日本経済の振り返りにもなっております。必ずやご興味を持ってお読みいただけるものと存じます。

解説

日本企業の中にはほぼ 100 年前に創業した会社が多く、最近では 100 周年を記念する行事を行う会社が目立っています。中には文例のように、「100 年史」を発行して、取引先へ配布する事例も多く見受けられます。「100 周年記念実行委員会」のメンバーに選出されたことを想定し、この 100 年史をお客様やお取引先様へ送付する際の案内状を頭の中にイメージしておきましょう。模範文例 1 と 2 の違いは、1 では「100 周年を迎えた⇒100 年史を作成したので送る」の構成に対して、2 では「100 年史を贈呈する」という結論を冒頭で述べ、それに続いて、出版事業とその目的、そして書物の内容を知らせる構成となっています。

重要単語・語句

- □ **祝う、記念する：**celebrate 動 ⇒ **祝い、記念：**celebration 名
- □ **記念日：**anniversary 名
- □ **記念すべき：**commemorative 形 ⇒ **記念する、祝す：**commemorate 動
- □ **事業、仕事、引き受けること：**undertaking 名
- □ **贈呈する、差し上げる：**present 動
- □ **事業、計画：**project 名
- □ **親しい、親密な：**intimate 形

使える表現パターンとフレーズ

□ **親しく良好な関係を築いている顧客に～を配る：**
distribute ~ among our customers with whom we are keeping good and intimate relationship

23. 挨拶状、案内状、通知状を出す

実例 98 事務所の移転と住所変更を通知する

難易度
★★☆

状況

日本の Toyo Corporation は長年にわたって手広く海外事業を展開する中で、多くの主要市場に子会社を設立し、自社製品の販売を行なってきた。しかし、全ての地域で拡大を維持できるわけではなく、子会社の中には、うまくいかず事業を縮小せざるを得ない会社もある。カナダの子会社である Toyo Canada Inc. もカナダ市場でのここ数年の景気後退により、売上が毎年減少したため、経営の継続と安定化のため人員削減を進める一方で、本体及び部品倉庫を含む社屋を同じ地域でより小規模な物件へ移転するという苦渋の決断をした。本社での稟議書による承認に予想以上の時間を要すなど紆余曲折はあったものの、9月1日に何とか移転が完了する見通しがついた。そこで、得意先に事務所の移転を正式に通知することにした。

新住所は、30 Cherry Lane, Richmond Hill, Ontario L3B K2C Canada である。

☑ 作成要領

1. 得意先への「移転案内」をサーキュラーの形式で作成すること。
2. 伝えるべき内容と伝えなくてもよい内容をよく吟味し、全体を平易な英語で表現すること。

模範文例 -1

We are pleased to announce that as from September 1, 2021, our office will be relocated to the following address:

Address: 30 Cherry Lane, Richmond Hill, Ontario L3B K2C Canada
Telephone: 905-807-4511
Fax: 905-807-4512

This relocation is a result of our attempts to make the most effective use of our facilities to better serve our customers.

Please inform your relevant departments of the relocation so that we can better communicate and fulfill your orders smoothly.

We sincerely hope that our close relationship with your company will continue to develop in the future.

2021 年 9 月 1 日より弊社事務所を下記の住所へ移転することになりましたので、ご案内申し上げます。

住所：オンタリオ州リッチモンド・ヒル、チェリーレーン 30 番地 L3B K2C カナダ
電話：905-807-4511
FAX：905-807-4512

今回の移転はお客様へのサービス向上のため、施設を最も効率よく活用しようとするものです。

円滑なコミュニケーションとご注文への対応がスムーズに行われますように、移転について貴社関係各部門へご案内いただければ幸いです。

貴社との緊密な関係が今後も続くことを願ってやみません。

模範文例 -2

New Office Address

May we please invite your attention to the following change of our office/warehouse?

Toyo Canada Inc. will move to a new building on August 31. Our address after this date will be as follows:

Toyo Canada Inc.
Address: 30 Cherry Lane, Richmond Hill, Ontario L3B K2C Canada
Telephone: 905-807-4511
Fax: 905-807-4512

We would be grateful, therefore, if you would kindly inform all the people involved in your organization of this move. The purpose of this move is to avoid any possible delay or confusion in our future communication and in order execution.

We hope that this relocation will enable us to serve you and your customers more efficiently.

新社屋住所

この度、弊社オフィス及び倉庫を下記のごとく移転することになりましたので、ご注意いただきたくお願い申し上げます。

トーヨー・カナダは8月31日をもって新社屋へ移転します。この日以降の住所は以下の通りです。

トーヨー・カナダ社
住所：オンタリオ州リッチモンド・ヒル、チェリーレーン 30 番地 L3B K2C カナダ
電話：905-807-4511
FAX：905-807-4512

お手数ではございますが、移転につきまして、貴社関係部署へご案内いただければ幸いです。今回の移転の目的は、今後のコミュニケーションとご注文の履行において遅延あるいは混乱を避けるためです。

今回の移転により、貴社及び貴社のお客様へのサービスがより効率化されるものと願っております。

解説

長く商売をやっていますと、社屋を様々な理由から移転させることがあります。取引先に移転を案内するパターンを覚えておきましょう。大抵の場合、事務所移転は自社理由によるものですが、そのまま全てを伝える必要はありません。模範文例１の段落構成は「事務所移転⇒理由⇒告知への依頼⇒締め」ですが、2は「注意喚起⇒新住所⇒告知への依頼と移転理由⇒締め」となっています。いずれにしても、新住所や電話番号などの重要な情報を冒頭近くに述べることが大切です。移転の背景など内的な理由を外部に知らせる必要はありません。

重要単語・語句

☐ **移転、措置：**relocation 名

☐ **移転、引越し：**move 名

例題のようなビジネス環境の変化による「移転」は relocation も move も使えますが、仕事に関係なく個人的な「引越し」のような場合には relocation は使いません。

使える表現パターンとフレーズ

☐ **～をご案内する：**we are pleased to announce that ～

☐ **～へ事務所が移転される：**our office will be relocated to ～

☐ **～について関係部門への案内をお願いしたい：**
please inform your relevant departments of ～

☐ **～へのご注意をお願いしたい。：**May we invite your attention to ～.

実例 99 1年間のお互いの苦労をねぎらい、クリスマスカードを送る

難易度
★★★

状況

Sonic Schweiz A.G. はスイスにおける日本の電気製品メーカー Sonic 社の輸入代理店である。今年は市場がこれまでの経済不振から大きく回復することなく、非常に苦戦を強いられた年であったが、そんな苦しい中でも日本の Sonic 本社とも協力し社員が一丸となることで、最低限の業績を確保することができた。逆風が吹く経済環境にあっても、それなりの業績を上げることができた1つの要因として、今年集中的に拡販を図ったアルピーヌ特別仕様モデル（special Alpine models）が一定の成果を収めたことがある。

この機会に日本の Sonic 社をはじめ日頃から商売をしているパートナーに対して、お礼を兼ねてクリスマス・カードを送ることになった。その際に同社が拠点を置く Emmental Valley 地域の伝統的なお菓子である Kambly biscuits と一緒に送ることとした。

☑ 作成要領

1. スイス代理店の代表として、日本の Sonic 本社の幹部や担当者へのクリスマスカードの文面を作成すること。
2. 苦しい環境の中でも協力して成果を上げていることをきちんとした英語表現を使いながらも、人間的な「温か味」も伝わる表現を工夫すること。

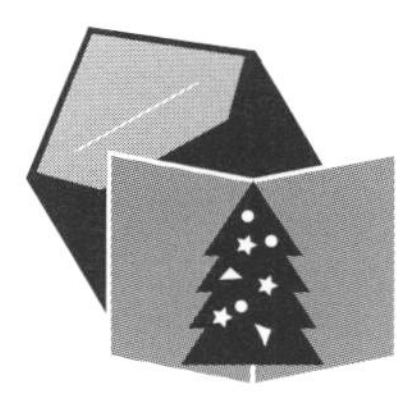

模範文例

You have to work hard to get to the top, but the view is breathtaking!

On behalf of all the staff at Sonic Schweiz AG, I wish you a well-earned rest over the upcoming festive season with as much holiday hustle and bustle as you want.

2021 has not been an easy year. However, it is said that difficult journeys lead to the most beautiful destinations. After all, today Sonic is stronger than ever, thanks not least to the commercial success of our special Alpine models. Yet most importantly, Sonic's position as Switzerland's leading electrical appliances distributor is also down to you. I would like to thank you wholeheartedly for this. Kambly biscuits are one of the most popular traditional delicacies from the beautiful Emmental Valley. These delicious tempting treats give you encouragement, happiness and energy all at once. With this card you will find a small gift to make your festive season a little bit sweeter.

I am grateful to you personally, but I would like to extend my thanks to all your colleagues for their commitment and for giving their all for Sonic every day. I wish you plenty of enjoyment, success and, above all, good health in the New Year.

苦労の末にたどり着いた頂上から見える景色は絶景!

ソニック・スイスの全スタッフを代表して、来る年末年始の休暇シーズンには、休日の喧騒を好きなだけ楽しみながら、十分な休暇を取っていただければと存じます。

2021年は楽な年ではありませんでした。しかし、困難な旅ほど素晴らしいゴールにたどりつくと言われています。紆余曲折はあったものの、今日、ソニックは以前にも増して強くなりました。それは商売上のアルピーヌ特別仕様モデルの成功によるものだけではありません。最も重要なことは、スイス市場におけるソニックがトップの家電量販店としての地位を築いているのはひとえに皆さんのおかげです。心より御礼申し上げます。カンブリー・ビスケットは美しいエメンタール渓谷の伝統的なお菓子として人気があります。この美味しい誘惑的なお菓子はあなたに勇気と、幸福と、エネルギーを即座に与えてくれます。このカードと一緒にお送りするささやかな贈り物は楽しい休日を少しだけ甘くしてくれるはずです。

あなたご自身のご尽力に個人的に深く感謝しております。同時に、あなたと共に働く仲間の皆様のソニックへの献身と日々の努力に深く御礼申し上げたく存じます。新年が皆様にとって、より楽しく、より成功しそして何よりも健康であることをお祈り致します。

解説

最近ではコストダウンのためか、海外の取引先にクリスマスカードを送ることを止めてしまう企業も増えてきているようです。お互いが大変な状況の中で、歯を食いしばって頑張っているわけですから、せめて1年に1度は感謝の気持ちを1枚のカードに込めて贈りたいものです。サンタクロースの絵や写真だけのクリスマスカードもいいのですが、文例のような感謝の言葉でいっぱいのカードを受け取ったら、まさに1年の苦労も吹き飛んでしまうのではないでしょうか。カードを送れない場合にはメールでもいいので、1年の感謝の気持ちを伝えましょう！

重要単語・語句

- □ **素晴らしい、息を呑むほどに美しい**：breathtaking 形
- □ **自分の力・働きで勝ち得た**：well-earned 形
- □ **喧騒、騒がしさ**：hustle and bustle 名詞句
- □ **心より**：wholeheartedly 副 ⇒ **心よりの**：wholehearted 形
- □ **ごちそう、珍味、名物**：delicacy 名
- □ **活力、元気、エネルギー**：energy 名

使える表現パターンとフレーズ

- □ **～を代表して**：on behalf of ～
- □ **困難な旅ほどたどり着く先は美しい**：
  difficult journeys lead to the most beautiful destinations
- □ **それでも最も重要なことは**：yet most importantly
- □ **個人的にとても感謝している**：I am grateful to you personally
- □ **新年があなたにとって楽しいものであり、成功であり、そして何よりも健康でありますように。**：
  I wish you plenty of enjoyment, success and, above all, good health in the New Year.

実例 100 弔意を表明する

難易度
★★☆

状況

長年の取引関係がある得意先から、同社の創業者であり社長の Mr. Donald Williamson の訃報に接した。早速、同氏の死を悼み、当社の社長名で弔辞を送ることとした。

作成要領

得意先への弔辞を作成すること。

模範文例 -1

Gentlemen:

We were stunned to be informed this morning of the most unhappy news concerning the untimely death of Mr. Donald Williamson, president of your company.

May we express our deepest sympathy to you at his death on behalf of the staff of our firm.

We hope you will further develop your company in accordance with his wishes, tiding over this sorrowful accident of his death.

Yours very truly,

今朝、御社の社長であるドナルド・ウィリアムソン氏の早すぎる死についての残念な知らせを受け、愕然としております。

社員一同衷心よりお悔やみ申し上げます。

社長の死という不幸な事故を乗り越えて、ご遺志を引き継ぎ、会社をさらに発展させていただきたいと思います。

模範文例 -2

Gentlemen:

I was most distressed to learn of the sudden passing of your president, Mr. Donald Williamson on May 10.

Directors and all members of our company join me in expressing our heartfelt sympathy in your great loss. Please convey our sincere condolences to the bereaved family.

Yours very truly,

5月10日にドナルド・ウィリアムソン社長が急逝されたことを知り、大変心を痛めております。
当社役員及び社員一同、謹んで哀悼の意を表します。ご遺族の皆様に心よりお悔やみ申し上げます。

解説

残念ながら、訃報は突然やってきます。報に接してから慌てないように、弔文のいくつかのパターンを備えておきましょう。「お悔やみ」の表現にも色々あり、ストックを多く持っておけばおくほど、表現力が豊かになります。主語もIで書く場合と、weで書く場合が考えられます。

重要単語・語句

- □ **あまりに早い、時を誤った：**untimely 形
- □ **急死、突然の死：**sudden passing 名詞句

使える表現パターンとフレーズ

- □ **～の知らせを受けて打ちひしがれている：**be stunned to be informed of ～
- □ **哀悼の意を表す：**express one's deepest sympathy
- □ **悲しみにくれる：**be most distressed

あとがき

1. ビジネスパーソンである前に人間として

皆さんはこれから多くのレターやメールを書くことになると思いますが、意識していただきたいのは、それらを読む相手の気持ちです。まず、「自分さえ儲かればよい」という姿勢が相手に伝わってしまっては、ビジネスが成功するわけがないのは言うまでもありません。また、拙い表現や、相手の感情を害するような思慮がいかにも欠けている書き方によって、商売に損害を与えたり、人間関係にヒビが入ってしまうことは避けたいものです。ビジネスを成功させるために、ビジネスパーソンである前に人間としての心構えをしっかり持ちましょう。

2. Creativity を存分に発揮しよう

どんな仕事でもそうですが、人に言われて機械的に作業をこなすのはつまらないものです。英文を書く演習の時も、実際に仕事で書く時も、自分の持っている Creativity（創造力）と Imagination（想像力）をフルに発揮して、Creative な「作品」作りを目指しましょう！　そうすることでヤル気も出ますし、創作力も自ずとついてきます。

本書では、実際のビジネスのシチュエーションで使える表現やパターンを提案しており、こうしたライティング形式を身につけていただきたいのはもちろんですが、自分の創造・想像力を存分に発揮して、形にこだわらない新しいスタイルも考えていきましょう。

3. レターの形式を確認しておこう

最近はメール全盛の時代で、いわゆるレターを出す機会は少なくなってきていますが、ビジネス文書である以上、英文レターの形式をしっかり理解しておく必要があります。第２章では、レターとメールの正式な形式を記載してありますので、確認しておきましょう。

4. レターは美しく書こう

自分の書いたレターは自分に代わって相手と接触する大切な役目を果たすものです。それが美しく書いてあれば、相手に与える印象も間違いなく良くなります。ビジネスには競合相手がつきものです。多くの競合相手から自分を選んでもらうためには、自分の代わりとなって相手の懐に飛び込んでいくレターや文章は美しくなければなりません。

5. 辞書や参考書からそのまま引っ張ってきた表現を使わないようにしよう

手紙や英文は自分の分身です。辞書や参考書に記載されている表現や文章をそのまま使うと、どうしても違和感が出てしまいます。多くの「良文」に接して、「これは」というものを適切な機会で使ってみることで、自分の表現としていきましょう。

最後に、本書の最大の目標である「自分で考え、自分で書いてみる」ことの重要性を訴えるネイティブの方のアドバイスを載せておきたいと考えます。

Last but not the least, the most important of all is to keep writing, for it is only through the actual writing that you will master communication.

最後になりましたが、重要なことは書き続けることです。実際は書くことによってのみ、コミュニケーションは習得できるからです。

【参考としたい辞書】

英文を書いていく上で、どれが使ってもよい表現でどれが危ないのか―この問いには辞書にこまめにあたってみることが1つの答えです。そこに載っている表現で、〈俗語〉などと書かれていなければ、まず使っても大丈夫と判断しましょう。そこに載っていない表現でも効果的な英文表現はもちろんありますが、それは各人の読書や研究の際に出くわした表現の数が多ければ多いほど豊富な表現が使えるということになります。良文の書き手ほど、読書量が多いということは言えるでしょう。

Oxford Advanced Learners Dictionary, Oxford University Press
American Heritage Dictionary of the English Language
Kenkyusha's New Collegiate Dictionary of the English Language
総合ビジネス英語文例事典（藤田栄一編著　研究者出版）
プログレッシブ英和中辞典（小学館）
プログレッシブ和英中辞典（小学館）
英語前置詞活用辞典（小西友七著　大修館書店）
新編英和活用大辞典 Dictionary of English Collocations, the Kenkyusha（市川繁治郎編　研究社）
英語正用法辞典（田桐大澄編　研究社）
ビジネス英語会話表現辞典（長崎弦弥編　旺文社）
インターネット英語表現辞典（塩澤正編　三修社）
英文ビジネスメールものの言い方辞典（池上陽子著　技術評論社）
日本のしきたり英語表現事典（亀田尚己、中道キャサリン著　丸善出版）
日本伝統文化の英語表現事典（亀田尚己、三宮優子、中道キャサリン著　丸善出版）
起源でたどる日常英語表現事典（亀田尚己、中道キャサリン著　丸善出版）

《参考文献》

「商業英語のとらえ方―人間中心の商業英語編」 尾崎茂著　商業英語出版社
「ビジネスレターを書くコツ」 尾崎茂著　商業英語出版社
「英文ビジネスメール／オフィスメール入門」亀田尚己、青柳由紀江著　丸善出版
「ハーバード式英語学習法」 青野仲達著　秀和システム
「世界一わかりやすい英語の勉強法」 関正生著　KADOKAWA
「基礎&応用表現を一発検索　そのまま使える! ビジネス英文集」 倉骨 彰、トラビス・クラホネ著　PHP 研究所
「Google で検索するだけ! ネイティブに笑われない英文 E ビジネスメール」 奥田百子著　中央経済社
「英文ビジネスレター&文書実例集」 有元美津世著　ジャパンタイムズ
「相手を『必ず動かす』英文メールの書き方」ポール・ビソネット著　アルク
「イラストでわかるオフィスの英語表現」ローレンス・J・ヅヴァイヤー、スーザン・ディーン著　IBC パブリッシング
「英文ビジネスレター表現ハンドブック」橋本光憲、前田秀夫編　日本経済新聞出版
「ビジネスですぐ使える! 英文 E メール文例ハンドブック」倉骨彰、トラビス・T・クラホネ著　日本経済新聞出版
「アウトソーシングのためのビジネス英文メール入門」 フランシス・J・クディラ他著　オーム社
「ビジネスEメール・チャットツールの英語表現」松浦良高著　インプレス
「ビジネスで1番よく使う英語Eメール」 宮野智靖監修　J リサーチ出版
「英文ビジネス e メールの教科書」 柴田真一、神藤理恵著　NHK 出版
「英文ビジネス E メール実例・表現1200[改訂版]」 Z 会編集部編　Z 会
「絶対に使える英文 e メール作成術」 大島さくら子著　角川 SS コミュニケーションズ
「一億人の英文法」 大西泰斗、ポール・マクベイ著　ナガセ
「即戦力がつくビジネス英文法　基本から実務のルールまで」日向清人著　ディーエイチシー
「現代国際商取引」 亀田尚己他著　文眞堂
「知識ゼロでも大丈夫!! 貿易実務がぜんぶ自分でできる本」木村雅晴著　ソシム
「実践　貿易実務」柴原友範、江尻武之、石川雅啓著　ジェトロ
「貿易実務がスグできる本」 高橋則雄、木村雅晴、東道子著　こう書房
「絵でみる貿易のしくみ」 片山立志著　日本能率協会マネジメントセンター
「仕事の流れが一目でわかる! はじめての貿易実務」木村雅晴著　ナツメ社
「新型センサー X」真鍋英吾著　幻冬舎
「Business English 1974 年 5 〜 12 月号」　尾崎茂編著　商業英語出版社
「Business English 1975 年 1 月〜 12 月号」　尾崎茂編著　商業英語出版社
「Business English 1976 年 1 月〜 12 月号」　尾崎茂編著　商業英語出版社
「Business English 1977 年 1 月〜 12 月号」　尾崎茂編著　商業英語出版社
「Business English 1979 年 1 月〜 12 月号」　尾崎茂編著　商業英語出版社
「Business English 1980 年 1 月〜 12 月号」　尾崎茂編著　商業英語出版社
「Business English 1981 年 1 月〜 12 月号」　尾崎茂編著　商業英語出版社
「Business English 1982 年 1 月〜 12 月号」　尾崎茂編著　商業英語出版社
「Business English 1984 年 1 月号」　尾崎茂編著　商業英語出版社
「New Business English 1984 年春、夏、秋、冬号」 尾崎茂編著　商業英語出版社

“仕事でそのまま使える英文ビジネスレター　～アメリカ式とイギリス式～”. Star-blog.com. 2021-11-12
https://berlitz-blog.com/letterformat/,（2021/12/07）

Mimi Muir.“英文レターのフォーマット｜英語のビジネス文書はテンプレートを使って正しく書こう!”.
PROGRIT MEDIA. 2021-02-15
https://progrit-media.jp/271,（2021/12/07）

竹村和浩.“ビジネスレターを英語で書くポイントと内容【フォーマットあり】”. All About. 2020-06-19
https://allabout.co.jp/gm/gc/24839/.（2021/12/07）

日本貿易振興機構（JETRO）.“貿易実務の流れ”. 日本貿易振興機構（JETRO）
https://www.jetro.go.jp/theme/export/basic/trading/procedure.html.（2021/12/07）

日本貿易振興機構（JETRO）.“航空貨物運送状（Air Waybill）と船荷証券の違い”. 日本貿易振興機構（JETRO）
https://www.jetro.go.jp/world/qa/04A-010932.html.（2021/12/07）

貿易 NAVI.“貿易用語―取消不能信用状”. 貿易 NAVI
https://www.boueki.jp/to-gyo/irrevocable-lc.php.（2021/12/07）

神高十真.“【貿易】代理店と販売店 =Agency と Distributor の違いとは？”. ビジタブル. 2020-07-05
https://kandaka.work/busitable/agent-distributor/.（2021/12/07）

宮田正樹.“第 13 回 貿易決済の種類と条項”. BUSINESS LAWERS. 2018-08-20
https://www.businesslawyers.jp/articles/412.（2021/12/07）

使える表現パターンとフレーズ　索引

オファーする、売込む

この記念すべき出発を機に
on the occasion of this auspicious start 52

弊社の信用状況については弊社の取引銀行である～にお問合せ下さい。
You may refer to our bankers, ～ for our credit standing. 52

市場を拡大させたい
we would like [wish] to expand our market 60

喜んで～する
we are pleased to ~ 81
take pleasure to ~ 103

～の確定売り申込みをする
offer you firm~ 128

オファーできるのは今回が最後となるだろう
this will be the last offer we can make 128

ほんの少しお時間をいただけないか
may we invite your attention for a moment 135

～以外の製品に関するお引合は是非とも弊社へ
please do not hesitate to contact us if you have any inquiries for the products except ~ 147

喜んでオファーさせていただきます
it is a great pleasure for us to offer you 155

新たに追加された特長により
because of its newly added features 155

カタログと価格表からご理解いただけるでしょう。
You will see [learn] from our catalog and price list. 155

～を優先的に製造している
give priority to the production of ～ 155

時期を逸しないうちに注文する
lose no time in placing an order 155

～をオファーさせていただきます。
We are pleased to offer you ~. 158

今すぐ購読を申し込めば～%の割引が受けられる
subscribe now and receive a ～ % discount 167

広範囲の販売網を通じて
through (our) extensive sales network 182

～が（貴社の）採用検討の候補に入っている
～ is among the candidates under your consideration 194

～に…という恩恵を与える
favor〈人〉with〈事・物〉 212

商品にご満足いただける
you will find the goods to your entire satisfaction 215

いかなる注文も細心の注意を払って対応される
any orders will be handled with the utmost care 235

紹介する

操業開始以来の主要サプライヤーの１社である
have been one of our main suppliers since we started our operation 56

～業に従事している
be engaged in ~ 60

（先駆者としての）長い歴史を通じて
throughout one's long history (as a pioneer) 71

（よく訓練された技術者が）配備されている
is stuffed (with thoroughly trained technicians) 71

世界的な成功に大いに貢献する
contribute greatly to the one's global success 71

～の詳細については…をご参照いただきたい
for details of ~, please refer to ... 132

何年にもわたる経験に支えられて
backed by many years of experience 171

フル生産をしている
be in full production 171

これが～であることのなによりの証である
this will tell you how ~ 171

～に感銘を受ける、印象づけられる
be impressed with ~ 171

一流企業の１つ
one of the leading firms 186

～に努めてきた、力を入れてやってきた
have been committed to ~ 284

～することに努めてきた
have worked to ~ 284

に責任がある、～に取り組んでいる
be committed to ~ 288

提案する

需要がある、販売が見込める
command a good market 118

～が売れる可能性は充分にある
there is a good chance that you can sell ~ 120

～することをお勧めする
we suggest that you ~ 120

～することを（強く）お勧めします
you are (strongly) recommended to ~ 123

当地の市場回復の兆しが見てとれる
we see signs of recovery in our market 138

貴社がお探しになっている製品を製造・販売している会社
the firm who manufactures and sells the products you are looking for 147

～%の割引を得られる
you will get ~ % discount 155

拡大し続ける海外市場
ever-growing overseas market 158

製品に関する全情報を与える
give you full information about the product 158

～ということをお知りになりたいのではないかと思う
you will be interested to know that ~ 161

～することを提案する、～してはどうか
we recommend that ~ 194

～するチャンスを逃さないようにする
(you) might not miss the chance to ~ 194

～に対する大きな需要が存在する
there will be a substantial demand for ~ 197

今回の成功で自信を持って
being encouraged by this success 252

価格と品質において競争力のある別グレードの～
~ of different grade grade which wil be competitive both in price and quality 255

～することを逆提案する
make a counter proposal of ~ing 294

～する絶好のチャンスを提供する
offer 〈someone〉 a golden opportunity to ~ 297

～してみることを提案する
may we suggest you consider ~ing 306

条件・前提

異論・不満がなければ
If you have no objection 78

新たな協定を結んだとしても
even if we were to enter into a new arrangement 94

状況が変わらない限り
unless the situation changes 94

彼らのサービスを利用することによりメリットがあるのであれば
if it is of more advantage to make use of their services 97

もしよりメリットがあるならば
if it should offer extra advantages 100

〜であれば（条件を示す）
provided ~ 120

〜までにお返事をいただけるという条件で
subject to your reply reaching us by ~ 128

〜までに受注の条件で
subject to your order being received by ~ 132

貴社とのこれまでの長い取引関係を考慮して
in view of our long-standing business relationship with your firm 138

貴社の価格が以前のように魅力的であれば
if your price is attractive as it has been 138

〜という事実を考慮して
in the light of the fact that ~ 149

〜台以上をご注文いただければ
if you sign up an order of ~ or more units 155

一般的に行なわれているように
as is commonly practiced 175

〜することが慣例である
it is the normal practice to ~ 175

事前に、前もって
in advance 179

出荷された現物の品質が見本と同等であれば
If the quality of actual shipment is up to the samples 182

〜を受け取り次第
upon receiving ~ 184

（先方の要求など）〜に従って、沿う形で
in compliance with ~ 194

すでに〜からお聞き及びのことと思いますが
as you must have heard from ~ 223

当初に合意したように
as originally agreed 229

契約通り
as contracted 229

〜によって、従って
in accordance with ~ 255

そのような事実なので、このような事実に鑑み
under these circumstances 258

貴社の積極的な販売アプローチを伴えば
combined with your aggressive sales approach 258

〜を考慮すると
taking into account of ~ 265

例外として認めたとしても
even if we accept as an exception 277

この点において、同様に
along this line 312

問合わせる

貴社（製品）に興味がある
we are interested in your (product) 63

〜のご厚意により
through the courtesy of ~ 67

貴社についてもっとよく知りたい
we would like to know more about your company 84

〜という雑誌に掲載された貴社広告に興味を持った
your advertisement in the magazine ~ has interested us 118

取引

貴社はどのくらいの数量をどのように販売するのか
how and how many units you plan to sell 74

～の取引は相当量に達する
the trade of ~ attains to the substantial volume 78

代理権を与えることに同意する
agree to grant (someone) the distoributorship 81

貴社が達成した優秀な販売成績が決定することを後押しした
the excellent sales performance achieved by you supported our decision 81

～と取引を開始する
start doing business with~ 97
open an account with ~ 115

～と取引を継続する
to keep an account with ~ 97

手形を振り出す
draw on 215

～からさらなる注文を受ける
have further orders from ~ 215

承認を得る
meet with one's approval 218

～に注文する、発注する
place an order with ~ 226

価格に上乗せされる
shall be added to the price 248

～に値引きを与える
grant〈人〉a discount 252

～という値をつける
be priced at ~ 265

程度

大規模に、相当量で
for a considerable amount 112

大規模に、大々的に
on a large scale 252

実質上は変わらない
is practically the same 265

予定・予測

～することを予定している、考えている
be planning to ~ 103

さらなる価値上昇が見込まれる
prices are expected to rise further 123

販売が開始される
be put on sale 155

納入に少し時間がかかるかもしれない
may take longer to be delivered 161

代金は後日請求する
you will be invoiced at a later date 167

販売キャンペーンを実施する予定である
plan to launch a sales campaign 197

これには多額の費用が伴う。
This will require a considerable expense. 197

～から通常到着するまでに10日間を要する
usually arrive here in ten days after ～ 206

～に到着予定である
be scheduled to arrive at ～ 212

当初の予定より～日間遅れて
～ days behind her original plan 218

目前に迫って
just around the corner
near at hand 226

値上げせざるを得ないことがほぼ確かである
most likely they will have to raise their prices 258

当初の要望よりも遅い
be later than one's original proposal 294

～(時)に…(場所)で予定されている
will be held in〈場所〉at〈時〉 290

～（○月△日）の午前中に
on the morning of ~ 300

送別会を開く予定である
will be throwing a farewell party 334

仮定・推測

～することが期待される
be expected to ~ 78

しかるべき対応が取られるだろう
you will receive every consideration 91

選択肢はあまり多くないように思われる
there seems to be few options 262

私たちが誤って～するようなことがあれば
if we happen to ~ 265

～の嫌疑で訴えられることもあり得る
be likely to be sued for an alleged ~ 265

事実・状況

～の段階（プロセス）で
in the process of ~ 56

～から作られる
be made from ~ 60

～の隅々まで及ぶ
extend to every corner of ～ 71

事実は～である
the fact is that ~ 78

市場を開放している
keep the market open to 〈anybody〉 84

進行中である、（交渉などが）最中である
be now under way 87

評判が良い
enjoy a high reputation 91

～と協力して
in collaboration with ~ 91

代理店契約により販売テリトリー内での販売店と顧客から求められる全ての情報は、～によって提供されることが求められている
the distributor agreement requires that all information requested by dealer and customers within the sales territory should be provided by ~ 91

線をはるかに超えている
is far in excess of the line 106

～することにリスクはない
run no risk in ~ 106

弊社が集中的に実施した市場調査によれば
according to our intensive market research 118

最新の注意を払いつつ作業し始めております。
We have started working on it with our most careful attention. 140

彼らの説明では～
they explained to us that ～ 144

最終段階に入る
enter the final stage 149

最近の注文殺到により
due to the recent rush of orders 161

生産計画に余裕がなくなってきている
production schedule is getting tighter 161

～を値上げをせざるを得ない状況にある
we have been forced to raise the prices of ~ 164

～という事実で証明されているように
as evidenced by the fact that ～ 171

（在庫など）を処分することに苦労する
struggle to get rid of ~ 179

船腹予約をすでに完了している
have already made a booking arrangement 206

顧客は商品の到着を心配して待っている。
Our customers are anxiously waiting for the arrival of the goods. 209

販売シーズンが刻々と近づいている
the selling season is fast approaching 209

技術的困難により
due to technical difficulties 218

しぶしぶながらも要求に応える
reluctantly comply with one's request 243

良好な販売実績を上げる
achieve good sales results 252

戦略の見直しを迫る
force to revamp one's strategy 262

余儀なく～する
be compelled to ~ 271

～のように見える
it appears that ~ 277

社内的な諸事情により
due to the internal reasons 294

このような状況なので
under the circumstances 306

事業規模の縮小を余儀なくされてきた
have been obliged to contract one's business size 320

流動する社会環境の変化によりうまく対応する
better adapt oneself to the ever-changing social environment 339

意見を述べる

異論はない
we have no objection 97

～によるサービスに満足している
be satisfied with the service provided by ～ 100

～という意見である
be of the opinion that ~ 103
it is our opinion that ~ 120

～を意外に思う、不思議に思う
we are wondering why ~ 109

～ということを恐れている、心配している
we are concerned that ～ 161

～する意向がある
be willing to ～ 197

そんな変化を微塵にも考えなかった
we did not have the slightest idea of such a change 223

疑ってはいない
not qusetioning 243

～の品質を守るために価格は下げられない
be unable to reduce the price to protect the quality of ~ 255

疑いの余地がない
there is no doubt 258

～しか思いつかない
can only think of ~ 262

～する以外にない
have no choice but to ~ 262

～を知り残念に思う
regret to note that ~ 269

～を当然のことと考える
take it for granted that ~ 277

分からない、理解に苦しむ
be a mystery to 〈someone〉 281

これ以上の理由が見当たらない
can not think of no better reason 336

お願いする

～していただきたい。
you will please ~. 52
would you please ~. 84

～していただけるとありがたい。
We shall appreciate it if you would kindly ~. 60

事情をご理解いただけるとありがたい
we shall appreciate your understanding of the situation 87

～することは可能でしょうか。
Would it be possible for you to ～? 197

~を訂正することをお願いする
we would like to ask you to amend ~ 200

間違って記載された B の代わりに A へ変更すべきである
should read A instead of B erroneously stated 200

~することをお願いせざるを得ない
we are obliged to ask you to ~ 203

~に合意できるかお聞かせいただきたい
please let us know whether you can agree to ~ 248

~することをお願いする
we would like you to ~ 267

~を頼りにする、信頼する
count on ~ 281

~を予約いただけますでしょうか。
Will you please reserve ~? 300

~について関係部門への案内をお願いしたい
please inform your relevant departments of ~ 350

~へのご注意をお願いしたい。
May we invite yor attention to ~. 350

注意事項

この情報の提供に当社の責任はない。
This information is furnished without any responsibility on our part. 103

~の発送にあたってはご注意いただきたい
ask for your consideration in shipping ~ 186

~の指示に従って
in accordance with one's request 209

~の注意を喚起する
call one's attention 250
bring to one's attention 274

よく読み、これらの指示に従っていただきたい
please take the time to read and follow these instructions 288

目的

~の要望により応えていくために
to better serve ~ 52

知識を深める
enrich one's knowledge 194

~に間に合わせようと努力して
with much effort to be in time for ~ 229

請求書への支払のために
in settlement of one's invoice 232

~の最大限の活用
the best use of ~ 284

~するためにあらゆる手を尽くす
make every effort to ~ 306

断る

~できません、~する立場にありません
we are not in a position to ~ 87

力になれないことを残念に思う
we regret that we cannot be of help 223

~できないことを繰り返し詫びる
reiterate one's regret for being unable to ~ 223

他の案件があって出来ない
be not possible due to other commitments 294

残念ながら申し出を断る
regret to decline one's proposal 329

連絡する

本日は~についてご連絡させていただきます。
We are writing today about ~. 56

遠慮なく~する
feel free to ~ 91

~に接触する、連絡する
get in touch with ~ 91

お問合せにお答えする形で
In reply to your inquiry 109

残念ですが～ということをお伝えします
we are sorry to inform you that ~ 112
we regret to inform you that ~ 112

喜んで～ということをお伝えします
we are pleased [delighted] to inform you that 112

～ということをお伝えします
we inform you that ~ 112

取り急ぎ～する
hasten to ~ 123

当情報が貴社のお役に立てば幸いです
we hope this information will be of help to you 147

～できて光栄である
be honored to ~ 152

～についてご連絡できたのに
we could have advised you of ~ 179

残念なことに～であることが判明した
regret to find that ~ 203

念押ししなければならない
we have to remind you 209

商品が良好な状態で貴地に到着することを願う。
We hope that the goods will reach you in good condition. 212

～ということをご連絡するものです
this is to inform you that ~ 218

一報する、連絡する
drop a line 239

参考した価格表は古いもののようである
the price list you referred seems to be an old one 248

～を入手している、受け取った
we are in receipt of ~ 262

～に調査結果を連絡する
inform〈人〉of one's findidngs 269

～をご案内する
we are pleased to announce that ~ 350

～へ事務所が移転される
our office will be relocated to ~ 350

～を代表して
on behalf of ~ 353

返事を待つ

早い機会に返事を待っている
look forward to hearing from you soon 67

追加データ提供の必要があればお知らせいただきたい
please let us know if you need some additional data 194

近い内に～をご送付ください
please let us have ~ in due course 232

～までに届くようにお返事をいただきたい
let us have your reply reaching here by ~ 343

郵送する

（航空便で）～を郵送します
we are airmailing ~ 74

～を同封する
enclosed is [are] ~ 115

郵送する
be sending you by airmail 125

購読申込書に記入し、郵送する
just fill out the subscription form and mail it 167

謝罪・対策

遅延の原因は～という事故にあった
the dalay was caused by the accident that ~ 144

この種の不適切な対応は決して繰り返さない
would never repeat this sort of mishandling 144

善後策を立てる
work out some good way out of ~ 223
take successfully corrective measures 223

～を直ちに調査する
look into ~ at once 226
immediately investigate ~ 226

必要な処置を行なう、対策をとる
take necessary action 226

残高を処理すべく解決策を見つける
find a solution to smoothly resolve the overdue balance 239

ご迷惑をかけたことを心より謝罪する
we sincerely apologize for the inconvenience 250

～を異なる視点から見直す
review ~ from a different perspective 262

厳しく監視する
strictly monitor 265

～を引き起こした原因を探る
determine the cause of ~ 269

このことが～に影響しないことを願う
hope that this happening would not affect ~ 269

～に対して心よりお詫びする
apologize most sincerely for ~ 274

運送人は損害に対して無期限に責任を負えるものではない
no carrier can be held liable for any damage indefitely 277

クレームを受諾する
entertain one's claim 277

ミスが起きることは了承ずみである
we all know that mistakes happen 281

情報が関係部署に届く
the information would reach the department concerned 281

（人）に気を張り詰めさせておく
keep 〈someone〉 on one's toes 281

今後も同じようなミスが起こらないように
to safeguard against a similar slip in the future 281

必要な対応策をとる
take such measures as required 281

サービス

顧客に～を提供する
provide one's customers with ~ 284

長くトラブルなく使うために適切な操作とメンテを必要とする
require proper operation and maintenance to ensure a long, trouble-free life 288

将来の満足へのもう一つのカギ
another key to future satisfaction 288

出張

～に旅行する
be travelling to ～ 300

快適で安全な日本への旅行を楽しんでいただきたい
We hope you enjoy a pleasant and safe journey to Japan 303

出張を１週間遅らせる
delay one's trip by a week 306

予定が急遽変更される
one's schedule is suddenly changed 309

～を次の機会まで延期する
postpone ~ unitl the next opportunity 309

会議

打合せの場を持つ
have a meeting 149

面談を提案する
propose a meeting 152

～に対して都合がつく、日程的に大丈夫である
there is no problem in scheduling ~ 152

～で調整できれば最適である
it would be optimal if an arrangement could be made for ～ 290

意見を直接聞くことができる
allow us to listen to one's direct opinions 297

～（日時）に（会議が）開催される
be held on ~ 332

出席が求められる
be requested to attend 332

代理を出席させる
have a substitute attend 332

当会議の議題は～である
the agenda for this meeting will be ~ 332

感謝

～に感謝の意を表す
express one's sincere appreciation for ~ 189

～なのは誠に喜ばしく存じます
it is a great pleasure that ~ 189

このような好成績は貴社のたゆまぬ努力なくしては成立しなかった
such success has not been achieved without your strenuous effort 258

日頃より～にご尽力いただき感謝申し上げる
we appreciate your usual efforts in ~ 297

～へご招待したい
we would like to invite you to ~ 297

親切にも～する
it is kind of 〈人〉 to ~ 312

この機会に
taking this opportunity 312

温かい支援に感謝する
would like to convey one's personal appreciation for someone's kind patronage 312

貴社の社員のような優秀な方々のお力添えがあれば
with the help of such capable people as your associates 312

これらのことを一生忘れない
I will never forget these things in my life 316

全てが今のところ順調である
everything has been going well so far 316

快適に（こちらの生活）に落ち着きつつあると感じる
I feel happily and comfortably settled down 316

～がなかったら難しかったに違いない
wihtout ~, it must have been very difficult 316

親しく良好な関係を築いている顧客に配る
distribute ~ among our customers with whom we are keeping good and intimate relationship 346

個人的にとても感謝している
I am grateful to you personally 353

決意

～する努力を惜しまない
spare no effort to ~ 239

～のために全力を尽くす所存である
I am so determined to do all my best to contribute to ~ 316

強調

～は特に注目するに値する
it is especially worthy of attention that ~ 103

さらに
what's more 135

最後に大切なことをもうひとつ
last but not least 194

それでも最も重要なことは
yet most importantly 353

冠婚葬祭・季節の挨拶

困難な旅ほどたどり着く先は美しい
difficult journeys lead to the most beautiful destinations 353

新年があなたにとって楽しいものであり、成功であり、そして何より健康でありますように。
I wish you plenty of enjoyment, success and, above all, good health in the New Year. 353

~の知らせを受けて打ちひしがれている
be stunned to be informed of ~ 355

哀悼の意を表す
express one's deepest sympathy 355

悲しみにくれる
be most distressed 355

お祝い

心からお祝い申し上げる。
I would like to extend my warmest congratulations. 341

正当に評価された能力
well-deserved recognition of ability 341

転職・推薦

その職に応募したい
I wish to apply for the position 320

社長賞を受賞する
be awared President's letter of commendation 320

貴社のお役に立てる自信があります
I am confident that I can do a great job for your company 324

面接するのに都合の良い時間をお知らせいただけますか。
Could you please let me know when it would be convenient for you to interview me? 324

自分の意思で会社を辞める
leave the company of one's own accord 327

~することに有能で信頼できることを本人自らが証明する
prove oneself to be so competent and trustworthy in ~ing 327

~として責務を全うするに信頼できる
be trustworthy in fulfilling one's duties as ~ 327

退職に合意する
consent to be without one's service 327

~を強く推薦する
highly recommend ~ 327

ビジネス用語　索引

あ

アフターサービス
after-sale service 281

い

育児休暇
child-care leave 339

委託、委託されるもの、委託貨物
consignment 271

委託販売で
on consignment 271

一覧払い手形
draft at sight 212

一覧払い取消不能信用状
Irrevocable Letter of Credit at sight 67

在庫や材料の全般的な不足
the general scarcity of inventory and materials 123

一般取引条件
general terms and conditions 67

う

売り手
seller 106

運賃込み条件
CFR 67

運賃前払い
freight prepaid 274

え

(信用状の)延長
extension 209

延長する
extend 203

お

送り状、請求書
Invoice 212, 274

卸販売する、卸売り
wholesale 53, 67

卸販売業者
wholesaler 53

卸販売代理店
distributor 74

か

買い手
buyer 106

(信用状の)開設
establishment 206

(信用状を)開設する
open 200
establish 206

解約通知書
notice of cancellation 175

価格
price 67

価格表
price list 115

価値連鎖
value chain 284

貨物運送状
waybill 226

関係当事者殿
To whom it may concern 327

き

希望退職者を募る
ask voluntary resignations 320

キャッシュフローを改善する
improve one's cash flow 243

給与体系
salary system 339

銀行
banker 209

け

経営学修士
MBA (Master of Business Administration) 324

契約更改交渉
contract renewal negotiations 262

契約書、合意書
agreement 81

月次市場報告書
monthly market report 294

現地到着予定日
ETA (Estimated Time of Arrival) 215

こ

交換物、代替品
replacement units 267

航空小包で
by air parcel post 184

航空輸送状、航空貨物受取証
Air Waybill 274

更新確認書
renewal order 175

子会社
subsidiary / subsidiary company 67

国際見本市
International Trade Fair 63

この金額を勘定貸方に記入する
credit one's account with this amount 235

さ

サービス能力
servicing capabilities 284

在庫
inventory / stock 262

在庫管理
inventory management 243

最短船積時期
earliest date of shipment 63

最低注文個数（ロット）
minimum (order) quantity acceptable 115

最適価格
best price 63

刷新する、てこ入れする
revamp 262

産休
maternity leave 339

し

資金繰り、流動性
liquidity 243

市場全体の資金繰りが苦しい状況
general tight liquidity 243

市場占有率、シェア
market share 258

試注文
trial order 182

自動車サービスシステム
automobile maintenance system 284

（製品の）品揃え、ラインナップ
model line-up 161

支払、支払条件
payment 67

支払条件
terms of payment 63
payment terms 109

支払能力
financial responsibility 243

支払を延期する、期限通りに支払わない
put off one's payment 112

資本金
paid-up capital 84

借金、負債、債務
liability 106

社歴
brief history (of the company) 84

従業員数
number of employees 84

出版業界の特殊性
the particular situation of the publishing industry 152

純正補給部品
genuine spare parts 288

紹介状
letter of introduction 100

詳細な市場調査
through marketing research 182

条件
terms 212

商社
trading company 106
trading firm 265

初回注文
initial order 106

食品流通業界
food distribution industry 186

職務分類
job classification 339

人事制度
personnel management system 339

新プロジェクト立ち上げ
new project start-up 309

信用、掛け、信頼度、支払い猶予期間
credit 243

信用状
letter of credit 106

信用照会先
credit reference 109

信用状金額
the amount of the L/C 200

信用状態
credit standing 67, 109

信用状態と評判
credit standing and reputation 53

信用度、信用の度合い
credit-worthiness 106

す

ストライキ、同盟罷業
strike 209

3S 精神
3S Spirit 284

せ

税関
customs 271

生産設備
production facilities 194

生産の画期的方法
innovative way to produce 171

成人の自己啓発
adult self-development 152

製造する、作る
manufacture 265

世界的な出版動向
the worldwide publication trend 152

責任地域、領土
territory 81

全国的な広告宣伝キャンペーン
nationwide advertisement campaign 252

戦略、策略、計画
strategy 262

そ

損害、損傷、損害賠償金
damage 267

損傷を受けた、傷つけられた
damaged 267

た

代金回収
money collection 243

代理店契約
distributorship agreement 91

代理店マージン
distributor margin 81

代理人
agent 74

ダンピング（不当廉売）、安売り
dumping 265

ち

注文書、注文
indent 223

注文書、発注確認書
Order Note 182

つ

通関する
clear 271

て

D/A 決裁条件
D/A terms 106

（書類を銀行に）提出する
present 212

訂正
amendment 200

（信用状などを）訂正する
amend 200

手形の支払期間、ユーザンス
usance 243

手数料（率）を上げる
increase one's commission 197

デビット・ノート（支払請求書、伝票）
debit note 235

と

東京までの運賃保険料込み価格
CIF Tokyo 63

特殊工具
specialized tools 288

取扱説明書、オーナーズマニュアル
Owner's Manual 288

取消不能信用状
irrevocable letter of credit 184

に

荷造り、梱包
packing 67

認可販売店
authorized dealer 288

ね

値引、割引率
discount 63

年間売上高
annual turnover 84

年間購読料
annual subscription fee 167

の

納期
delivery time 63

は

破損、破損による被害
breakage 277

発注する
place an order 158

春の販売活動、スプリングセール
spring sale 164

販売店、ディーラー
dealer 243

販売網
sales network 84

販売予測
sales forecast 243

ひ

標準輸出用梱包
standard export packing 67

品質関連情報
quality-related information 284

ふ

船積期限（船積を完了させなければならない期日）
the latest time for shipment 203

船積港
shipping port 215

船積書類一式
shipping documents 212

船積手配 / 手続き
shipping arrangements / shipping procedure 229

船荷証券
Bill of Lading (B/L) 212

船積時期（納期）
the shipment time 200

ほ

包装明細書
Packing List 215

法的義務がある
liable 106

保険証券
Insurance Policy 212

保証書
warranty booklet 288

本船、（貨物を積み出す）船舶
vessel 203

み

見積り、引用
quotation 63

む

無料で
free of charge 274

め

メーカー、製造業者
manufacturer 265

メーカー指定の最低注文個数
the minimum order quantity requested by the manufacturer 158

も

持株会社、親会社
holding company 67

ゆ

（信用状の）有効期限
the expiry date 203

輸出業者、輸出者
exporter 265

輸出する
export 265

輸出入業
import-export business 67

輸入制限
import restrictions 223

よ

容積重量証明書
Certificate (and List) of Measurement and / or Weight 215

与信限度、与信枠
credit limit 243

り

流通、卸販売
distribution 281

両社にとって利益が出るビジネス
mutually profitable business 309

領収書、受取
receipt 232

履歴書
resume / personal history 320

重要単語・語句　索引

あ

（価格を）上げる
raise 164

明らかにする、理解しやすくする
clarify 339

悪影響
adverse effect 262

与える、授ける、（要求、嘆願などに）応じる
grant 81

新しい任務
new assignment 341

集めること、収集
collection 284

集める、収集する、回収する
collect 109, 284

あまりに早い、時を誤った
untimely 355

誤り、しくじり、手こぼれ、うっかりミス
slip 281

安定させる
stabilize 81

安定した
stable 81

い

意思、意向、気持ち
intent 175

一時的な紙不足
temporary paper shortage 164

一致した、～による
according 248

移転、措置
relocation 350

移転、引越し
move 350

意欲、快くすること
willingness 74

～以来
since 56

異論、異議、不服
objection 115

祝い、記念
celebration 346

祝う、記念する
celebrate 346

意を決している、覚悟ができている
determined 327

う

受け入れられている
accepted 60

受け入れる
accept 60

受け入れられる
acceptable 60

え

影響、影響力
influence 167

英語に熟達している、英語が堪能な
proficient in English 320

延期、繰り延べ
deferment 242

延期する、先に延ばす
postpone 223
put off 229

（行動・考慮などを）延期する、もたもたする、遅らせる
defer 223, 242

縁起の良い、好都合の
auspicious 52

延長、伸ばすこと
extension 206

延長する、引き伸ばす
extend 206

お

大きな影響を与える
influential 167

大喜び、歓喜、楽しみ
delight 239

送り出す、(船を)進水させる、(ミサイルを)発射する
launch 71

各々、それぞれ
respectively 203

オファーする、申し出る、(依頼に基づいて)売りに出す、提案する
offer 67, 155

思い切ってする、大胆に~する
venture 235

か

海外の顧客
overseas customer 52

開催される
take place 290

改善策、救済策
remedial measure 242

開拓者、先駆者、草分け
pioneer 71

開拓する
cultivate 320

快適な
comfortable 316

快適に、気持ちよく
comfortably 316

回復の兆し
sign of an upturn 128

科学、技術
technology 71

欠かせない、必須の、無視できない
indispensable 167

家具、調度品
furniture 171

学者、学問のある人
scholar 167

革新
innovation 288

革新する
innovate 288

革新的な
innovative 288

拡大、発展
expansion 312

拡大する、広がる
expand 312

確定、解決、定住
settlement 239

確定する、処理する、解決する
settle 239

欠けている
deficient 339

欠けている状態、欠落、不足、欠陥
deficiency 339

価値ある情報
valued information 316

がっかりさせる、落胆させる
discouraging 242

活動的な、活発な
active 284

活発に、活動することで
actively 284

活力、元気、エネルギー
energy 353

仮定、想定、前提
assumption 239

仮定する、思う
assume 239

過度、過剰
excess 179

過度の、(在庫が)過剰の
excessive 179

体を動かす
get moving 336

～から成る、構成される
consist of ~ 329

仮に、一時的に
tentatively 164

仮の、一時的な
tentative 164

関係する、対応する、比較上の
relative 109, 215

感謝、感謝の気持ち
appreciation 189

感謝する、（正当に）評価する
appreciate 87, 189

感謝の気持ち、謝意
gratitude 334

関心、興味
interest 87

完成する、済ます
complete 229

完全な、申し分ない
perfect 232

き

機会、好機、適切な時期、チャンス
opportunity 94

起源、始まり、出発点
origin 218

期限を守る、遅れない
punctual 103

（詳細が）記載された
outlined 288

技術的に優れた
well-engineered 288

基礎、創業
foundation 284

議題、議事日程、予定案
agenda 332

期待に沿う
meet one's expectation 94

（契約条項として）規定する、明記する
stipulate 200

記念すべき
commemorative 346

記念する、祝す
commemorate 346

記念日
anniversary 346

厳しい、厳格な
severe 223

厳しく
severely 223

希望、望み
preference 149

希望や勇気を失わせる
discourage 242

決める、締める
conclude 182

急死、突然の死
sudden passing 355

教育、指導
instruction 194

教育する、指導する
instruct 194

教育的な、ためになる、有効な
instructive 194

強化する
reinforce 52

強化する
strengthen 81

供給業者、サプライヤー
supplier 56

供給する
supply 56

業者、行商人、売り主
vendor 179

競争、競争相手、競技会
competition 336

競争する
compete 106, 161

競争力のある、他に負けない
competitive 161

強調する、繰り返し言う
emphasize 144

共同、協力
collaboration 91, 309

共同して行なう、協力する
collaborate 309

許可、許諾
permission 97

極端な、ひどい
extreme 303

極端に、とても
extremely 303

際立った、突出した
outstanding 258

際立って、突出して
outstandingly 258

謹呈する、差し上げる
present 346

く

空送する
airfreight 274

苦境、窮地
predicament 223

苦情、不満、泣き言
complaint 281

組み込まれた
incorporated 71

け

経営、管理、経営者(陣)、経営力
management 106, 339

経営幹部、執行部、重役
executive 167

計画している、予定している
plan 138

景気の減速
economic slowdown 281

経験、体験、知識
experience 327

経済的な、コストを削減できる
cost-saving 135

契約、契約書
contract 186

激励、鼓舞、奨励
encouragement 316

激励する、その気にさせる、励ます
encourage 316

結果、発効
effect 245

月次経営会議
monthly management meeting 332

懸案事項、未解決な課題
pending issues 290

喧騒、騒がしさ
hustle and bustle 353

厳格さ
severity 223

言及する、照会する、参考にする
refer 67

研修、訓練、教育
training 334

減少、縮小、割引
reduction 255

現代の、最新の、現代風の
modern 171

こ

好意
favor 115

高級な、一流の
high-end 171

貢献、寄付
contribution 327

貢献する、与える
contribute 327

（新聞、雑誌、テレビなどでの）広告
advertisement 118

広告する
advertise 118

交渉、話し合い、折衝、商談
negotiation 74, 100

交渉する、商談する
negotiate 100

更新された、最新の
updated 161

更新する
update 161

行動する、ふるまう
act 74

購入する、買い付ける
purchase 138

効率、能率
efficiency 135

効率的な、有能な、能率的な
efficient 71, 135

効率的に
efficiently 71

顧客、常連、利用客
patron 239

顧客、取引先、得意先
customer 91

心からの
heartfelt 239

心より
wholeheartedly 353

心より、真心を込めて
sincerely 274

心よりの
wholehearted 353

故障しない
trouble-free 288

個人消費
consumer spending 262

こじんまりとした、ぎっしり詰まった
compact 135

ごちそう、珍味、名物
delicacy 353

断る、辞退する
decline 94

好む、望む
prefer 149

固有の、特定の
specific 74

さ

再開する、再び始める
resume 316

最高級の、一流の、第１等の
first-class 158

最高品質の
of the highest quality 288

最終的なものとする、決定する
finalize 189

最初に、本質的に
primarily 265

最新デザイン
the latest design 138

最善の、最も望ましい
optimal 290

再発、繰り返し、循環
recurrence 274

再編する
reorganize 52

材料、素材
material 255

先が読めない、確実でない
uncertain 262

様々な、(各種)取り揃えて
a variety of ~ 158

妨げる、邪魔する
hinder 277

残念な、遺憾な
regrettable 274

残念なことに、遺憾ながら
regretfully 203, 271

し

事業、計画
project 346

事業、仕事、引き受けること
undertaking 346

指示、しるし、徴候
indication 248

資質、資格、必要条件
qualification 324

自信、信頼
confidence 288

親しい、親密な
intimate 346

実務家
practioner 167

実行する、(結果として)もたらす
effect 223

(約束、計画などを)実行する、実施する
implement 252

実行する、遂行する、処理する
execute 229, 239

実際に、現在
actually 248

実際の、現在の
actual 248

実施
implementation 252

実施する、行なう
conduct 182

指定する、明確に(具体的に)述べる
specify 63, 67

自分の力・働きで勝ち得た
well-earned 353

示す、兆しがある
indicative 248

示す、指摘する
indicate 63, 248

社会
society 167

社会的な
social 167

社会的に
socially 167

謝罪
apology 144

謝罪する、謝る
apologize 144

従業員の年次査定
annual evaluation of employees 332

終結
termination 175

収縮、短縮、縮小
contraction 320

収縮する、狭める
contract 320

終了させる、終わらせる
terminate 175

(食事も含む)宿泊設備
accomodations 306

(時期が)熟した
ripe 78

熟練の技術、仕上げ
workmanship 132

手段、対策、処置
measures 274

出席する
attend 332

出版社
publishing company / publisher 329

主要な、傑出した、突出した
prominent 167

需要(量)、要求
demand 197

需要を満たす
meet the demand 171

準備された、用意ができている
prepared 303

準備する、用意する
prepare 303

紹介
introduction 60

紹介する
introduce 60

証拠、証し
evidence 288

詳細、個々の項目
particulars 67

正直さ、誠実さ
integrity 327

証明する、真実であることを示す
prove 184

将来の従業員
would-be employee 320

初回供給
initial supply 63

知らせる、連絡する
inform 87

~を調べる、調査する
look into ~ 144

思慮深い
thoughtfull 194

新規開発の
newly-developed 197

新規に開発した
have newly developed 135

進出、参入
inroads 262

迅速に
quickly 71

心配、不安
aneiety 209

心配している
anxious 209

心配しながら、気にして
anxiously 209

信頼性
reliability 284

(人、情報などが)信頼できる
trustworthy 327

信頼できる、確かな
reliable 161, 284

す

(任務などを)遂行する、果たす、実現する
fulfill 194, 327

優れた、とびきり上等の
superb 161

素早い
quick 71

素晴らしい、息をのむほどに美しい
breathtaking 353

素晴らしい、見事な、豪華な
splendid 312

せ

正確さ、几帳面さ
preciseness 112

正確さ、精度、精密さ
accuracy 242

正確さ、精密さ
precision 284

正確な、精密な
accurate 242

正確な、精密な、きっちりとしている
precise 112, 284

正確に
accuretely 242

生産
production 135

生産する
produce 135

生産性、生産力
productivity 135

生産力のある
productive 135

正式な
formal 87

正式に、改めて
formally 87

誠実さ、真面目さ
sincerity 112

誠実な、真面目な
sincere 112

成熟しつつある市場
maturing market 284

製造者、メーカー
manufacturer 52

製造する
manufacture 52

ぜいたくな、上等で高価な
luxurious 171

ぜいたく品、快適さ
luxury 171

正当化する
justify 281

性能、遂行、演技
performance 161

責任、義務、責任となるもの
responsibility 281

責任を伴う、責任がある
responsible 281

積極的な、攻撃的な
aggressive 258

接触する
contact 269

説得力のある、人を納得させる
convincing 194

説明、解明、明確化
clarification 339

設立する
establish 56

先進の、上級の、進歩的な
advanced 71

専門家、熟練者
expert 327

専門的技術、知識
expertise 327

洗練された、優れている
sophisticated 155

そ

相互に、お互いにとって
mutually 78

相互の、お互いにとっての
mutual 78

相当な大きさの、かなり大きい
sizable 63

挿入
insertion 175

挿入する、はさみ込む
insert 175

送別会
farewell party 334

即座の、迅速な
prompt 103

促進する、昇進させる
promote 91

促進する、迅速に処理する
expedite 239

率直な助言、腹蔵のない進言
candid advice 316

その場での
on-site 294

それゆえ、したがって
accordingly 248

た

(顧客に)対応する、仕える
serve 71

第一の、主要な、根本的な
primary 265

代表、派遣代表
delegate 306

代理人、代用品、代わりをする人・物
substitute 332

高める、強める、つり上げる
enhance 171

携わる、従事する
engage 60

正しい
correct 274

正しいと認められる、正当化された
well-justified 281

正しくない、誤った
incorrect 274

達成する、到達する
attain 78

頼る、信頼する
rely 161

ち

近づく、間近に迫っている、来るべき
upcoming 262, 303

力を注ぐ、身をささげる
devote oneself 115

忠実な、誠実な
faithful 171

忠実に、誠実に
faithfully 171

調達、入手すること
procurement 297

調達する、入手する
procure 297

調理器具
cookware items 158

つ

都合、利用できること、可能性
availability 149

積む、積み込む
load 212

強い
strong 81

て

提案する、申し込む
propose 294

定期買付
regular purchases 63

提供する
provide 63

提出、服従、提案
submission 324

(書類、計画などを)提出する
submit 324

訂正
correction 250

訂正する、直す
correct 250

適応させる、適合させる
adapt 284

(目的、状況に)適した
proper 91

適切に
properly 91

適任である、適格にする
qualify 324

適任な、資格がある
qualified 324

～できる、～する余裕がある
afford 135

～できるようにする
enable 135

手に入れられる、役に立つ
available 149

展示する
display 63

転送する、回す、進める
forward 147

伝統的な
traditional 171

伝統、伝承
tradition 171

と

問合わせる
inquire 103

問合わせる、調査する
make an inquary 123

同業者
business associate 147

同時に起こる、一致する
coincide 306

同時発生、合致
coincidence 306

当面の、うまく当てはまる
pertinent 297

同僚、仕事仲間、共同経営者
associate 312

登録する、入学する
enroll 324

独占的な、排他的な
exclusive 81

特徴、特色、（商品などの）売り
feature 135

泊めてもてなす、世話をする
accommodate 306

ドライブレコーダー
dashboard camera 123

取替、代替、返却
replacement 274

取引、処理
transaction 109

努力する
endeavor 320

な

ながらく待っていた
long-awaited 336

成し遂げる、（仕事、目的、計画などを）達成する
achieve 81

納得させる
convince 194

並ぶものがない、無比の
unparalleled 258

なんとか成し遂げる、管理する
manage 339

に

～に応募する
apply for ~ 320

～に属する、所属する
belong to ~ 218

任務、業務
mission 294

任務、持ち場、地位
assignment 334

任命
appointment 84

任命する、指定する
nominate 78

任命する、指名する
appoint 74, 84

ね

念入りに確認する
double-check 250

年間販売予測
annual sales forecast 63

年間見込み
annual projection 84

の

能力、才能、適応性
capability 284

能力がある、よくできる
capable 284

述べる、公表する
state 78

は

配慮、気配り、思いやり
thoughtfulness 194

計り知れないほどに
immeasurably 327

計ることができない
immeasurable 327

励まされた
encouraged 316

（代表として）派遣する
delegate 294

場所、位置
location 52

場所、不動産、（建物を含む）土地
premises 290

発揮する、演技する
perform 161

ひ

比較的、他と比べて、関連して
relatively 109, 215

引合、問合せ
inquiry 103

引立て、愛顧、支援
patronage 239

必要とする、避けがたくする
necessitate 242

必要不可欠な、欠かせない
essential 194

批評家、評論家
critic 167

病院
hospital 194

（財産、資料、能力などを）評価する
evaluate 339

表彰状
letter of commendation 320

表明する、示す
express 74, 84

開く、開梱する、箱を開ける
unpack 271

広い、広範囲にわたる
extensive 206

品質、質、特質
quality 161

品質等級、階級、グレード
grade 255

ふ

不安定、安定していないこと
instability 262

不安定な
instable 262

不規則な、不揃いの、例外の
irregular 239

複写、再生
reproduction 171

複写する、再生する
reproduce 171

不思議に思う、怪訝に思う
wonder 109

(見本市などでの)ブース、スタンド
stand 152

不正確に、正しくなく
incorrectly 274

防ぐ、妨げる、邪魔をする
prevent 239

再び見る、再検討する
review 242

(費用などを)負担する、負う、引き受ける
bear 197

不透明さ、不確実性
uncertainty 262

不便、不都合
inconvenience 250

不便な、不都合な
inconvenient 250

部門長
department head 332

文化
culture 167

文化的な
cultural 167

文化的に
culturally 167

へ

減らす、落とす
reduce 255

編成し直す、再構築する
restructure 194

変動
fluctuation 262

変動する
fluctuate 262

便利な、都合の良い
convenient 155

ほ

包括的な、全体の
comprehensive 288

保持する、あるべき場所に留める
retain 327

本気の、真剣な
earnest 67

本質、欠かせない要素
essence 194

本質、実体
substance 197

本質的な、(量・大きさなどが)相当ある
substantial 197

本来の、最初の
original 218

本来は、初めは、出身は
originally 218

ま

(利益などを)守る、(危険、損害などに対して)防御措置をとる
safeguard 281

稀な、珍しい、一般的ではない
uncommon 242

満足
satisfaction 84

満足させる
satisfy 84

満足できる、納得のゆく
satisfactory 84

み

見落とす、見渡す
overlook 144, 239

見過ごし、不注意
oversight 239

見たところ、外見上、明らかに
apparently 267

見つける、所在位地を発見する
locate 52

見積り、見積書
quotation 132

見積もる
quote 132

認める、受け取ったことを知らせる
acknowledge 235

実を結ぶ
pay off 320

め

迷宮、迷路、混乱
labyrinth 239

面接する
interview 324

面と向かって、対面式で
face-to-face 297

も

申込み、申請
application 324

申込む、申請する
apply 324

木工、木細工
woodworking 171

もてなし、厚遇、歓待
hospitality 194

文句を言う、苦情を訴える
complain 281

や

約束、遂行
commitment 288

(会社や仕事を)辞める、辞任する
resign 320

ゆ

優位、利益
advantage 106

有効性、有効範囲
validity 288

有効な、効果的な
effective 245

有効に、効果的に
effectively 245

有能な、力量がある、適任の
competent 106, 327

有利な、好意的な、利益を与える
favorable 63, 115

有利な、都合のよい
advantageous 106

(任務、仕事などを)ゆだねる、任せる
entrust 281

許す
permit 97

よ

欲望、要望、希望
desire 67

予約購読
subscription 167

予約購読する、寄付する、応募する
subscribe 167

予約する、残しておく
reserve 336

余裕がある、手が届く、(価格が)求めやすい
affordable 135, 155

り

利益、有利、手当
benefit 78

利益をもたらす、有益な
beneficial 78

立派な仕事
fine job 281

旅程表、旅行プラン
itinerary 303

れ

例外的な
exceptional 144

例外的に
exceptionally 144

歴史
history 167

歴史的な
historical 167

歴史的に
historically 167

ろ

労働案件
labor issue 332

を

～を期待する、～を求める、～を探す
look for ~ 94

(苦難、損害、不快なこと)を経験する、被る
suffer from ~ 277

～を消化する、処分する
dispose of ~ 179

～を伴う、必要とする
entail 281

著者紹介

真鍋 英吾（まなべ・えいご）

▶国公立大学外国語学部英米学科卒。イギリス、ケンブリッジ語学留学。
英検１級、商業英語検定（現日商ビジネス英語検定）B/C級取得。
大手輸送機器メーカーに就職、アフリカ向け輸出から実務開始。
ドイツ駐在時に占拠率 No.1 獲得により社長賞受賞。
アメリカ子会社の事業改革、リストラ断行。
グローバル展開する多くの事業に実務者として携わる。
著書に貿易実務を初心者に分かりやすく描いた小説『新型センサー X』（幻冬舎）がある。

◉── 校正　仲 慶次
◉── カバーデザイン　小口 翔平＋三沢 稜（tobufune）
◉── DTP　WAVE 清水 康広
◉── 本文イラスト　松本 聖典
◉── 図版　いげた めぐみ

実例で学ぶ 英文ビジネスレター・E メールの教科書

2021年12月25日　初版発行

著者	**真鍋 英吾**
発行者	内田 真介
発行・発売	ベレ出版 〒162-0832　東京都新宿区岩戸町12 レベッカビル TEL.03-5225-4790　FAX.03-5225-4795 ホームページ　https://www.beret.co.jp/
印刷	モリモト印刷株式会社
製本	株式会社 宮田製本所

ISBN 978-4-86064-675-2 C2082　　編集担当　大石裕子